Photo Album

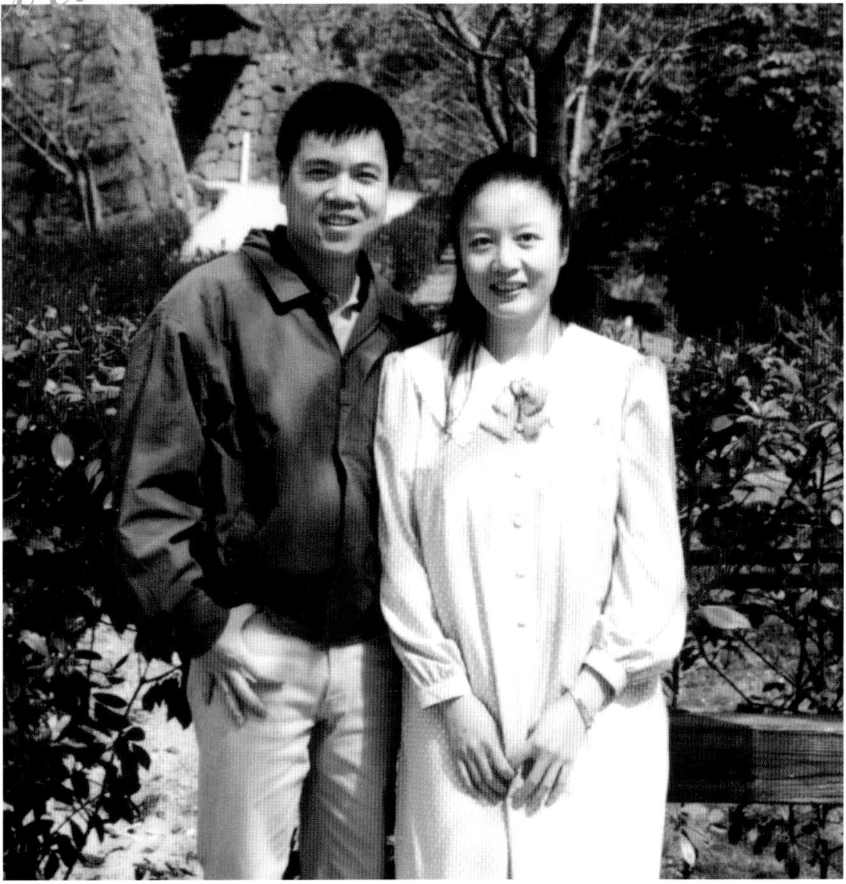

1993年春、妊娠5カ月頃の著者・絹子と夫・晴光、熊本城でお花見

1993 年春天，到熊本城赏樱。我已经怀孕 5 个月

1988年中国男子チームの代表として、晴光（右端）は卓球競技初のオリンピック大会へ
1988年韦晴光代表中国乒乓男队第一次出征奥运赛场
自左至右：陈龙灿、江嘉良、许绍发总教练、许增才、韦晴光

1990年北京アジア競技大会のミックスダブルス表彰式
1990年北京亚运会混双颁奖仪式

晴光の両親、兄の家族と
与晴光的父母、哥哥一家的合影

絹子の両親、姉、甥と
前排左起：父亲、姐姐、
侄子梦轩、母亲

China

米川社長宅でのお正月。そこで、日本の新年の風習をたくさん教わった
在米川丰社长家过元旦，学到了很多日本新年的习俗

前田さんの会社の駐車場で、水遊びをして大喜びの展嘉
嘉嘉在前田夫妻的照料下开心戏水

寿屋の元旦徹夜セール会場にて、須藤社長（中央）と
与须藤社长在寿屋公司的通宵迎新年销售会场

Kumamoto

晴光と石井社長（中央）、寿屋の竹本泰彦選手（右端）
晴光与石井社长、寿屋队队员竹本

坂本部長（右）は人情味のある楽しい方
坂本部长是个很快活很懂得生活的人

2007年晴光の現役引退パーティー。日中卓球界の面々、政界の方々、友人たち……
晴光挂拍晩会圆满举办。感谢中日两国球界政界长辈朋友们的厚爱

中国の卓球人に対し、常に温かく接してくれる徐寅生・ITTF（国際卓球連盟）名誉会長
温暖爱护海内外中国乒乓人的“大家长”徐寅生

2019 年、偉関 TTL 設立10周年
2019 年、ISEKI TTL 俱乐部成立十周年

てんてん（展嘉の愛称）と
ティティ（愛犬）
嘉嘉対 TT 非常溺爱

Tokyo

絹子の恩師、上海華東理工大学の臧玉瑛、董澄宇ご夫妻
与华东理工大学的恩师臧玉瑛（左三）、董澄宇（左二）夫妇

石橋に川水、岸辺での静かな暮らしは、絹子の理想
小桥流水、岸边人家、宁静日子，我的理想生活

日中友好交流大会の親睦会にて。荘則棟氏（中央・故人）、三木圭一氏、松崎キミ代さん
中日友好交流活动中，与乒坛前辈庄则栋、三木圭一、松崎君代

卓球王国の今野編集長（右）をはじめ、編集部のスタッフは、良い仕事仲間
感谢《卓球王国》主编今野升和编辑部的全体人员多年来对我们的照顾

夏娃さん（中央）と羽佳純子さん（右端）。過去、現在、そして未来も。永遠の親友たち
夏娃和李隽，过去、现在和往后，有你们真好

越海球情

越海球情（えっかいきゅうじょう）

偉関絹子

題字　徐寅生

卓球王国

目次

下編 往事如煙 117

※本書は『月刊 卓球王国』に連載された「海を越えた球情～偉関晴光と絹子の日本での生活」に加筆・修正し、さらに書き下ろしを加えてまとめたものです。

装丁：矢野のり子（島津デザイン事務所）
イラスト：張夢軒
写真提供：雑誌「乒乓世界」
編集：大塚眞理子

まえがきに代えて

『卓球王国』発行・編集人　今野 昇

その日のことを覚えている。

2003年、東京の田町にあった健勝苑キング&クイーンの卓球練習場に取材で出かけた時に、筆者である偉関絹子さんに「ちょっと話できますか?」と声をかけられた。

絹子さんの夫の韋晴光こと、偉関晴光さんは世界中に名が知られる名選手。1987年世界卓球選手権ニューデリー大会での男子ダブルス優勝、続く88年ソウル五輪の男子ダブルス優勝、90年アジア競技大会でのシングルス準優勝、そのすべてを私は取材していた。91年に日本に来てからの全日本選手権での勝ちっぷりは圧巻で、優勝後のインタビューでも好感を持っていた。一方、絹子さんは全日本選手権での混合ダブルスで優勝するなどの活躍は知っていてもあまり面識はなく、しっかり話をしたのは、その時が初めてだった。

「原稿を書いたんですが、卓球王国で掲載できますか?」といきなり本題に入ってきた。あまりに唐突だったので、「わかりました。原稿を持ち帰って検討します」と返事をした。「持ち込み原稿」というのはフリーのライターさんから来ることもあるが、正直言って、ほとんどは採用しない。ましてや選手や指導者が書いた原稿は連載するにはハードルが高いのが現実だ。

会社に戻り、絹子さんの原稿を読んでみた。一生懸命日本語で書いてはいるが、当時はまだ来日10年と少しだから、日本語での表現は拙いものだった。しかし、何か心惹かれるものがあった。ただの選手の日記ではない。読み進まないではいられないようなストーリーがあったのだ。

偉関晴光というチャンピオンを通して、石小娟こと偉関絹子が日本の文化への適応を試み、もがく様であったり、「なんかおかしいよニッポン」と言いながら、次第に日本に惹かれていく様であったり、自分探しの旅は熊本で始まり、やがて東京にたどり着く。

五輪金メダリストという称号を持つ韋晴光というトッププロ選手が、日本の九州にある企業・寿屋に入り、当然のように全日本選手権で優勝。その後、２０００年世界選手権クアラルンプール大会では献身的なプレーで日本の15年ぶりの団体のメダル獲得に貢献した。その後、寿屋（後にララ）の卓球部廃部に伴い東京に出て、当時、スタートしたばかりだった健勝苑スーパーサーキットでプレー。参戦した直後にアキレス腱を切断しながら、見事に全日本チャンピオンに返り咲くなど、まるでジェットコースターのような人生を歩んでいる。当然のごとく、その傍らに絹子さんがいて、時には彼女自身が偉関晴光さんの歩む道の決断を下していたのだろう。

健勝苑の練習場で打診され、後日、編集部内で検討し、絹子さんのエッセイ連載を月刊『卓球王国』でスタートすることを決めた。連載が始まると、その日本での生活や赤裸々な人間関係の記述が評判を呼んだ。知り合いの熊本の卓球関係者の人には「熊本で評判になっている。毎月、ドキドキしながら卓球王国の絹子さんのページを開いている」という電話をもらった。絹子さんの歯に衣着せぬ表現は、編集部の中でもまるで「怖いもの見たさ」のような感覚で話題になった。

それが縁で、絹子さんとのお付き合いも始まり、時には電話ではあるが、喧嘩のように激しく言い合うこともあった。それは日本と中国での価値観の違いに由来するものや、人間関係の違いからくるものだった気がする。挙句の果てに絹子さんからは「最近、今野さんと喧嘩しないから寂しいですよ」と言われる始末だった。

何はともあれ、絹子さんも晴光さんも、会えば、いつも楽しくお話ができ、盛り上がる。

今回、本誌連載に倍以上の加筆で描いた絹子さんの半生に、中国語の原稿も添えた『越海球情』を卓球王国から上梓する。これも何かの縁である。その縁の不思議さと「偉関家」の波乱万丈な半生に思いを馳せた。

まさに絹子さんの人生は、海を越えるボールのように不規則にバウンドしているようだ。

上編

熊本10年

その1

（遅れた飛行機〜旅立ち）

1991年5月25日、北京国際空港。

3年程前のソウルオリンピックで男子ダブルス金メダルに輝いた偉関晴光（中国名・韋晴光）と私、偉関絹子（中国名・石小娟）を乗せるはずの飛行機は、時間が来ても飛ばずに、私たちはずっと待つことしかできませんでした。

私たちは戻ることもできない。さりとて、自分たちの新しい未来へも行けず、まんじりともしないで空港の待合室の椅子に座っていました。空港の待合室での5時間は、それ以上に長く感じられました。

私たちは中国南方にある広西省（広西チワン（壮）自治区）の代表チームのチームメイトでした。韋晴光はその後、国家チーム（ナショナルチーム）に選ばれました。87年に韋晴光は、世界選手権ニューデリー大会において男子ダブルスで優勝。88年にはソウル五輪の男子ダブルスで金メダルを獲得。五輪が終わったあとの11月に私たちは結婚しました。

九州、熊本の寿屋というところから選手契約の話があったのは90年のことで、91年4月の世界選手権千葉大会の半年以上前の話です。手続きに相当の時間がかかりました。寿屋とは1年契約で、毎年更新するものでした。

最近では、中国のトップ選手は第一線を退いても中国に残るけれども、中国代表から離れるとほとんどの選手が外国に行っていた時代です。晴光はあの当時、28歳で中国では大ベテランの部類に入っていたし、外国に出るのは遅いくらいで、私も25歳になっていました。

晴光にはドイツ・ブンデスリーガからも話があったし、イタリアへ行く話もありました。そのまま中国にコーチとして残る道もあったのですが、私自身は国を出たいという強い気持ちがありました。それまで私は外国に行ったことがなかったので、私自身の興味と好奇心はとても大きいものでした。「外国ならどこでもいいから行きたい、何年か住んでから将来を決めよう」と思っていました。

91年千葉大会は中国男子が史上最低の成績になった世界選手権です。それまでチームを支えていた江加良（ジャン・ジャリャン）、陳龍燦（チェン・ロンツァン）が引退し、彼らより年上の晴光は本当なら89年のドルトムント大会あたりで第一線を退くことを考えていたようです。

でも、ベテランがいないとチームにとって良くないということで、彼は千葉大会に出場することになりました。その代わりこの大会が終わったら、中国ナショナルチームの仕事は終わり、あとは日本に来ることだけを考えていました。

◆5月7日　北京（日記より）

過去にどんなに頑張っていたとしても、それは何の役にも立っていないのかもしれない。だからといって、今のこのやりきれない気持ちはなんだろう。

昔はやる気満々の時もあったが、今は晴光の付属品のように、まるで寄生する虫のよう。

女の人は誰しも結婚したらそういう道を歩むのだろうか。人間だったら、1本の木として育っていきたい。

自分の根を張って、葉っぱをつけ、自分の価値を見出（みいだ）したい。

怠（なま）けもので弱い私。だから、私は木になることができないの？

90年北京アジア競技大会の前に、偉関のチームメイトだった陳志斌（チェン・シビン）さん夫婦が選手寮に帰って来て、いろいろと話をしました。その直前、ドイツのクラブと契約していた陳さんは、その契約を一方的にうち切られて北京に戻っていたのです。そのクラブのオーナーがワンマンで厳しいし、まわりは知り合いがいない。言葉も通じないし、静かすぎて寂しいところだったそうです。奥さんがすることは毎日三食作ることだけですよ、という話も聞きました。

私もそういう生活に直面するのだろうか。ひとりの主婦として、やっていけるかなと少し不安になりました。けれども、それよりも強いのは「中国から出たい」という気持ちでした。日本に行ってからの生活は細かく考えていなかったのです。

私たちが北京で住んでいたのはナショナルチーム選手の独身寮で、ルームメイトの元東京アートの謝超傑（シェ・チャオジェ）選手には大変不便な思いをさせました。

朝、よく北京の自由市場へ食材を買いに行きました。北京の人は親切で、おしゃべりな人が多いのですが、値切ったり、細かく計算したり、私にとって、そういう買い物自体が苦手で恐怖でした。それに、どこへ行っても人混みで、レストランでもバスでも、人が多くなると何でも雑に見え、疲れを感じることもありました。自分の祖国から離れたくない気持ちと、早く離れたい気持ちが交錯（こうさく）しました。ただ、新しいところで新しい世界を作ろうと思っていた。だけど、自信はありませんでした。

中国からの出国は簡単にはいかず、何度も何度もつまずいていたために、いったん出国できた時にはあと戻りはしない。後（うし）ろは見ず、後悔はしたくなかったのです。

願いが叶（かな）って、晴光と北京から福岡行きの飛行機に乗りました。91年の5月25日です。

私の気持ちは日本に向かっていましたが、なぜか飛行機は飛ばずに、5時間も北京空港で待っていました。

過去と未来の間で、ふたりはただじっと待つしかなかったのです。
ようやく飛行機が飛び立ち、福岡国際空港に降り立ちました。昼過ぎに到着する予定だったのが着いた時にはすでに夕方、まさに日が沈む時でした。
寿屋の卓球部の蓮尾誠助部長と生田一義監督が待っていました。
日本で初めての食事は、空港近くのレストランでとりました。お店はきれいで、お客さんもあまりいなくて静かでした。何を食べたか覚えていませんが、美しい食器、きれいな料理はとても印象深く心に残っています。
初めての外国での食事。興奮している自分がいました。「ああ、やっと日本に来たんだな」と思い、お手洗いに行き、鏡の中の私を見ながら、改めて日本にいることを確認したのです。
食事のあと、車で高速道路を1時間ほど走って、熊本市内に着きました。車が橋の上を上って行く時に、静かな夜の空に「K」という大きなネオンだけが見えてきました。「あれが寿屋のネオンマークです」と生田監督が教えてくれました。
外国の夜。日本には街中にネオンがたくさんあふれ、ピカピカに光っていると想像していたのですが、私たちがこれから住もうとしている熊本は、それとは少し違うものでした。

その2（日本語学校に通う）

晴光の受け入れ先だった熊本の寿屋は、九州の大手スーパーマーケットで１００以上のお店を持ち、従業員はアルバイトなど全部入れると2万人くらいの規模の会社です。男女の卓球部を持ち、男子の卓球部のレベルは日本リーグで中くらい。２部の上位で、どうしても1部に上がれないから、ひとり中国選手を入れて実力をアップさせ、1部入りしたいという希望を持っていました。

最初は中国選手がひとり欲しいというだけの話だったのが、まさか五輪金メダリストの韋晴光が来るとは思っていなかったようです。

80年代後半、90年代の初め頃はまだバブルが崩壊していない時期で、その頃、日本企業の運動部は力とお金があり、迫力のある時期でした。当時、日本卓球リーグでは王振義（青山振一）、袁建剛（佐藤建剛）などの中国選手たちが、すでに活躍していました。

一方、中国はまた改革開放政策が始まって、外国の情報が少しずつ入るようになり、多くの人が外国へ出て行きました。

私たちも巨大なスーツケースを二つ抱え、出国の人波に乗りました。

煩雑な出国手続きには相当な手間がかかりました。すべてを終えた途端、『もう絶対に戻らない』との極端な思いまで抱いてしまいました。

会社（寿屋）は私たちのために、熊本市郊外の菊陽町というところにアパートを借り、生活に必要な電化製品、家具、布団、食器なども用意してくれました。アパートから歩いて10分ほどのところに寿屋の菊陽店があり、寿屋卓球部の練習場は、この菊陽店の三階にありました。

アパートの横には一軒家があって、その敷地内には竹林があり、その向こうは田んぼでした。中国にいる時、日本を紹介する本を読んでいましたが、「日本は緑が極端に少なくて……」と書いてありました。私は熊本のアパートから、緑色の風景を眺めながら、その本を妙な気持ちで思い出していました。その頃の私は海外に強烈な好奇心を持っていて、『中国国内の生活には飽きた。先に出国した人がうらやましい』と思っていたのです。

晴光と私は10代から同じチームに所属していたのですが、交際中から結婚するまで、一緒にいる時よりも離れ離れの時間が多かったのです。その頃は永遠に続く、終わりがないように感じた卓球の訓練と試合、そしてただただ待ち続ける孤独な日々に、私の気持ちは沈んで行く一方でした。

そんな時に、日本に連れて行ってくれる晴光に、私は夢と希望を託しました。想像している国外の世界は眩しく、魅力に満ちていました。『遠いどこかで、私たちふたりの幸福が見つかるかもしれない』、そう思わないではいられなかったのです。

中国から遠く離れた日本の、熊本で住み始めたアパートの一室。可愛くて小さなアパートだったけれど、『これからの生活を大切にしましょう』と自分に言い聞かせていました。

◆6月14日　熊本（日記より）

ここからの日記は「主婦日記」になりますね。

熊本でやっと晴光と一緒に生活することができました。

日本人も中国人も顔は変わらないから、生活や食習慣に慣れやすい。でも、最大の障害は言葉です！

寿屋の卓球チームと一緒に、高松で行われた日本リーグを見に行きました。会場には、知っている中国選手が多くいたので、試合の合間に集まっておしゃべりをして、楽しい時間を過ごしていました。日本に来てまだ間もない頃で、いろいろなことが新鮮で、興奮することが多くありました。日本は中国よりいろいろな面で発達しているし、熊本は日本の中心からは外れているけれど、みんな車を持ち、電話を持っていることも当時は驚きでした。もちろん日本の物価は高い。初めて買ったエプロンは2千円という値段で、驚くと同時に、「もったいない」と思ったものです。

寿屋の本部などに行く時は、卓球部の生田監督がよく送り迎えをしてくれました。その車が発進するたびに、カーステレオから中国語の学習テープが流れるのです。生田さんは「私にはふたりの娘がいます」というフレーズのみを中国語でパーフェクトに発音していました。その頃、私と晴光が言える言葉は「おはよう」「こんにちは」「さようなら」くらいです。あとは笑ってごまかすことしかできませんでした。

アパートの近くに日本語学校がありました。会社にお願いして、そこに行かせてもらうように頼んだところ、「3カ月間だけは行って大丈夫ですよ」と快く言ってくれました。

学校の名前は「福英会」で、私たちはその学校にとって初めての中国人生徒でした。校長は福島さんという方で、昼間は外国人に日本語を教え、夜は日本人に英語を教えて、細々と学校を経営していました。

私たちふたりは日本語の初級クラスに入って、朝から午後3時くらいまで勉強していました。担任は福島校長自身で、生徒は私たちふたりとピーターというオーストラリア人の3名だけでした。福島さんは英語で日本語を教え、英語が少し理解できた私は、その教えを中国語で晴光に説明するというように、今思えばかなりユニークな授業風景だったと思います。

勉強が終わって、夕方4時頃から卓球部の練習時間になります。私がフラフラして退屈そうに見えたのでしょ

91年の全日本社会人選手権で優勝した偉関晴光と、寿屋の生田監督（右）

う、生田監督に「女子チームの相手を毎日2時間くらいやったらどう?」と言われました。そこで夕方4時から6時まで練習相手をして、そのあと練習場の下の食品売り場に行き、買い物をして、アパートに帰って晩ご飯を作ることにしました。

熊本に来て間もない頃なので、晴光はボールの感覚も落ちていなかったし、体力も十分にあったので、91年の全日本社会人選手権において全試合ストレート勝ちで優勝しました。

生田監督は優勝カップを手にして、会社の人、卓球協会の人、さらに、福英会に迎えに来る時に校長先生にも見せていました。彼のとても喜んでいる様子を見て、私たちふたりは思わず笑ってしまいました。『このくらいのこと（優勝）は簡単だ！』と、当時のふたりはそう軽く思っていました。

一緒に日本語を勉強していたピーターさんは、オーストラリアで天文写真を研究している人でしたが、漢字はもちろん、ひらがな、カタカナも覚えるのは大変なようでした。ある日、ピーターさんは「僕は隣の部屋で、ローマ字で勉強する」と要求しました。

背が高くて痩せている人でしたが、日本語の勉強がうまくいかなくて、余計に痩せていくように見えました。

そしてついにピーターさんはオーストラリアに帰ることを決めました。福英会で送別会をすることになり、晴光と私はピーターさんに魔法瓶を贈ったのですが、彼はとても驚いて、そしてとても嬉しそうに受け取ってくれました。

オーストラリアに帰国後も、ピーターさんは私たちによく手紙を書いて送ってくれました。その手紙は、私が理解できるように簡単な英語と、日本語（ローマ字）で書かれていて、漢字とひらがなは相変わらず書けないままでした。

手紙のやりとりから、ピーターさんがなぜわざわざ遠い日本の熊本にやって来ていたのか、そして彼にとって天文写真より難しい日本語を勉強していたのかが、ようやくわかりました。

オーストラリアの自宅の隣室に住んでいるＮＯＲＩＫＯさんという日本人女性のためだったのです！

そして、しばらくしてからピーターさんとＮＯＲＩＫＯさんは結婚しました。その時の写真も送ってくれました。短い手紙のやりとりの中で、ピーターさんのＮＯＲＩＫＯさんへの想いや感情を私たちに伝えてくれたので、私たちはピーターさんの恋愛過程を一緒に経験したような気持ちになりました。

◆（日記より）

オーストラリアのピーターさんから手紙をもらいました。彼は東京に来て、ＮＯＲＩＫＯさんと結婚するそうです。

本当に驚いたけど、嬉しい気持ちです。ピーターさんは36歳、新婦は日本人です！

熊本に来た目的は、彼女と話すためだったんだね。

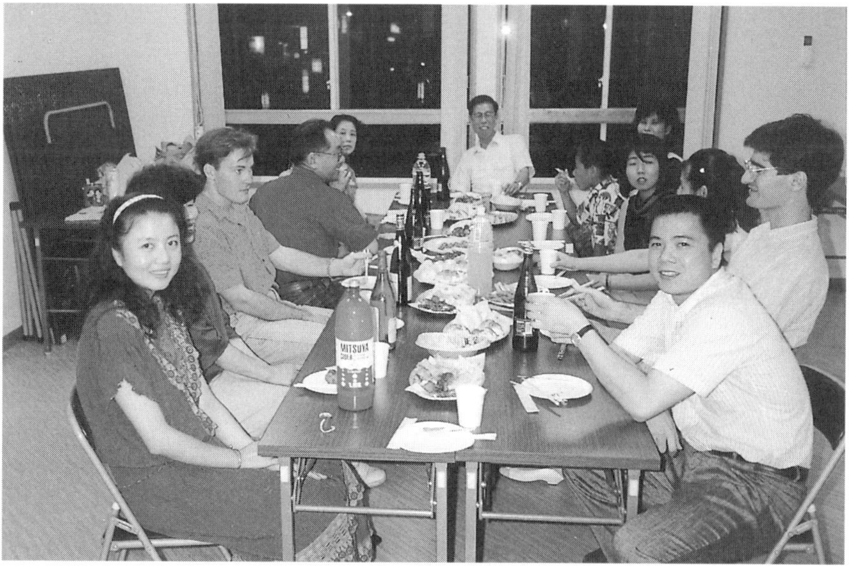

日本語学校で一緒だったピーターさんの送別会にて。手前右：晴光、左：著者・絹子

　ピーターさんが福英会から離れてほどなくして、私たちも3カ月間の勉強が終わりました。その後、福英会には中国からたくさんの留学生がやって来ました。大変賑(にぎ)わった時期もありましたが、菊陽町では、学生たちが生活維持のために働くアルバイト先自体が大変不足しており、さらには就学生のビザの申請が厳しくなるなどの問題が出て、結局、福島校長は学校を閉めることになりました。それは、私たちが学校を卒業してかなりあとのことです。

　寿屋の練習場はとてもきれいで、卓球台は10台置かれ、環境的には良かったのですが、練習相手のレベルは中国とは比較にならず、晴光は『レベル低いな』と思わず漏(も)らしてしまうほどでした。でも、部員たちは皆、親切に接してくれました。中には変な日本語を教える人もいましたが。

　寿屋の卓球選手の何人かは練習場で卓球教室を持ったり、卓球用品販売の仕事をしていました。来るお客さんはほとんど中高年のママさんです。ほかの選手たちは菊陽店で勤務し、女の人は洋服売り場やレジ、男の人は家電、食品売り場などで働いていました。
日本に来て3カ月経って、晴光はみんなと同じように働き始めました。将来のために新しいことを勉強したいと、自分からすすんで「スポーツ用品売り場に行かせてください」と申し出ました。
朝9時半頃に出勤、売り場で働き、夕方4時から夜8時くらいまで練習場で汗を流す生活が始まりました。
一方、私はひとりで留守番している時間が長くなり、そんな毎日を「退屈」と感じ始めました。私も会社に行って仕事をしたり、ママさんに卓球を教えたいと思い始めました。ただ、問題は言葉の壁でした。
この頃には、来日した当初の新鮮な気持ちと好奇心は尽きていました。家事以外、何をすればいいかわからなくなっていたのです。
毎日遅くまで寝て、起きたらティッシュの箱を持ってテレビの前に漠然と座り、くしゃみをしながら、鼻水だらだら、目も耳もかゆくなり……。菊陽町には「杉並通り」という名前があるほど杉の木がたくさんあって、私は生まれて初めて〝花粉症〟になったのです。もちろん、そういうアレルギーがあることも、その頃は知りませんでした。
すべては中国にいた頃の想像と遥かに違っていました！
まばゆいばかりのキラキラとした外国生活を想像していたのに、私の現実の世界はこの小さなアパートと、毎日2時間卓球部の人と一緒にいる時間だけ。留学生の人たちが学校へ行き、アルバイトをしている、その忙しい様子がうらやましく思え、充実した生活に見えたのです。
「花粉症になって寝ていることが、日本に来た目的ではなかったはずなのに……」。私は晴光に愚痴をこぼしました。中国にいる時には、「私たちはなぜ一緒にいる時間が短いの？　なぜ中国から出られないの」と文句を言い、日本に来たら、今度は「なぜ今の私のために、何とかしてくれないの？　私だって仕事がしたい。自分の収入が欲しい」と不満を言い始めました。

日本の卓球レベルは中国と比べれば低いもので、しかも寿屋の女子卓球部のレベルは日本リーグの3部の実力でした。そこで生田監督に「私もチームに入りたい」とお願いしたのです。それは日本に来て、1年も経っていない頃の話です。

「じゃ、中国にいる時の成績を教えてください、上の人と相談して、そのあとに返事しますから」と監督に言われました。

私は17歳未満で中国選手権に初参戦、シングルスとミックスダブルスの両方でベスト16、その頃が一番戦績が良かったかもしれません。その後、広西チームのレギュラーメンバーになり、全国青少年大会3位など、時々、そこそこの成績を取ったりはしていました。

晴光のようなオリンピックチャンピオンと比べたら、全く話にならないほどの恥ずかしいような成績でしたが、少しは可能性があるかなと思いながら提出しました。1部リーグでは自信がないけど、3部リーグなら何とかやれるだろうというのが私の正直な気持ちでした。

確かに、自分の志(こころざし)が高いわけでもなく、卓球もそれほど好きとは言えませんでしたが、私は熊本での生活に退屈していました。

中国にいる時に、晴光のお父さんから「若いのに働こうとしない、楽しようとしている」と指摘されたこともあり、そのお父さんに、私は晴光の寄生虫ではない姿を見せたい、そう強く思っていたのです。ところが、その願いも叶うことがありませんでした。

生田監督からはしばらく返事がなく、私は勇気をふりしぼって監督に聞いたところ、その話はすでにボツになっていたのです。駄目(だめ)だったのに、監督は私に気を遣(つか)って教えてくれなかったようです。「なぜ駄目だったのですか」と聞くと、「あなたの成績はだいぶ昔のものだから」とか、「ビザ関係のことで難しい」とか……。本当に会社の人に私のことを言ってくれたのだろうかと疑ってしまいました。

監督は伝統的な日本の男の人で、すごく優しいのだけれど、私の気持ちは彼にうまく通じなかったかもしれないし、彼にとっては私のことも不思議に映ったのかもしれません。

そして、ある日、監督から「もうすぐ寿屋は中国から女子選手を呼んでくるよ。もし来たら、その世話をお願いしますね」と言われました。私はその場では何も言えませんでした。ただうなずいて、「はい」とだけ答えました。

その日、家に帰ってから「自分は何もできない人間だな」と考えながら、好きな日本酒をあおるように飲んでいました。相当に酔っぱらってしまい、気持ち悪くなってしまいました。晴光は夜遅く帰ってきて、たぶん驚いたでしょう。でも私は寝たふりをして、彼はひとりで片づけていました。直接私に言うでもなく、ため息をつきながら、「こんなことする必要はないでしょ。昔はあれだけ卓球が嫌いだったし、今になって卓球をしたがり、うまくいかなくて怒るなんて……」と言っていました。

日本に来てから1年が過ぎようとしていました。私は何もできない人間だと情けない気持ちでした。本当は彼がそばに来て、私の背中をさすってくれたり、手を握ってくれたり、話を聞いてくれたり、一緒に愚痴を言ったりしてほしかったけど、彼はもともとそういうタイプの男性ではなかったのです。

◆92年5月（日記より）

最近は仕事のことで悩んでいます。おもしろくないし、自信もない。私に才能がないのはわかっているけど、すべてができない人間ではないはず。でも今の自分は何だろう。考えれば考えるほど悲しくなる。会社の人たちは頭が良すぎるのか、良くないのかわからない。私自身が世界で一番運の悪い人間のように思える。韋晴光はほかの人のことは良いところばかりを見ているけれど、自分の妻には自信を持たずにいる。私も彼のようにオリンピックのチャンピオンでなければ会社に入れないの?
　この日記を書きながらも私はまだ怒っている。でもしょうがないのかな。我慢するしかないのかな。人生は順調なことばかりではない。特に異国の地で何かあっても外に言うことはできないし、ぶつかっていくこともできないから、悲しくて、寂しい。自分で我慢して解消するしかないのかな。世界はこんなに大きいんだから、絶対私のいる場所は見つけられるはず。

　この日記を書いたあと、結局、寿屋卓球部に中国から選手を呼ぶ話は、バブル崩壊とともに、まさに泡のように流れて消えていきました。
　その話をしなくなるということは駄目になったことを意味する。これは日本的な流儀なのでしょうか。でも、駄目ならはっきりと「駄目」と言ってほしかった。
　その頃は、私はまだ日本のやり方、表現方法が理解できなかったために傷つけられた気持ちになりました。

その3 （自動車学校）

熊本は東京と比べたら田舎です。私たちが住んでいた菊陽町からはどこに行くにも電車やバスでは不便で、本数も少ない。

私の日本語が少し通じるようになった頃、球友会というママさんの卓球クラブが声をかけてくれたので、私は週に1回卓球を教えるようになりました。最初の頃は電車で市内に出て、球友会の人が駅まで車で迎えに来てくれる。帰る時にはその逆で帰るのですが、時間の無駄も多いし、他人に迷惑をかけて申し訳ない気持ちになりました。

卓球場でおしゃべりする中で、私は「自動車学校に行って免許取りたいな」と口にしていました。軽い気持ちで言ったつもりでしたが、寿屋の選手の川原尚美さん（1992年、韋晴光と全日本社会人ダブルス優勝）がその話を聞いててきぱきと行動し、教室の会員の福山さんに連絡を取ってくれました。『私の日本語で、大丈夫かな』と心細かったのですが、深く考える余裕もなく、私の自動車学校入学が決まりました。

福山さんの旦那さんは元警察官で、定年後に免許センターで講師の仕事をしていました。福山さんの友人に、ある自動車学校の校長先生がいて、そこに紹介してくれて便宜を図ってくれたのです。

2カ月ほど通い、最後に試験場で学科試験を受けました。試験が始まる直前はとても緊張していて、私は無意識にガムをかんでいたようです。なぜか突然、試験会場の先生が私に向かって怒り始めました。私は全く訳がわからずおろおろしていました。その先生は私に「日本語わからないの？」と怒鳴っています。まるで会場から追い出すほどの剣幕です。この言葉は理解したので、私は「わからないです」と答えていました。
そうしたら、先生が、「試験中にガムをかむのはダメ。外のゴミ箱に捨てて来なさい」と日本語でゆっくりと説明してくれて、やっと怒られた原因がわかりました。
試験後にすぐ合格発表がありました。私より日本語がわかっているはずの日本人が何人か試験に落ちていました。彼らが無表情で教室を出て行くのを見て、私はこっそりほくそえんでいました。
こうして、何とか学科試験は受かり、できたばかりの免許証を福山夫妻に見せたら、自分のこと以上に喜んでくれました。お祝いのため、市内のカラオケバーに私と晴光、そして川原さんを招待してくれました。福山夫人はコーラス団に所属しているそうで、とても歌が上手。ご主人はあまり歌っていませんでしたが、とても紳士的で、奥様をやさしくエスコート。息の合う素敵なご夫婦でした。当時、ご夫婦は熊本で有名な観光地・水前寺公園の近くに住んでいたので、私たちに「水前寺のお父さん、お母さんと呼んでね」とおっしゃいました。

◆92年10月（日記より）

2カ月くらいの時間と20万円ほどの費用で、長く待ち望んでいた車の免許がようやく手に入りました。試験を受ける日は晴光も休みだったので、朝の8時半から夕方4時まで一緒に試験場にいてくれて、私が試験に受かると、彼もとても喜んでくれました。
10月17日に女子卓球部の野元さんの送別会がありました。その時、生田さんに仕事をしたいという話をしました。でも彼は私のことを理解してくれない。それは納得できないし、傷つけられた感じ。隣にいる晴光はただ食べているだけで、いつも私を孤独にさせる。そんな彼の態度にも失望していました。

私たちは中古のピンク色のアルトを買いました。
93年の暮れに、このパワーのあまりない軽自動車を運転し、福山さんの車の後ろについて、阿蘇山近辺の外輪山を越え、奥さんの実家のある阿蘇郡小国町に行き、私たちはそこで大晦日を過ごしました。
熊本市の気候は私の生まれ故郷・桂林と似て、冬は雪がたまにしか降りませんが、阿蘇は熊本市内とは違って雪がよく降り、道路は凍結して、車輪にはチェーンを着けなければいけません。新米ドライバーとしては、相当大変でした。
おうちに到着すると、たくさんのご馳走が並んでいました。でも、私はその頃はまだ日本料理にあまり慣れていませんでした。しかも外はとても寒い……。そんな状況で、その夜、私は胃痛を起こしてしまったのです。福山さんの奥さんの実のお兄さんが、夜中にも関わらず、私のために家中、胃薬を探し回ってくれました。
そんな姿を見て、心からこの「小国のお兄さん」と、あたたかい福山さん一家が好きになりました。皆が福山夫人の実兄のことをこう呼んでいるから、私も同じように呼ぶようになりました。ちょっと変な呼び方かもしれませんが、親近感があって、私はすっかり気に入っていました。
阿蘇の人たちは、熊本市内の人よりさらに素朴で、温厚です。福山夫人は話好きで、時には褒め言葉が留まることなく、私が口をはさむことができないほどでしたが、「小国のお兄さん」は言葉数が少なく、今で言う癒し系。日本でも中国でも、こんなタイプの人がそばにいると、心の中が何故かあたたかくなり、自然と優しい気持ちが湧いて来るような気がします。考えて見ると、晴光もどちらかと言うと、こんなタイプに近い人です。
買ったばかりの愛車アルトは暖房が効かなくなり、今度は「小国のお兄さん」の息子さんが、雪の中で修理してくれました。彼はパチンコ好きだったので、「パチンコ兄さん」と、おかしな呼び名を付けて呼んでいました。
短い小国町での滞在でしたが、私たちはすっかり福山家に溶け込み、家族の一員になったような気がしまし

93年の正月、福山さんの実家、阿蘇郡小国町にて。
左端が福山さん、前列右が福山さんの奥さん。後ろの列の中央が晴光、右端が著者

た。免許を取る段取りから始まり、家族みんなで私たちをもてなしてくださいました。

福山家の皆さんの親切さ、好意には、感謝しても感謝しきれないくらいです。

その4

（お母さんになった）

93年のお正月を迎え、小国町から戻ってきた私はずっと体調を崩していました。そんなある日、晴光は冗談半分で私に言いました。「免許も取ったし、車も買ったから、次は赤ちゃんだね」。

ところが、それが冗談ではなく、現実のものになったのです。

福山さんが、熊本の日赤病院をすすめてくれました。長女の聡子さんもその病院でお世話になったそうです。妊娠三カ月と診断されました。小国町でずっと体調が悪かったのもそれが原因でした。

熊本に来てすでに1年以上経ち、一般的な日常会話はできるようになっていましたが、初めての病院で、しかも産婦人科です。病院での私は緊張のあまり、ふだん話している簡単な日本語でさえわからなくなるような、ちょっとしたパニック状態でした。

看護士さんから紙コップをひとつ渡され、彼女が何かひと言言いましたが、私にはその意味をどうしても理解することができません。困った彼女は、紙に「尿」という文字を書きました。『日本語の会話では「にょう」とは言わず、「おしっこ」という単語を使うんだ』。私はようやく理解することができました。

中国から持ってきた日中辞書には「おしっこ」という単語は載っていなかったので、とても勉強になった気分でした。

ちょうどこの時期、寿屋は社長の交代がありました。私たち夫婦が大変お世話になった米川豊社長から、西日本銀行から来られた石井大一氏に代わりました。

寿屋はもともとは寿崎スエ子さんという女性が開業した化粧品店を、息子の肇氏が法人化して、やがて九州を代表する総合スーパーマーケットチェーンにまで発展させた会社です。

私たちが熊本に来た頃は、その寿崎肇社長が会長になられ、米川豊氏が社長に就任されました。

あるお正月に米川社長が私たち夫婦を自宅まで招いてくださったことがあります。日本の住宅は、日本人の気質と同じく、あまり飾り過ぎることなく、かといって質素でもない。とても良いバランスのうちが多いと常々思っていましたが、米川社長のご自宅もまさにそんなイメージで、豪華過ぎることはないけれど、落ち着いて居心地の良い空間でした。

穏やかで上品な社長夫人が、玄関先でひざまずいて私たちを迎えてくださいました。思わず母の手紙を思い出しました。そこには、「お前は日本にいても、必ず中国人としての尊厳を持ちなさい！　絶対にひざまずいたら駄目だ！」と書いてあったのです。

しかし、目の前の光景はそれとは逆。しかも社長夫人にこんな正式な礼儀で迎えられているのです。いったい私はどうしたらいいのでしょうか？　母もそんなことは経験していないのだから、当然、教えられるはずもありません。

米川社長は知識豊富でとても教養のある方でした。私たちにおせち料理をすすめながら、その食べ物の意味合いなどを教えてくれました。中国のお正月料理にも縁起がいい言葉と発音が似ている食材を使ったりすることがあります。お正月料理にも日中文化の共通点があることを知って、またひとつ新しい発見をしたようでとても嬉しく感じました。

その日、米川家には3歳くらいのかわいい女の子がいました。米川社長のお孫さんです。彼女は淡いバラ色のチェック柄のワンピースを着ていて、米川家全体の印象と同じく、温和で上品なお嬢さんでした。私は、玄関先にきちんと揃えて並んでいた私の安っぽい赤い靴を見て、あらためて自分自身の知識不足や雑なふるまいを反省させられました。

それから何年かあとのことです。私は寿屋菊陽店の2階にあるプールで、浮き輪レンタルの担当をしていたことがあります。ある日、小学生の女の子が来て、おじいさんに電話したいと言うので、私は事務所の電話を使わせてあげました。

その後、晴光が教えてくれました。「あの子は米川元社長のお孫さんだよ」。光陰矢の如し。知らないうちに月日が流れているのだなと感じた瞬間でした。

米川さんはよく菊陽店に来られ、お孫さんが楽しそうにプールで遊んでいるのを、観覧席で目を細めながら見守っていました。私が同僚に「あの方は寿屋の前社長ですよ」と言っても、誰ひとりとしてそのことを知りません。社長を退任されたからなのか、皆、無関心でした。まさに「人走茶涼」。人が去ると、お茶も冷たくなる。人情は変わりやすいものだという中国のことわざです。それは日本でも同じなんですね。

しかし、米川さんは相手が誰であれ、常に穏やかで落ち着いた対応でした。社長という立場としても、菊陽店のひとりのお客さまとしても、そして孫を愛でるおじいさんとしても、いつも平常心で自然体。そんな穏やかな表情や態度に、尊敬の念を抱かずにはいられませんでした。

ところで、印鑑はおそらく中国から日本へ伝わって来たものだと思いますが、今の日本人は中国人より百倍も印鑑好きでよく使っています。銀行、郵便局、役場などに行く際、印鑑は必携品です。それにともない、朱肉も日用品のひとつとして必ずあるもの。

寿屋の米川社長の後任は石井社長でしたが、彼から私たちは同じ朱肉をいくつもいただきました。朱肉が入った箱には、『蛻変』と書いてあり、それが石井社長の経営理念の基本だったようです。寿屋はスーパーマーケットの経営だけではなく、ほかの事業にも挑戦するため、ラララグループとなり、卓球チーム名も「寿屋」から「ララ」に変更になりました。

社長室を訪ねるたびにその朱肉をひとつくださるのです。私たちも、失礼にならないようにいつも両手で受け取りました。

寿屋のライバル企業でもある『ニコニコ堂』は、華僑の林康治社長が熊本で興し、その後、中国の上海、桂林などでも高級ホテルやスーパーを建てていました。

石井社長は、当時、寿屋も中国との貿易をもっと増やし、将来、中国進出を図りたいと考えておられたようで、そのために、本社の社員たちに中国語を勉強させたいと思われたようです。私は、その中国語の講師として呼ばれました。

週に1日、私は愛車アルトを運転し、大きくなったお腹を抱えて本社に通いました。中国語教室を開き、四声や巻舌音の練習をしました。「我是日本人（私は日本人です）」の四声と巻舌音を正しく発音してと要求したら、半分以上の日本人は中国語の勉強は諦めてしまいますが、私の教室は、教えるほうも雑談に近い中国語会話、教わるほうもリラックスした中での授業で、とても楽しいひとときでした。私自身も、プロのような仕事をした気分で充実した日々を過ごせました。もちろん、妊婦の姿は美しいとは言えませんが……。

中国語講師の仕事は、お産の直前まで続けました。

後任講師はいたそうですが、いつのまにか本部は、中国語の勉強自体をやめてしまいました。私たちが中国の卓球チーム時代に、やる気満々で始めた英語の勉強のそれと、非常に似ていました。

出産予定日は、真夏の7月下旬でした。7月24日の朝、晴光と卓球部の竹本泰彦さんが私を病院に連れて行ってくれました。晴光はお産に立ち合う予定でしたが、彼はお昼を食べに外に行ったきり帰ってこないのです。

午後になり、陣痛室から分娩室へ移りましたが、晴光は現れませんでした。

その日の午後2時頃、陣痛の間隔が段々短くなり、痛みもひどくなり、耐えられないほどでした。晴光はまだ帰って来ない！　助産婦さんも心配になって、何度も外へ様子を見に行ってくれました。

私は陣痛の痛みと心配が交錯しました。病院のまわりのどこにも、彼が行くような場所はないし、自宅と卓球場などに電話してもいない。仕方なく、院内放送までしてもらいましたが、帰ってきません。分娩台に上った3時頃、彼はやっと現れました。「どこに行ってたの？」と聞いたら、「昨日は陣痛で君は眠れなかったから、寝かすためにぼくは外をウロウロしていたんだ」という答え。私はすごく怒りました。「なんて馬鹿で常識のない人なのよ」と。

最近になってようやくわかったのですが、彼はたぶん私の陣痛で前の晩、眠れなかったので、眠くなってどこかに横になったら寝過ごして、起きたら3時くらいになっていたということなのでしょう。今その時のことを言うと、彼はただ笑っているだけですが……。

（このことを母に話したら、母は逆に彼の味方になって、「お前を産む時、私は眠っていたよ」と言うので、私は絶句してしまいました）

◆日記より（1993年7月）

助産婦さんが生まれたばかりの赤ちゃんを見せてくれたのですが、怖くて小さな小さな足に軽く触れることしかできませんでした。私は感謝の言葉も言えないほどに疲れ切っていて、すべてが現実ではないような、まるで夢の中のできごとのように感じていました。

隣の部屋で看護士さんたちは、赤ちゃんをきれいに洗ったり、身長・体重を量ったりしています。それを見て、『あれは本当にさっきまで私のお腹にいた、小さな命なの？』と不思議な感覚を覚えていました。

彼の誕生により、私は母親に、晴光は父親になったのです。晴光は生まれてきた子どもが男の子とわかって大喜びしていましたが、私と同じように怖くて抱っこもできないようでした。

ともかく、生まれてきた小さな命を見ると感動的で、私にも新しい力が体内から湧いてくるのを感じていました。ものすごく疲れていたのですが、興奮しているために頭はとてもクリアでした。

福山ご夫妻はすぐに駆けつけてくれて、きれいなお花を贈ってくれました。晴光は、病院から出される食事が簡単なものに見えたのか、外に行ってスナック菓子や、飲み物をたくさん買ってきてくれましたが、7時頃には、お祝いだと言って、チームメイトと嬉しそうに飲みに行きました。

子どもの名前は晴光の父が、「展嘉」とつけました。展は中国でも発展という意味があり、嘉はご褒美という意味です。韋家では晴光の代では、男の子の名前には「光」を付け、次の代に生まれる男の子には「展」を付けるということが家譜で決まっているらしいのです。日本語は音読みの「てんか」にしました。

親ばかですけど、展嘉は生まれた時から可愛くて顔立ちの良い赤ちゃんでした。ただ男の子の育児は難しい。夜泣きもするし、母乳も飲まずに、すぐにぐずる子どもで、どうしたら良いのか困り果ててしまいました。

晴光は私の出産後、有給を取って私の手伝いをしてくれました。ところが、彼は料理はできません、食材を買った経験もありません。「これだけしか買ってないのに、四千円もするの!?」。彼の初めての買い出しに対する私の感想です！　連日の「胡瓜と豚肉の炒め」、「胡瓜と鶏肉の炒め」、さらに「胡瓜と卵のスープ」。彼の不器用さに耐えるのはもう限界でした。私は展嘉が寝ている隙を見て、買い物へ行き、自分のためはもちろん、晴光のための料理を作ることにしました。

中国ではお産のあと、産婦はとても大事にされる習慣があります。産後1カ月は風に当たらない、冷たい水を触らない「坐月子」という風習がありますが、日本にいる私は何でもやらなければいけない。産後1カ月の間、かなり睡眠不足の私の脳裏に、中国の一般的な産婦さんの様子が浮かんできました。頭巾を巻いて、一日中お布団の中から出ない、水に一切触ることなく、毎日、鶏丸一羽でできたスープを飲み、肉を食べる。赤ちゃんにおっぱいを飲ませる以外は寝るのみなので、体重は少なくとも10Kgは増えます。

それで、私は思わず晴光に当たり散らしていました。「これは私の坐月子なの!?」私の愚痴に対して、いつもは口下手な晴光が、私が一生忘れられない予想外の答えで言い返したのです。「お前は今座っているじゃん?」。

確かに、私は座って文句を言っていました。

◆日記より（1993年）

長い何十日間でしたが、あっという間のようでもあり、展嘉は生まれてそろそろ満1カ月になります。

昨夜はほぼ寝られませんでした。展嘉はずっと泣いていました。晩ご飯を作っている時、またケンカが始まりました。

おかずを炒めている時のこと。やけどをしないように、晴光は大きなミトンをはめていました。私はそこまで大げさにすることはないと言いました。彼は、お金を稼いでくれる手なのだから、大切にしなくちゃいけないんだと言い返しました。私はその言動が気に入らず、そこから言い合いになりました。ご飯を食べ終わったあと、彼はうちから出て行ってしまいました。

たぶん、この世に私の理想どおりの人はいないと思います。もちろん、晴光も理想どおりの人ではない。以前は彼が家事をする必要はなかったので、衝突もあまりありませんでしたが、彼も家事をしなくてはいけなくなり、ケンカの機会が増えました。子どものことで互いの関係はさらに悪化していると感じています。

彼がこのことをどう思っているのかわかりません。でも、私はこうして衝突するたびにいつか彼とは別れる、

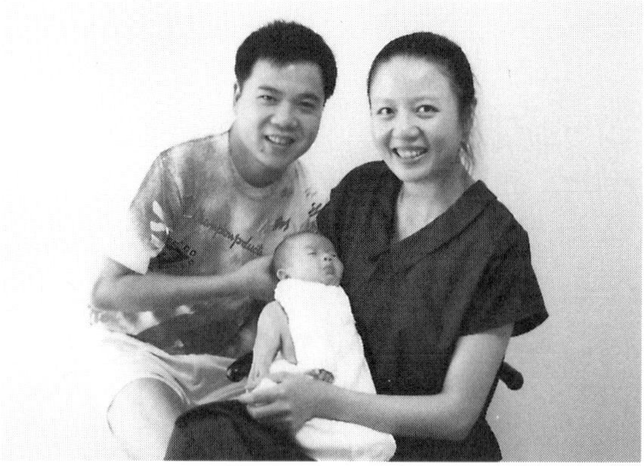

満一カ月の展嘉と晴光と著者

と思ってしまうのです。この思いは、頭の中を駆け巡ってなかなか消えないのです。

福山さんが何度も訪ねてきて手伝ってくれたので助かりました。育児方法を教えてくれたり、時々、順調に育っているよ、と褒めてくれたので随分と心強かったです。晴光も私の要求どおりにはなかなかできないけれど、最近は草を抜いたり、掃除をしたり、積極的に協力してくれるようになりました。

私の要求は高すぎるのかもしれません。人にもっと寛容になることを学ばなければならないと自己反省をしました。自分の夫に対してもパーフェクトを求めるのではなく、彼も彼なりに協力してくれているのだから、自分と違うやり方だから、とか、自分が気に入らないから、と拒絶するのではなく、容認すべきと反省しました。

辛かった1カ月が過ぎた頃に、晴光の両親のビザがようやく下りて、ふたりが熊本に来てくれました。ほっとした私は高熱を出してしまいましたが、おかげでやっと安心して寝ることができるようになりました。

3カ月ほどして義父母が中国に帰る際、「育児が大変だったら、私たちが展嘉を連れて帰ってもいいよ」と言ってくれましたが、赤ちゃんを産んだら子どもは自分の手で育てる、と心の中で決めていたので、その申し出は丁重に辞退しました。

その5

韋十石＝偉関

とある機会に、私たちは熊本の北部に住んでいる前田盾夫さんのご夫妻と知り合いになりました。おふたりは自動車販売、修理の会社を営んでいて、ご主人は背が高くて無口な方で、唯一の趣味は卓球をすること。車のショールームと修理工場の横に手作りの卓球場を建てるほどの、卓球好きな方でした。

一方、前田さんの奥さんはご主人と正反対。背は高くはなく豊満で、情熱的な人でした。お話好きで外交的な人なので、誰ともすぐに友だちになれる。知り合ったばかりの頃は、彼女の強烈な熊本弁はほぼわからない状態でした。

会社の事務所は賑やかで雑然とし、家庭の台所のようです。前田さんの奥さんと今井さんという事務の女性のふたりは、いつも食べ物や飲み物を用意して、私たちに食べさせてくれました。

前田さんの事務所へ行くことが、段々と楽しみになっていきました。

その頃の展嘉は7カ月くらい、あちこちハイハイし始め、大人の体力を消耗させます。

私が前田社長たちに卓球を教えている時は、奥さんと今井さんが代わりに子守をしてくださり、奥さんはいつも展嘉を抱いて遊んでくれました。

昔は卓球をすることがとても難しくて疲れると思っていましたが、母親になり、育児と比べると、卓球のほうがまだましだと感じたほどです。赤ちゃんは可愛いですが、育てるのは本当に大変だとわかりました。

練習が終わると、食べながらの楽しい会話の時間になり、帰る時、奥さんはいつも食べ物やら日用品などを持たせてくれます。

こんな日々が何カ月か続きましたが、しだいに卓球の生徒さんが減ってきて、ついに練習生が前田社長ひとりになってしまいました。『ここで卓球教室を続けるのは難しいだろうな……』と思っていたところに、前田さんから電話があり、個人指導をして欲しいとのこと。経済的に少しでも足しになればという気遣いだと思います。

ふたりの練習が始まりました。やがて夏になり、外は益々暑くなりますが、簡易卓球場にはエアコンがありません。そこで、私と前田さんはちょっと練習してはエアコンが効いている事務所に逃げ込むという状態でした。ふたりきりで2時間の練習は体力的にきつかったのですが、そのうちまた生徒さんが集まってきたので、前田さんの個人レッスンの時間は1時間に短縮することができました。

前田さんの奥さんのご両親は、若い頃にカナダへ出稼ぎに行っていたそうで、彼女はカナダ生まれでした。私が一番困っている時、すぐに温かい手をさしのべてくださるのは、そういった関係なのかもしれないな、と思いました。直接、確かめたことはありませんが。

真夏の暑い日には、ビニールプールに水を入れて展嘉を遊ばせてくれました。展嘉は手足をパタパタさせて大喜び。水しぶきがあちこちに飛びました。私が何もしなくても、ご夫婦が展嘉の相手をしてくださり、私はその光景を見て、孤独から遠ざかった気持ちになったものです。疲れも吹き飛ぶ、安らぎのひとときでした。

私たちが日本への帰化を考え始めたのはその頃です。「力になることがあれば、私たちも応援して協力するからね」と前田さんに言われていましたが、自分でも役所や法務局に行ったりしながら書類をそろえ始めました。時間はかかりましたが、思っていたよりは簡単なものだったので、他人に迷惑をかけずに自分でやってみようと思ったのです。

日本の国籍を取ろうとしたきっかけは、現実的な問題に直面していたからです。毎年、入国管理局に行ってビザ更新を申請するのは面倒なので、できたら行きたくはなかったのです。

私は仕事をしたいのに、国籍がないと就職が非常に難しく、様々な制限をされます。そのために自分を卑下（ひげ）してしまう気持ちもありました。

また、息子の展嘉にまわりの友だちと同じ環境を与えたい。海外にも自由に旅行に行きたいです。日本でなくても、この地球のどこかに定住し、そこで小さなマイホームと温かい家庭を持ち、静かに暮らすことが、幼い頃からの夢だったのです。

そういうことばかり考えて、その結論は、「日本の国籍を取る」ということでした。

晴光も寿屋の店の仕事と卓球が半々の生活に慣れつつ、全国大会、九州大会の試合で良い成績を挙げていました。まわりにとっては当たり前のように映ったのでしょう。負けても特に責められたりしない。気持ちは楽ですが、中国の現役時代に味わった緊張と感動も段々遠く、薄れていくようになりました。彼にとって、熊本での日常は平たん過ぎて、物足りなさも出てきて、何か新しいものを求めたい時期になっていました。

書類を提出してからは約1年の長い審査段階に入り、私は見通しがついてきたら、前田さんご夫妻に話をしようと思っていたのですが、熊本は小さな町だから、ほかから前田さんの耳に入りました。小さな誤解がいくつも重なり、「最初は助けてくださいとお願いしてきたのに、なぜ黙って自分ひとりでそんな大切なことを進めるの？」と怒られました。そしてお互いが険悪な雰囲気になってしまいました。ただ私は自分で間違ったことをやっていると思っていないから、「それなら、いいです。私は私なりにやります」と思っていたし、毎回会うたびに不愉快になって、ある日、ついに爆発したのです。

誤解が重なり、私はカーッとなって、「もうここには来ないから」と泣きながら家に帰ったのです。最初は、お互いが冷静になれば元のように戻ると思っていたのですが、翌日、前田さんの奥さんから荷物が届いて、その中に私がいつも使っていた弁当箱などが入っていて、メモもあって、「もし自分が間違っていないと思ったら、ここには来なくていいです」と書いてありました。その時、事態はとても深刻になっているんだなと気づきました。でも、どうしても理解できない。私が困っていた時にあれほど助けてくれた人なのに、なぜ私をここまで誤解するのだろうと。あれほど優しくて、私の親のように接してくれた人たちだったのに、そんな厳しい面を見た時の私自身のショックは大きかった。悔しくて、悲しい気持ちでいっぱいでした。その時に私自身、精神的に少しおかしくなりそうでした。元もと仲が悪かったのならば、そういう仕打ちを受けても良いのですが、あれほど親切にしていただいた人たちだったから、本当に途方に暮れてしまったのです。

私は間違っていない、こんな不公平なことはないと思いながら、涙をボロボロ流したこともあります。しかし、私は前田さんに謝りに行こうと決心しました。

昔と同じように楽しく卓球をしたかったし、前田さんはずっと頼りにしたい人でした。非常に辛かったけど、できるだけ〝自然〟な振る舞いで、前田さんの会社にいつものとおりに出入りしました。前田さんからどう思われても、特に奥さんからどう言われても、いくら反発したくても、絶対言い返さないと自分自身で心に決めました。

◆日記より（1997年5月18日）

心の中では〝不公平！〟と叫んでいました！　とめどなく涙が溢（あふ）れてきました。でも、ここで負けてはいけません。だって、私は間違っていないのです！　だから、彼らからどう思われても私は耐えていくしかありません！

午前中の教室は12時頃に終わり、持って行ったお弁当を食べようとしましたが、今井さんが「今日は社長のお孫さんの佳奈ちゃん一家が東京から帰って来ているので、お昼は寿司を頼んでいるから、一緒に食べましょう！」と声をかけてくれました。

正直、一緒に食事をする気にはなれなかったけれど、断ったらまた誤解されるかも、と思ったので、できるだけ以前と同じように接するように努めました。

でも、すべては以前とは違っていました！　もし、私が完全に自尊心をなくしていたら、何にも感じなかったかもしれませんが。

険悪な雰囲気のその場をやっと離れ、車で走り出した瞬間、涙がまたぼろぼろとこぼれてきてしまいました……。

しばらく走ってから、最悪なことに、私は財布を入れたカバンを事務所に忘れてきてしまったことに気づきました！　取りに行くしかなく、事務所に戻りました。奥さんは外出し、前田社長と今井さんだけが事務所にいました。私は急いでカバンを取りに行って、逃げるように事務所をあとにしました。

曇(くも)った表情の前田社長は無言のまま。以前の親切で寛容な彼と、目の前の冷たく厳しい彼、どっちが本当なのでしょうか？

私はわからない。でも、絶対に文句は言わない。

私は彼らにどう見られても、いくら辛くても、もう反撃はしないと自分なりに決めたのですから。

私たちは悪いことをひとつもしていないのに、どうしてこんな目に遭(あ)うのか。悲しさでいっぱいになりましたが、逆にこれ以上に辛く悲しいことを経験することはないだろうと思い直しました。

そう思うと、今日のことも、これから起きるかもしれないトラブルも、すべて受け入れられるのではないかしら……。

◆日記より（1997年5月21日）

昨日は前田さんの会社に行きました。今井さんは社長が顧客のところに出かけたと教えてくれました。私の車が着くと同時に、前田社長の車が出て行きました。

先週は会議、今週は顧客回り。私は彼らと会うことを避けたいと思っていましたが、どうやら彼らも私のことを避けているようです。

冷却期間中、お互いにどうすればいいかわからない。『でも、これまで中傷にも耐えてきた私なんだから、今回の誤解ぐらい、きっと耐えられるはず』。

そう思ったら、心は段々と軽くなってきました。そして、人間として、一段成長したような気もしました。

たぶん、〝聖人〟と言える人間は、普通の人間と同様、感情も欲望もあり、喜びも怒りも感じているけど、これ以上鍛えられたら、〝聖人〟にもなれる感じです。

人生の苦難と向かい合った以後、怨念をなくし、恨みもなくし、すべてを許すことができる。

私はそんな〝聖人〟になれたでしょうか？

今の私は不思議と素直。今までのいろいろな苦難からも抜け出し、誠心誠意で現実と向き合うつもりになっています。

このできごとは私に深い教訓を与えました。自分の性格として、折れない、謝りたくない、そして、とても頑固な時があります。そういう性格が私自身を苦しめていました。一方で「中国人だから」という、日本の人からさり気なく出た言葉には、偏見を感じ、屈辱感を覚えました。

「私たちは同じ人間だよ」。誰でもプライドがあるはずです。

でも、私自身、一段成長したような気もしました。喜びと怒り、期待と失望、自尊と自卑という感情を抱きながら、苦痛を味わったとしても、恨みなくものごとに優しく、広く接する人間になりたい。とても純粋な気持ちが湧き上がり、私は今まで経験したいろいろなことから抜け出し、誠心誠意、現実と直面して行こうと考えました。

今、当時のことは笑いながら語ることができます。勇気を振り絞り謝りに行ったことで、最終的に誤解と不愉快を避けることができ、本当に良かったと思っています。私にとって、前田さんご夫妻はそこまでする価値のあるすばらしい人たちです。日本の熊本に、私が笑える、泣ける、嫌なことでも言える、時には怒られる心の港があるから、一歩一歩前へ進むことができるのです。

法務局で行う日本国籍申請手続きのひとつの項目に名前の変更がありました。規定によると、名前に使える漢字は三千個くらい。私たちはそれらの漢字が書いてある紙をもらい、名前変更の参考にしました。

韋晴光の「韋」は名前で使えないということで、「にんべん」をつけて「偉」にして、私の名字である「石」をつけたかった。でも、「偉石」ではバランスが悪いから、関に変えて「偉関」という名字にしました。中国にはもちろんないのですが、日本でもたぶんないでしょう。よく言うなら〝個性的〟ですが、変な言い方をするなら〝訳がわからない名字〟になってしまいました。

次は名前の変更です。韋晴光の晴光はそのまま、息子の展嘉もそのまま、そして私の名前である小娟の娟も名前で使えないから、絹子としました。漢字パズルの完成です！

もうひとつ手続きが必要でした。中国国籍退出申請！　私たちは福岡にある中国の領事館に行きました。パスポートの返還と、中国国籍退出届けを出すためです。行く前に、駄目だったらどうしようと心配しましたが、意外に順調で、10分も経たないうちにすべてが済み、私たちは福岡の領事館をあとにしました。

「これで私の人生、またひとつ大きな変化を経ることになりました！」

予想もしなかった感情が、突然湧いてきました。

何かを得るためには何かを失う。人間は新しいものを強く求め、持っているものを軽視してしまうものです。でも今回、自分たちの手で放棄したもの——それは様々な歴史と感情を織り込んでいる、先祖代々持っていた、生まれつきの記号（中国名）です！　熊本への帰路、私たちはずっと言葉を交わさずに黙っていました。

中国領事館でパスポートを返還したあと、日本国籍を得るまでの半年間、私たちは無国籍状態で、宙に浮いている妙な感じでした。96年に申請し、領事館に行ったのは97年の1月、そして帰化申請が認められたのは97年7月2日。偶然ですが、晴光の誕生日でした。

帰化が認められたあと、会社との契約の話になりました。それまでは契約社員として、契約更新が毎年ありました。私が嫌だったのは、会社の卓球部部長さんがいつも電卓を持ってきて、契約の話し合いを始めることです。私たちは部長さんと話したり交流しているのではなく、彼の持っている電卓と交流している感じでした。まるで北京の街で野菜を買っている時のやりとりのように。

毎年、契約の時には「あっ、また電卓が来た」と心でつぶやき、私たちの相手は人間ではなく、電卓だったのです。

だから、帰化したあとは、契約社員ではなく、まわりの人と一緒に正社員として扱ってほしかった。晴光はそう思わないかもしれないけど、私はみんなと同じになり、差別感から逃れたかった。早く正社員になれば、その電卓と交流する必要もなくなる。

そして、交渉をするために部長さんに会いました。「私は忙しいのに、あなたたちはまた何か変なことを言い出すのかな」という様子で、汗を拭きながらいつものように、また電卓を取り出し、計算を始めました。私は、

「電卓と会う」のはこれで最後にしたいと心底思いました。

その時も話が噛み合わなかった。晴光はふつうの社員とは違うはずです。それをひとつの既製の服に入れようとするのは無理ではないか。「その人に合わせて服を作ってください」と私は言ったのですが、「会社の規定は規定だからあなたたちもほかの人と同じ服を着てください」と言われました。何か言うと、「じゃ、上の人に報告するから」と逃げるのです。何回も交渉したけれど、なかなか結論が見えてきません。ケンカするのも嫌なので、最終的にはほかの社員とほとんど同じ待遇を受けることで話し合いは終わりました。

正社員になると契約社員よりも給料は減るので、晴光は契約社員でいいと言ったけど、彼はその時30歳を超えていたので、私の頭の中は「安定」ということしかなく、正社員としての将来の保証がほしかったのです。

晴光が帰化したことは、ラララにも熊本卓球協会にも喜びをもたらしました。晴光は全日本選手権に出場する資格も得ました。熊本県卓球協会にとってもっとも大事だったのは、帰化した年の2年後の熊本国体でした。

私たちが帰化する理由の中には、熊本国体は関係なかったのです。帰化は自分たちの意志で実行する、あくまでもプライベートなことでした。

しかし、現実には晴光は国籍を取れば国体に出られます。同時に、偉関絹子も成年女子に出てもらおう、という話が出てきたのです。私はもともとが卓球を好きでなかったし、以前、「ラララ（寿屋）に入りたい」という話をして断られた過去を引きずっていました。

晴光のビッグトーナメント大会の応援ため、展嘉を連れて前田ご夫妻と別府へ

その6

（ハッピーバースデイ）

10月最後の日は私の誕生日です。

熊本で過ごした月日。私の誕生日は年を追って寂しくなっていきました。

長男の展嘉が生まれる前、寿屋チームの女子選手たちは毎月千円ずつ積み立てをして、部員の誕生日にプレゼントを贈りました。晴光も私にいつもプレゼントしてくれますが、大体は手袋、パウダーなどあまり役に立たない小物ばかりです。ある年は展嘉用の空気加湿器を買って、私へのプレゼントに充てました。ところが、チームの選手が入れ替わり、いつの間にか積み立てはやめてしまいました。

またも秋がやって来て、忙しいこと以外は、ますます平淡無味な日々が続く中で、誕生日と結婚記念日が私にとって待ち遠しい日になっていました。

10月31日。晴光は私に「誕生日に何がほしい?」と聞いてきたので、「別にないよ。花でも買ってきて」と言いました。私はその日を休みにしました。ひとりで地元の百貨店「鶴屋」に行って、自分に「ルイ・ヴィトン」の財布を買い、花瓶も買いました。彩りがない日常には、ひとつ精緻な花瓶と花の飾り付けが必要でしょう。

二十代の頃、私は幾つか人形のぬいぐるみを持っていました。その中でもっとも気に入っていたのが、ピンクの服を着て、毛糸で編んだ髪の毛、平坦な顔に幾つものそばかすがあって、愛くるしいお人形さんでした。それは晴光が外国遠征の際、わざわざ買ってきてくれたものでした。

この年でぬいぐるみへの愛着はちょっとおかしいように見えたかもしれませんが、おもちゃがなかった子ども時代への一種の慰めでしょうか？
それなら、三十代に入る女にとって、花瓶とお花は味がないスープの中へ無理矢理に加えた化学調味料のようなものでしょうか？
夜、晴光は帰って来ました。
私は聞きました。「花は？」
「忙しいから、買う時間はなかった」。彼は答えたのです。
彼の仕事場である寿屋のスポーツ用品売り場から生花売り場まで、歩いて1分ほどの距離。練習場へ行く毎日の通り道です。あの日、彼は息つく暇もないほど忙しかったのでしょう。私は怒りましたが、「彼は本当に忙しかった」と信じたい。現実を認めるよりもそう思うほうがいいかもしれません。

◆日記より（11月1日）

昨日は31歳の誕生日でした。寂しかったです！　彼は無意識ではなく、わざと私にこんなことをする気がします。

◆日記より（11月29日）

結婚8周年記念日も特別なこともなく過ごしました。お祝いなんかしませんでした。する気がないなら、本心を誤魔化してやるよりはいいかもしれません。
なぜ彼は私と同じ考えをしてくれないのでしょう？　それを無理に要求できないということはわかっているんです。それは卓球と同じ。私がいくら努力をしても彼ほど強くなれないのと同じ。
人それぞれが違うのは当たり前のことです。能力、考え方、感性が違うのですから。顔立ち、体つきだって違います。変えられないなら、互いに相容れる範囲でつき合うしかありません。
こんな冷たい異国の朝、彼だって寂しい思いをしているのかもしれません。

◆日記より（12月22日）

暮れになり、扁桃腺が腫れて2回熱を出しました。午後は薬を飲んでも痛みは治まりません。病院へ行き、点滴を受ければすぐに良くなるとはわかっていても、時間が惜しいので病院には行きませんでした。

今年は忙しくて充実した年でもあったけれど、同時に常に寂しい思いもした一年でした。これからどうなるのかはわかりませんが、気を落としたり、諦めたりしない、ということを学んだ一年です。

来年は、多くを求めず、自分のできる範囲で黙々と自分ができることをやっていきます。人に甘えず、人のことを悪く思わず、自分自身の毎日を大切に過ごしていきたいです。

1年が過ぎ、また夏がやって来ました。7月2日、彼の誕生日に私は「ロレックス」の時計を買い、誕生日プレゼントにしました。

彼は時計が好きです。かなり遠い昔でしたが、私にいきなり贈って来たプレゼントも時計でした。あまりに突然で、17歳ぐらいの私はびっくりして彼に返しました。

彼は私の下心を全く感じていないようで、誕生日の朝、高価なプレゼントを受け取り、嬉しそうな表情を見せました。

私は彼を試し、ヒントをあげたのです。3カ月半後、朝早く、晴光は私に「誕生日おめでとう」と言いました。この日、雲ひとつなく、すばらしい秋晴れでした。今度こそ彼は私を失望させないと信じ、「去年のことはもう気にしなくていいんだ」と思っていました。

そして、晩ご飯のメニューはひとつ、ふたつほど多く作りました。帰ってきた彼はいつものように食べています。私にプレゼントをくれる気配はありません。展嘉が横にいるからなのでしょうか。落ち着かないから、子どもが寝てからくれるのかもしれません。

電話のベルが鳴りました。お金を貸した友だちから、「きょう、時間がなくて返しに行けない」とのこと。「借りる時は矢みたいに飛んで来たのに……」と私はつぶやきました。今度は突然、FAXが来ました。中国にいる私の姉からです。

「誕生日おめでとう、父母の家をリフォームするので、私は力を出すから、おまえは金を出しなさい」

空気が重たくなり始め、もう話をしたくはありません。

展嘉が寝ました。晴光も沈黙のまま、隣のベッドで横になり、寝息を立て、不思議なほど気持ち良く寝ているのです。

私は自分の思考を止め、怒りを止めるように努力しました。早く自分も寝てしまえば良いのです。しかし、静かな夜、私の胸の中の怒りと恨みが少しずつ膨張し、爆発してしまいました。

「起きなさい！」私の叫び声に晴光は飛び起き、怪訝な表情を見せました。

「また、どうした？」

「誕生日プレゼントは？」

「ないよ」

「どうして？」

「お金がないよ」

「去年は時間がない、今年はお金がない、あなたは心がないよ！　私たちには、一億円あっても意味がないよ」

目の前の彼の表情は冷たく、その心は読めませんでした。

あの時、私たちは家を買う計画をして、建築会社と契約したばかりでした。

私は車で家を飛び出し、いずれ私たちが所有する建設予定地となっている空き地まで来ました。ここは熊本市の中心地ですが、家はまだ建っていないので、周りは暗くて静かです。遠くにはひと筋の白いレーザーのような光りが秋の冷たい夜空に寂しい円を繰り返し描いていました。空き地に立ち、怒りの潮はしだいに引いて、私は後悔し始めました。ここの立地条件にひかれ、急いで契約を決めたことに……。

大学に通っていた頃、英会話のアメリカ人の先生が、ある日、皆に短文を書かせる課題を出しました。タイトルは、「An ideal husband or ideal wife（理想的な夫または理想的な妻）」。私が提出した英文には、珍しく〝Good〟と大きく書かれていました。書いた内容は、「理想的な夫はとてもハンサムではなくてもいい、とてもお金持ちでなくてもいい。でも私を愛し、私の家族を愛し、私の誕生日は必ず覚えてくれていて、高いものでなくてもいいから必ずプレゼントをくれる。そして私が泣いた時はそっと涙を拭いてくれる。そんな人です」。

潜在意識の中にある、理想の旦那さま像はこれだけではないかもしれませんが、少なくともこのくらいのことができる人を求めていた私は、この短文を中国語に訳して晴光に送りました。「僕がきみにしてあげたことは足りないかもしれないが、できるだけのことはして、きみの思いに応えるよ」と彼から返事が届きました。

その後、私たちは一緒に祖国を出て、マイカーを手に入れ、子どもを授（さず）かり、国籍を変え、正社員になり、家を建て、目標はひとつひとつ達成してきたのに、生活はますます忙しくなり、気持ちに余裕がなくなり、なぜか楽しい感覚が段々となくなっていきます。それは私も晴光も望んではいないはずです。私たちに本当の満足感と幸福感を感じさせる大事なものとは何でしょうか。何をどう求めたらいいのでしょうか。

暗闇の中、答えは見つけられません。

熊本は便利で静かな環境で、六年間も生活をしてきました。出会った日本人は皆、礼儀正しく、親切で優しい人たちでした。大声での喧嘩もないと同時に、互いにある程度の距離を保つ、平和と同時に理知的な冷たさも感じ取れました。
私の記憶にある情熱と混乱が共存している中国は、長年離れていたせいで、少しずつ遠くなり、私たちも変わっていきました。生活習慣、考え方、しゃべり方、仕草まで六年前と違ってきたのです。
国籍上は日本人になり、周りに溶け込むため、認めてもらうために努力をしていますが、越えられない見えない線があります。あるいはあえて越えようとしていないのかもしれません。私たちは依然として、着地していない状態です。むしろ、漫遊している空間がさらに広く、さらに寂しくなっています。
私たちは誰？　なぜここにいるの？
晴光も私と似たような感覚と疑問を持っているはずです。出勤、練習。辛いと感じるほどでもない仕事内容、難しいと感じるほどでもない試合。勝ったら評価されるが、負けても批判されるわけでもない。忙しいけれど平坦な日々を送り、満足なようでどこか満足できない……。
すべてが言葉で明確に表せないから彼に慰めを求めているのに、失望しました。それなら、彼はどうだろう？
高価なロレックスがまさか罠だとは思っていなかったでしょう。
怒りの嵐が過ぎ、心が静まり返り、体の疲れを感じていました。
唯一、私が帰る場所に戻ると、玄関外の電気がついていました。彼がわざわざつけてくれたのでしょう、まるで私が戻って来るしかないことを予測したようです。
沈黙の明かりに、関心と温かみではない、異様な冷静と皮肉だけが光っているように見えます。
これからの誕生日、恐怖で想像すらできません。

その7

（鬼の子になってしまった）

私たちの日本国籍取得は、熊本県卓球協会に大きな喜びと期待をもたらしました。まず、これによって偉関晴光は全日本選手権に出場することができます。県卓球協会にとって、最も重要なのは2年後の１９９９年熊本国体です。40数年に１回しか回って来ない大イベントなので、開催地は開催年の何年も前から準備を始めます。目指す目標は天皇杯の獲得です。

今まで国籍の関係で出られなかった晴光が、熊本国体には出場できるし、さらに私にも期待がかかりました。当時の熊本成年女子には特に強い選手がいなくて、国体での成績も低迷していました。

私は日本に来る前から現役(げんえき)を退いていましたが、熊本で卓球の指導をしていたので、ボールの感覚は忘れてはいません。自分の練習をする時間はありませんでしたが、選手としても何とかなると思っていました。

私は確かに卓球がとても好きとは言えません。熊本に来た当初、断られた経験、周りの礼儀正しい中に薄々感じ取れた冷たさと無視を、全く気にしないということは不可能です。すでに三十を超えた中国女性で育児の最中なので、時間と気持ちの余裕がなく、見苦しい様子だと自分でもわかっていますが、人から軽視されるのは耐えられません。

１９９７年12月のある日、いつものように前田さんのところに練習に行った時、帰り際(ぎわ)に前田さんの奥さんに「明日、頑張ってね」と言われました。その時の印象は今でも鮮明に覚えています。冬の日差しは大きなショーウィンドーを越え、その強い日差しと奥さんの温かさに包まれ、私は自分の力で新しい明日への一歩を踏もうとしています。「明日、私の人生は大きく変わるんだ」。
それは97年熊本県選手権の前日のことです。私にとって公式戦に出場するのは10年以上ぶりでした。卓球を教えることによって、相手を観察すること、ボールをコントロールし、正確なコースに送ること、そしてブロック技術は逆に良くなっていました。昔みたいに動いて攻撃的な卓球はできないけれど、サウスポーとして、得意のサービスを生かし、コース取りを工夫すれば、「ララ」（前・寿屋）やＮＥＣ九州の女子選手と良い勝負ができるという自信はありました。だけど、私はすでにその時32歳、展嘉は４歳。いわゆるママさんプレーヤーです。背中に着けているゼッケンには〝偉関絹子　フリー〟と書いてありました。いまひとつなじんでいない名前と、無所属表示に孤独感を感じずにはいられませんでした。
久しぶりの公式試合のコートに立った私は、思ったとおりの卓球ができないし、走り回る展嘉を横目に見ながらなので、相当に緊張しました。でも、ぎりぎりではあったけれど、なんとかその大会で優勝することができたのです。
実はその日は、晴光が初出場した１９９７年12月の全日本選手権の最終日でした。彼は順調に決勝まで進み、相手は日産自動車チームの同じ帰化選手の高志亮さんです。
私は自分の試合のあと、そのまま熊本県民体育館のテレビで決勝の中継を見ていたのですが、試合は予想以上に苦しい展開。高志選手は以前、全日本選手権の混合ダブルスで優勝したことがあり、全日本選手権の雰囲気をよく知っています。それにふだんの練習環境はララよりも良いでしょうし、その日の高志さんは明らかに調子が良く、出だしからリードし、試合の主導権を握りました。サウスポー同士の試合で、お互いにバック側にボールが集まりがちです。サービスからの３球目攻撃がうまくできないと、ペンホルダーはシェーク選手よりも不利になります。
晴光は３球目で攻撃するチャンスがいつもより少なく、そのうえ、相手のバックハンドはミスが少なく、バックストレートのボールで晴光のフォアを狙ってくる。内容的にも晴光は優位に立てずに得点するのは難しそうでした。ゲームカウントも0－1、1－1、1－2とリードされた状態が続きます。
嫌な感じがして、怖くてテレビが見られなくなり、私は展嘉を連れて家に帰ることにしました。
渋滞（じゅうたい）から抜け出し、やっと家に着くと、留守番電話にすでにたくさんのお祝いメッセージが入っていました。信じられません！　私がのろのろ運転をしている間に彼は逆転していたのです。
まもなく、知人がビデオを持ってきてくれました。今度は落ち着いて見ることができました。
2－2までばん回した晴光は、5ゲーム目も最初からリードされ、コートチェンジ後、点差はさらに大きくなる一方でしたが、9－15から、劇的な逆転勝ちで、初優勝を飾りました。激しく苦しい闘いで彼はその興奮を抑えることができずに、優勝インタビューの際、テレビの前で泣きじゃくり、何をしゃべっているかわからないほどでした。
88年に五輪チャンピオンになった時でも涙を流さなかったのに、35歳になり、優勝に涙する偉関晴光。五輪で金メダルを手にしてから10年の歳月が経ち、様々なできごとと変遷があり、異国の地で感動的な瞬間を迎えたのです。心情的にも複雑なことがあったのでしょう。それまで彼は人前で、また私の前でも絶対泣かない人だったのに、その時、私は初めて彼の涙を見たのです。テレビから飛び散って来そうな大粒の涙に私もショックを受けました。
次の日、晴光は熊本に帰宅しました。一緒に話をしながら、もう一度ビデオを見ましたが、優勝インタビューの映像が出た途端、彼はパッとテレビを消しました。
晴光は97年のあの全日本選手権を振り返ってこう言いました。
「初めて出場できた全日本選手権大会。優勝が目標だった。試合前の練習はいつものとおり仕事が終わったあとから始め、意識的に技術と体調の調整はしたけれど、特別なことはしなかった。周りからの『優勝候補だ』

という囁き（ささや）は、ほど良いプレッシャーになって、一定の緊張感を保ちながら試合に臨むことができた。

5ゲーム目、9－15の時、『あと1点取られたら、諦めよう』という気持ちになり、ラリー戦になったらロビングなどしてファンサービスでもしようかと思った。

だけど、高志選手はここで凡ミスをした。彼は優勝を意識したのだろう。この一瞬の隙間がすべてを逆にした。10－15でサービスチェンジ。彼のサービス権。でも打ってこない。安全にプレーしようとしている。すると連続ミスが出て、彼の焦り（あせ）は表情にも表れ、ぼくは試合のリズムを意識的に早くした。これが有効だった。15－15と追いつき、サービスチェンジで19－15。10点連取し、逆にリードした。今度はぼくが優勝を意識した。高志さんも諦めずに、3点取り返し、19－18。もう強気でいくしかない。20－18。次はどこに打ったら良いのかと考えた。やはり先に攻撃をしたい。体を打つ位置まで動かし、そしてラケットを引きながら、相手の動きを見つめた。高志さんはフォアへ移動しようとしているので、回転をかけたドライブを打った。ボールは揺れながら向こうのコートへ飛んでいき、相手のミドルに入った。21－18、長い苦しい闘いは終わった。

この決勝は大きな技術よりも、細かなボールコントロール、そして自分自身の強い意志と中国での現役時代で体験したいくつもの大きな試練が、自分を勝利まで導いてくれたと思う。ぼくは大舞台で危ない場面を迎えても、冷静さを保つことができた。それは多くの経験を積んでいたからで、そういうわずかな差が最後に勝負を分けたと思う。

余裕は全くなく、勝った瞬間、床に倒れ、勝利の興奮がぼくを包んだ。過去、現在、そして将来に対する思いが一気に湧いてきて頭をよぎった。それをどう表現したらいいかわからず、テレビのコメントでも涙と震えた声でしか答えられなかった。だから、あの時のインタビュー映像は、恥ずかしくて見ることが嫌なんだ」

98年の3月、全九州選手権があり、ラララのメンバーがひとり足りないので、私にダブルスに出てくれないかという話がありました。シングルスは元中国選手に負けましたが、ダブルスでは優勝。
その後、卓球部部長がやってきて「うち（ララ）においでよ」という話をしました。本部で仕事をしながら、卓球の試合に出るという誘いで、以前から事務の仕事をしたいという希望があったので、「帰って考えてから返事します」と喜んで答えました。

その頃は、展嘉の育児と、卓球教室も行っていたため、スケジュール調整が必要です。何日か経って、話をするためにララの本部に行ったのですが、その時には事務の仕事をするという話は消え、ララの菊陽店で仕事をするという話になっていました。馬鹿にされた気分になりました。最初の話とかなり違うので、ケンカになりそうな雰囲気でしたが、日本語での言い合いがうまくできなくて悔しい思いをしました。

98年4月頃、私たちは念願のマイホームに引越しました。2階建ての家で深い茶色と浅いグレーの外壁、玄関の北側には用水路があり、常時、水が流れていました。南側の細長いスペースを庭にしました。

大きくはなくても、温かくて幸せな家ならいいと思いました。私はその小さな庭に、淡い郷愁と一緒に金木犀の木を植えました。金木犀が満開になる季節に、私は中国の桂林で生まれました。桂は金木犀の意味で、金木犀が林のようにたくさんあるので桂林という名前になったのです。

私はパート扱いで、ララ卓球部の選手兼コーチとして入部。毎日2時間お店の仕事をしてから、卓球の練習をすることになりました。

全日本チャンピオンとなった偉関晴光は、98年10月、大阪で開かれたアジア選手権大会の日本代表に選ばれました。大阪で中国選手団に会うと、昔から知っている人が、コーチや役員になっていて、お互いに挨拶をしながら懐かしく感じたようです。91年の世界選手権まで中国代表としてプレーし、それから7年後、今度は日本代表として国際試合に出るとは晴光本人も思いもしなかったことです。

そのアジア選手権の男子シングルスの組み合わせを見ると、晴光は、早めに中国選手と当たる厳しいものでした。

私は熊本にいました。自分にとって、展嘉の保育園の運動会が重要です。「気楽にやってください」と彼に言いました。

保育園の運動会の最中に晴光から電話で「馬琳（マ・リン）に勝ったよ」と報告がありました。「ええ～！」と驚くばかり。次に「準決勝で劉国梁（リウ・グオリャン）にも勝った。会場もぼくを応援してくれているよ」と電話が来ました。決勝では王励勤（ワン・リチン）に負けましたが、日本選手団にとっては24年ぶりの銀メダル獲得。晴光も周りの人も喜んで、日本のマスコミも好意的でした。

一方、勝っていくたびに中国選手とは気まずくなったそうです。中国のマスコミと大衆は卓球に注目しているので、新聞では「韋晴光はいつの間にか日本人になり、偉関晴光と名前を変え、中国選手をやっつけた」「韋晴光は日本人妻の名字を取って、中国を忘れた」などと書かれ、驚きと不快感を表していました。

しかし、私たちはこう考えました。

卓球は卓球。勝負だから負けることもあれば勝つこともあります。でも、卓球から離れれば中国人も日本人も友だちです。これから国際大会に出ていけば必ず中国選手や関係者と会うので、競技場ではまじめに勝負する。でもそれ以外では昔と変わらず皆とは先輩、友だち、後輩、という一線をしっかりと引こうと話し合いました。それが礼儀だし、ぎこちない関係になるのが一番嫌でした。

アジア選手権が終わってから全日本監督のソーレン・アレーンとも固い絆（きずな）が結ばれたと思います。あの大会前までは、彼は晴光を日本チームのメンバーとして考えていなかったと思います。しかし、好成績を出したことで、晴光は日本チームの一員として認められ、98年のバンコクで開催されたアジア競技大会にも出場しました。晴光はその時、すでに36歳でした。

アジア競技大会は代表国の国籍取得3年以上という規程がありましたが、祖国で所属した協会の許可があれば出場ができるのです。そこで中国卓球協会へ申請を出しましたが、なかなか返事が来ませんでした。日本代表チームは、念のため、他の選手をエントリーすることも考えていました。晴光は不安な表情を見せていましたが、私たちが何かをできるわけではないので、流れに身を任せるしかない、結果はどうであっても穏やかな気持ちで受け入れようと思っていました。

正式エントリーの前日、知らせが届きました。「中国卓球協会は、偉関晴光が日本代表としてバンコクアジア競技大会に出場することを許可する」。

心より祖国に感謝しています。晴光を世界チャンピオン、オリンピックチャンピオンにまで育ててくれた中国卓球チームにも感謝の気持ちでいっぱいになりました。

国籍変更申請の際、私は晴光よりはるかに積極的でしたが、まさか国際問題になるとは、予想すらしていませんでした。

私たちは多くの在日華人と同様に、日本で努力して暮らしにも慣れたので、法律に基づき日本国籍を選んだだけなのです。

なぜ、私たちだけは「二鬼子」になったように感じたのでしょうか？

※日中戦争中、日本軍は「鬼子」と呼ばれ、日本軍に協力した中国人は「二鬼子」と呼ばれた

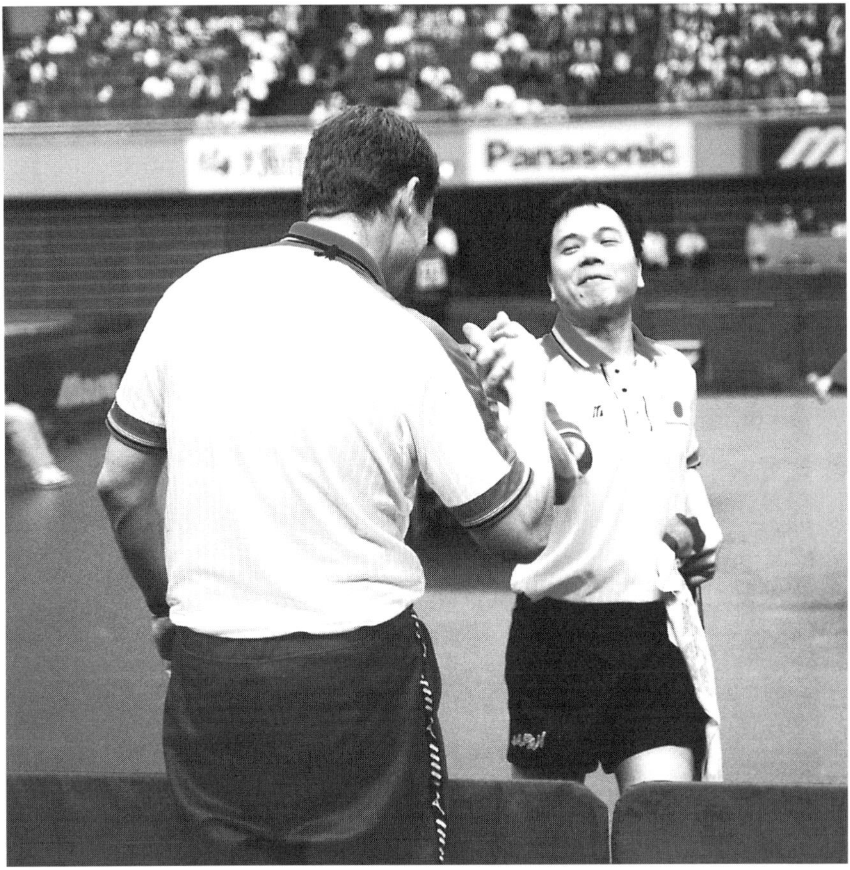

98 年 10 月のアジア選手権。準決勝で劉国梁を破り、
日本に同大会で 24 年ぶりの銀メダルをもたらし、試合後にアレーン監督と握手する晴光

その8
（全日本混合ダブルス優勝）

98年、偉関はアジア選手権で準優勝、そのあとすぐにヨーロッパ遠征、12月にバンコクでのアジア競技大会と続き、熊本に帰らずに、そのまま東京で開催される全日本選手権に向かいました。

全日本期間中、私と展嘉は東京のホテルで晴光と会いました。私はその大会で女子シングルスと混合ダブルスに出場しました。大会前半は私が試合だったので、東京武道館にオモチャを持ち込んで、観客席の後ろで晴光が、当時5歳の展嘉の面倒（めんどう）を見ていました。

私と川嶋崇弘さんとの混合ダブルスは県予選直前から組み始めたばかりです。それでも、第1シードを破り、その後、健勝苑の増田秀文／坂田倫子ペア、安藤正勝／西飯由香ペアとの接戦を勝ち抜き、決勝進出しました。決勝の相手は大学生ペアの河原祐二／松富心。2－1で勝利し、初出場でのいきなりの優勝でした。ダブルスとはいえチャンピオンになることは簡単なことじゃないし、運もあった。30歳を越えてから異国の地で勝ち取った全国優勝だったことに、涙が出るほど感激しました。それまで暗くて苦しい人生だったのが、その時だけは輝いていました。神様はこんな私に、やっと微笑（ほほえ）んでくれた、ご褒美をくれたと思いました。世界が私のために回っていると思った瞬間です。初めて味わった成功の感触はこんなに気持ちの良いものでしょうか。

私は4月から正式に寿屋チームに入りましたが、その半年間の努力や苦労は自分自身が一番よく知っています。練習時間をなかなか取ることができなかった私は、保育園に預けた4歳の展嘉のお迎えタイムを夕方の練習時間に充（あ）てたのです。保母さんたちが展嘉をバスに乗せ、菊陽町をひと周りしてすべての園児を家まで送り届けてから、最後に展嘉を3階の卓球練習場まで連れてきてくれました。これで得た1時間ほどの貴重な練習時間でしたが、いつも展嘉の心配と自分で迎えに行っていない罪悪感を感じていました。自分を見つけるために幼いわが子を犠牲にしているようで心が痛みました。『冷房は効きすぎていないだろうか』『退屈していないだろうか』、展嘉への申し訳ない気持ちでいっぱいです。

展嘉が卓球場に着くと、私は練習をいったん中止し、用意していた晩ご飯を温めて食べさせました。彼は社員用休憩室でテレビを見ながらひとりで晩ご飯をほおばり、私の練習が終わるのを待っていてくれました。展嘉は赤ちゃんの頃から体が痩せすぎて弱かったのですが、私は練習のため、十分な食事の面倒を見ることができませんでした。

育児放棄(ほうき)で得た練習時間は、私にとって大切で貴重な時間になりました。今まで抱えてきた孤独感、寂しさも、飛び散る汗とともに段々と緩和されていきます。極度の疲れで過去を振り向いたり、将来を心配する気力もありませんでした。

忙しさのおかげで、夫婦の間も逆にバランスが取れたようになり、互いに冷たい態度を取りつつ、喧嘩(けんか)などはしなくなりました。私が卓球の練習を再開した頃、晴光に言いました「1年間、時間をください。自分のために生きてみたいです」。彼は軽く微笑みながら「いいよ」と答えました。いつものとおりに私の話をあまり真剣には聞いてくれていないようでした。

でも、私は本気でした。なるべく簡単に家事をすませ、余分な買い物はしない、掃除もほとんどしない、テレビは見ない、本も読まないことにしました。忙しい1日が終わると、体力回復のためにすぐに寝るようになり、文句を言わない代わりに、必要以上の話もしなくなりました。

私は若い頃になかった情熱と頑張りで、毎日、卓球の練習に精神を集中させました。そして心の中では『できる限りの最大限の努力をする！　そして永遠に誰からも馬鹿にされたくない！』。

こうしてついに手に入れた勝利。
私たちの混合ダブルス優勝のあと、晴光のシングルスも終盤に突入していました。最終日の前夜、生田監督は晴光を自分の部屋に呼んで、ふたりでこそこそと作戦を練っているようでした。私たちの優勝は、もしかしたら彼にプレッシャーを与えたかもしれませんが、私は影響されることなく明日の試合に臨んでほしいと思っていました。

◆日記より（1998年12月25日）

晴光は渋谷浩、田﨑俊雄選手に勝ち、決勝に進出しました。
相手は徳村智彦選手、今年の全日本社会人大会で負けています。
9月のアジア選手権後、アジア競技大会、スウェーデンオープンにも参戦。かなり疲れ気味ですが、技術レベルの高さはピークにまで達しているように見え、自信もうかがえる。昨年の大会では、かなりきつい状態でも優勝しているし、今年の決勝コートに立つ偉関晴光は非常に落ち着いているように見える。
最初の2ゲームは晴光が完全に試合をコントロールし、2－0で迎えた3ゲーム目も、4、5ポイントのリードをしたところで、徳村選手はあとがないとばかりに思い切って攻めてきました。
私は緊張しながら応援していました。点数は20－20まで追い込まれましたが、それでも晴光は相手に挽回のチャンスを与えず、3－0で2連覇を果たしたのです！
私は、今大会で思わず二度目の涙を流してしまいました。展嘉は彼のリュックから小さなタオルを出して私に渡してくれました。
この世で感じられる唯一の温かさ。わが子のかわいさと優しさは永遠に忘れられません！
川嶋くんと坂本くんが急いで走ってきて、展嘉を抱いて試合コートまで連れて行ってくれました。晴光は大

98年の全日本選手権で二度目のシングルス優勝を果たした晴光は、展嘉に喜びのキス

喜びで展嘉を抱きかかえ、顔にキスまでしていました。展嘉は恥ずかしそうに、そして嬉しそうに笑っていました。

その後は恒例の記者会見です。私たちは、あと片付けによって段々といつもの広さに戻る体育館の中で偉関晴光を待っています。

彼と生田監督は東京でもう一泊する予定でしたが、川嶋、坂本、そして私と展嘉はこのあと、午後の飛行機で先に熊本へ戻らなければなりません。今回の全日本選手権では、熊本出身の坂田愛（日本生命）が女子シングルス決勝で小山ちれを破り優勝したので、熊本は5種目中3種目の金メダルを獲ったのです。とても誇らしいことだと思います。私は空港に行く前に、晴光にひとこと「おめでとう」と言いたかったし、一緒に記念写真も撮りたかったです。

会見が終わって、私は晴光の前に行き握手もしましたが、彼の視線は私に向いておらず、私と喜びを分かち合いたいという気持ちがないのだな、と感じてがっかりしました。憮然（ぶぜん）としましたが、写真は何枚か撮って、私たちは東京武道館をあとにしました。

熊本に帰る途中、皆で愚痴をこぼしました。「こんなに急いで帰らなくてもいいじゃない。せっかく3種目で勝ったんだから、みんな東京に残って打ち上げでもしてくれたらいいのに……」。

翌日、晴光は家に着いてもいい時間をずいぶん過ぎているのに、全く戻ってくる気配がありません。電話をしてみたら、なんと晴光と生田監督のふたりは、優勝カップを持って菊陽店に報告をしに行っていると言うのです。「優勝したのはあなただけじゃなくて、私たちも優勝しているのに、おもしろくないわ」と電話で彼に怒りました。

その日の夜に、私は辞表を書きました。次の日に本社の社長と専務に報告する時にその辞表を出そうと思ったのです。自分のプライドのために頑張って、その目的が思ったより早く達成できた、それ以上、やる意味はもうありません。半年間、仕事と卓球をやってきて生活も大変で、自分自身、展嘉そして晴光のことを考えると、選手を辞める決断は賢い選択だと思います。

ただ、地元開催の国体に私を必要としているのも現実です。全日本のダブルスで優勝できたからもう十分だという気持ちもあったけど、「もうこれで辞めます」と言ったら、熊本県卓球協会やララの人たちを困らせてしまうだろうと考えました。

社長たちに会う前に少し時間があって、私は生田さんと晴光に向かって、「私と川嶋さんに謝ってください」と言いました。私の頑固さをよく知っている彼らは、無理矢理に笑いを作りながら、「ごめんなさい、今度は注意しますからね」と冗談っぽく言いました。私もいろんな人を困らせるのは嫌だから、辞表はそのままカバンにしまいました。

でも、自分を責めました。展嘉のことをもっといたわるべき！　私の母性愛はなにごとにも勝るものではなかったのか、と。

その8　全日本混合ダブルス優勝

著者・絹子も1998年の全日本選手権混合ダブルスで優勝。左はパートナーの川嶋選手

妻は混合ダブルスで、夫は男子シングルスでともにタイトルを取り、親子３人で記念撮影

その9

（くまもと未来国体）

せっかく晴光も私も全日本選手権でタイトルを取ったのに、私が怒ったために晴光とは気まずくなりました。そして、いよいよお正月。掃除、年賀状、正月の食べ物などを用意した時に、晴光は試合の疲れで高熱を出してしまいました。救急病院に連れて行って、注射を打って、薬をもらって、その世話で私も倒れそうになるくらいに忙しくなりました。彼は感謝の言葉もなく、「体が一番、体が一番！」と高熱で全身震えながら何度も言い、私のことをとても恨(うら)んでいるようでした。

正月が終わって、すぐジャパントップ12に参加しましたが、晴光は三田村宗明選手に負けて優勝できませんでした。帰ってきてからすべてを私のせいにしているように感じました。「おまえがオレを病気にさせたんだ」という態度でした。

そうこうしているうちに熊本国体が近づいてきて、まわりの雰囲気もだんだん熱くなってきました。熊本代表として私も練習や試合、遠征が増えていきました。

4月に広州で1週間の合宿が組まれていました。ところが出発の2日前に展嘉が高熱を出して、なかなか下がらないのです。晴光は2、3日前すでにヨーロッパ遠征に出発、予定としては女子監督を務める大石善治さんの家に展嘉を預けるはずでしたが、病気の子どもの面倒を見てもらうのはあまりにも申し訳ないので、私は考えた末、展嘉を入院させることにしました。

入院手続きを済ませ、点滴もできて、夜も遅くなり、私はやっと大石監督に電話をすることができました。

病院に駆け付けて来た大石監督の奥さんに「今回は広州に行かなくていいよ、子どもの看病をしなさい」と言われました。私は自分のために弁解しました。「展嘉の病気は重くないよ。今回、展嘉を入院させたのは、広州遠征の間、子守りをお願いするあなたに迷惑をかけたくないからです」。

遠征直前になって、私が行かないというのはチームに迷惑をかける。私自身もこの遠征には行きたかった。いろいろ考えた末に入院させたということを説明しました。「あなたはひどい母親です。病気が重い軽いに関係なく、母親は子どものそばにいるべきだ」と言われました。担当の先生が間に入って、「私たちが応援してあげるよ」と言ってくれて、その場は収まりました。その夜、展嘉がぐっすり寝ているのを見てから家に帰り、出発の準備をしました。

ヨーロッパ遠征中の晴光は、私より1、2日早く熊本に戻るので、彼にメッセージを送り、展嘉を病院から連れて帰ってくれるように頼みました。

次の日の朝方、一睡もできなかった私は病院に戻り、展嘉の枕元に彼のオモチャを置いたり、手紙や写真も置いておきました。展嘉は気持ち良さそうに寝ています。わが子のかわいい寝顔を見ながら、今回の展嘉の病気のことを反省しました。すべては私たちの不注意のせいだったのです。

展嘉は、宮崎の体育館の中で、3、4日間、汗びっしょりになって遊んでいました。私たちは全九州選手権大会で夫婦とも最終日の決勝まで試合をし、展嘉の食事は適当にしていたくらいですから、着替えをさせたり昼寝をさせたりすることも、全くできませんでした。そして、宮崎から自宅に戻ったその夜から、展嘉は高熱を出してしまったのです。育児の最中なのに、仕事と卓球を始めるようになって、余計忙しくなり、晴光にも家事を手伝ってもらうようになりました。展嘉のことをもっとかまってやりたい、子どもに対する愛情が一番だと思いつつ、実際にはそうでなかった。エネルギーは卓球の練習と試合のほうにだけ向かっていったのです。

展嘉には申し訳ない気持ちでいっぱいで、心は重たくなっていました。

似たようなことがしょっちゅうあったので、会社はやがて私の事情を察してくれるようになり、試合の時は展嘉を同行させても良いということになりました。大石監督の奥さんには迷惑をかけたくなかったので幼い子どもを連れて各地へ遠征に出かけました。私自身も非常に痩せて憔悴しきっていたし、展嘉は展嘉で、子どもの体力ではかなり辛かったと思います。

展嘉に対する、やりきれないほどのうしろめたさと申し訳なさとでくじけそうになっていました。そして、繰り返し自分に問いただしていました。「ここまでする価値はありますか？」

国体は私自身に何か利益をもたらすものではない。一方で、私自身の時間と生活すべてのものを犠牲にしている。病気になった子どもまで置いて遠征に行くなんて、馬鹿なことをしているんじゃないかと思っていました。ただ、中国での選手生活以来、自分の人生で二度目の「選手」としての生活。この1年間やってきて、卓球を熱愛し、夢中になっていました。

広州滞在の1週間、ひたすら練習、練習。暇になると熊本の病院にいる展嘉のことを思い出すし、辛くなります。私は母親失格だと、自分を許すことができませんでした。大石さんの奥さんの話は正しかった。展嘉のそばにいるべきです。でも、まわりの人に事情を言うことができなかったので、彼らからの指摘や嘲笑を私は恐れていました。一方で、彼らが事情を全く知らないことにも腹が立つ。「私はあなたたちのため、国体のためにここまできているのに、なぜ全然事情を知ろうとしないで、慰めの言葉のひとつももらえないの？」

1カ月もかかった手紙

（私の姉は１９９８年、息子を連れて熊本に来ました。忙しい私を手伝ってくれるはずだったのですが、あまりにも長く一緒にいなかったせいで、考え方や生活習慣などでかなりのズレが生じ、ついに私の怒りが爆発し、彼女は即、帰国という虚しい結果になってしまいました。その後、申し訳ない気持ちと悲しい気持ちでいっぱいの私は長い時間をかけて一通の手紙を書きました）

お姉さんへ

こんにちは！　宮崎から帰ってきたばかりです。朝6時起床、8時旅館から体育館へ出発、そして丸一日試合でした。

今日はシングルス、勝てばずっと試合をしないといけないの。晴光と私は決勝まで進出しました。彼は男子シングルス優勝、私は女子シングルス準優勝でした。

試合後、荷物を片付け、会社のバスに乗り、まず晴光を宮崎空港まで送り、彼はそこから大阪を経由してヨーロッパ遠征に出かけます。

私たちは熊本に戻り、家に着いたのは夜の7時頃でした。本来はあなたと阿宝（姉の息子）も同行するはずの旅館の予約も済んでいました。こんな感じの日程はあなたたちにとっては辛いかもしれませんが、そんな体験をしてもらいたかったのです。

あなたの心情は理解できますが、自分の感情はどうしても抑えられなくて、あの粗暴な態度をとってしまったことをもう一度きちんと謝りたいです。

私はあなたたちを乗せた飛行機が離陸し、飛んで行くのをひとりでじっと見ていました。私の最後の家族からの愛情も離れてしまったことを悲しみました。

この前、私は練習中に足をケガしてしまいました。2、3日すれば治るとは思いますが、あなたたちを空港まで送ったあの日は、かなり重い荷物を持っていて、家に帰ると、展嘉は熱を出していて、彼をおんぶして病院へ行き、家に帰り、また彼を2階までおんぶしようとしたら、足が痛くて階段を昇ることができませんでした。その後、仕方なく練習を休んで毎日病院通いをしました。

宮崎に行く前に私は、今回は試合に出られないかも、とチームのみんなに言いました。団体戦はメンバーに任せましたが、ダブルスは片足の状態で出場しました。いつの間にか優勝していました。シングルスは準優勝でした。決勝の時、熊本から来たチームのみんなが、私の不自然な足の動きを見て、私を一層、応援してくれました。

お姉さんとは卓球の話はめったにしませんよね。あなたは私に聞いたでしょう?「会社でプレーしてもあまり収入には結びつかないのに、なぜやるの?」と。それは、私の自尊心とちょっとした自分の職への誇りです。私はそれほどの天賦（てんぷ）の才も能力もないですが、ひとつのことに対して、工夫して、疲れても辛くてもまじめにやってみるということを一度ちゃんとやりたかったんです。

こんな話をすると説教と勘違いされそうですが、違います。人はそれぞれの生き方があり、私はいろいろな生活方式を尊重しています。お姉さんにも私と同じように要求するつもりは全くありません。ただ、あなたに日本に来てもらい、私の本当の生き方を見てほしかったんです。あなたは想像の中で私の生活を推測し、心の中でいろいろ不平不満を感じてしまう可能性もありますから。

私が中国にいた頃、似たような気持ちになったことがありました。今振り返ってみると、多くの誤解が生じたと思います。私たちはすべての人に今の生活を公開することはできませんが、せめてお姉さんにはわかってもらいたかったのです。

あなたにも一度国を出て新しいものを体験してほしいです。そうすると、外国でも自分の国でも、もっと適切な見方ができるかもしれません。アメリカでもいい、カナダでもいい、行くべきです。どうしても受け入れられなくなったら中国に戻ればいいのです。

今の私たちには、地理上の距離より、心の距離です。

30数年間の人生、私は家族にはたくさんの要求はしません。感情の面でも物質の面でも。私はぼろぼろになった古い蚊帳と穴のあいたお椀をひとつ持って、桂林を離れ、ここまで歩いてきました。転びながら傷だらけになり、気がついたら人間的に多少強くなったように感じます。

過去のことは消せません。人間は時々、その物事に直面できず逃げたい気持ちになるものです。でも、最終的には悟ります。いろいろな経験をし、今の私はやっと心の自由を少し感じられるようになりました。過去についても、穏やかな気持ちで客観的に語れるような気がしています。

中国から熊本に戻り、展嘉はまた熱を出しましたが、私は彼を連れて広島にも遠征しました。

晴光も熊本に戻り、「疲れた。ひと休みしたい」と言いました。この前は喧嘩をしましたが、最近は多少落ち着いて、私はなるべく怒らないようにしています。

今日は4月13日、一通の手紙が1カ月以上もかかり、なかなか書き終わらず、今も出すことを迷っています。また、お姉さんを傷つけてしまうのではないか、と思うから。

阿宝のお父さんによろしく。そして、彼には偉関一家と呼んでほしくない、特に私は絹子夫人と呼ばれたくないことも伝えてください。同じく、将来のいつか、私はあなたをメリー、彼をディビッドなんて呼ぶことをしたくないです。（その頃、姉夫婦はアメリカ行きの手続きをしているところでした）

それではお元気で！

小娟　1999年4月13日

◆日記より（1999年6月14日）上海

以前通っていた大学で練習しています。

朝6時に起床。ちょうど恒例のラジオニュースの放送時間です。外へ出ると、朝の光が輝いてまぶしく、私は目を細めていました。やや肌寒い感じもしました。

キャンパスは昔とあまり変わっていなくて、校舎も事務所もそのまま、校舎区域から学生寮まで1周回っても30分もかからない距離です。

キャンパスの中は、老人の姿が以前よりも多くなった気がします。太極拳（たいきょくけん）をしたり、気功（きこう）をしたりしています。学生も昔と同じく、読書をしている人もいれば、ランニングをしている人もいます。

もちろん、見覚えのある顔はいません。でも、このキャンパスに集まってきている老人たちは、もしかしたら10年前にここで働いていたかもしれません。さらに10年、20年を過ぎれば、私も太極拳や気功をしているかもしれません。

部屋に戻ると、展嘉はまだ寝ていました。

「10年前にはぼくはまだ生まれていませんでした」昨日、彼がそう言いました。私は、ここに戻るまで10年の歳月を使っていたのです。顔が老（ふ）けただけでなく、心もずいぶん老けたようです。心痛はまだ消えていません。10年前、心の中にこんな声がありました。「いつか、この弱い人は、ここにまた戻ってくることができるでしょうか？　その時、少しでも強くなっているでしょうか？」

帰ってくるために、私には10年の時間が必要でした。

もう少ししたら、この人はまたカバンを持って旅に出ます。その後ろには明るい光と、少しずつ色あせていく過去の思い出があります。

ここに来る目的は、単に過去を偲（しの）びたいためではなく、過去を還（かえ）しに来ているのです。そうすることで、もっと前へ進める気がします。
周りの世界が変わっていくと、それについていけないと感じた時もあります。でも、多くの人が皆、前を向いて、将来への希望に満ちている……。このまぶしい光の下で、あれやこれやと悩み、多くのことを考えてしまい、なかなか前に進めない多感な人間は、おかしいほど時代遅れに見えます。でも、こんな自分を私自身が受け入れるしかありません。30数年の人生、変えられない性格。
日々の生活に追われ、必死に生きてきたこの10年。上海にいるこの2日間に、昔を振り返ることは決して贅沢（ぜいたく）とは言えないでしょう？

朝まで書いた家族への手紙

10月23日から28日まで行われたくまもと未来国体大会は無事に成功を収め、幕を閉じました。
日本で一年に一度行われる、この大きなスポーツイベントには天皇陛下、皇后陛下も出席され、開会式で祝辞を述べられました。
全項目総得点1位の県には天皇杯、女子総合得点1位の県には皇后杯が授（さず）けられます。私の所属する熊本県は努力の結果、天皇杯と皇后杯の両方を獲得することができ、皆、大喜びでした。
私たちが出場した卓球競技は、50年間で初めて団体総得点1位を獲得、女子は総合2位でした。みんなで力を合わせて大会を成功に導きました。私たち女子は、決勝で京都府に負けてしまいましたが、全員ベストを尽くしたので、悔いと後悔はありませんでした。
自分のことをあまり自慢したくはありませんが、人間として精一杯頑張ります。自分にひとつの目標を課して、この目標に向かって奮闘します。
感情的になったり、心が弱くて泣きたい、怒りたい、諦めたいという時があっても、この目標は手放したくないから、踏ん張って強くなるしかありません。

いろいろな誘惑があるこの世の中で、平凡な私たちは、度々、脇道に迷い込むことがあります。でも、心にひとつの目標があれば、甘い誘惑に誘われて危険な道に連れて行かれることを回避することができます。そうして、私たちは正しい道を歩んでいきたいです。

（国体前後、私は卓球に無我夢中に取り組んで、ひとつの大役をやっと終えた安堵感、色々な体験を人に伝えたい思いがある一方で、中国の家族には大きな変化が起こりそうで、沢山のことが重なった時期でした）

須藤和徳社長はララグループ最後の社長で、スポーツにはあまり興味がないと明言していて、卓球にも詳しくない人でした。でも、私が出場した成年女子決勝の日、わざわざ時間を作って、誰にも言わずに見に来てくれたのです。

私がダブルスの試合を勝利で終えると、彼が紅潮した顔で寄ってきて、笑顔で私に握手を求めました。まさか社長が応援に来てくれているとは思っていなかったので、私は最初はどこかから来たファンのおじさんと勘違いしていました。

今回の熊本成年女子メンバーは優勝する実力を持っていました。メンバーのひとり、坂田倫子は攻撃的なカットマン。彼女は私たちが熊本に来たばかりの頃、熊本信愛女学院高の生徒で、インターハイで優勝した経験があります。彼女のお父さんは、倫子さんと妹の愛ちゃん（1998年全日本女子シングルス優勝）を連れて、寿屋の練習場によく来ていました。倫子さんと愛ちゃんは、当時まだ珍しいフォア逆モーションサービスを武器に相手を苦しめ、レシーブがちょっと浮いたら容赦なく3球目を打ち込むというスタイル。また、倫子さんのバック表カットの回転はよく変化し、相手にとっては打ちにくいボールで、さらにカットからのフォア反撃も得意でした。

大学卒業後、倫子さんは京都にある健勝苑チームに入り、日本代表にも選ばれ、２０００年のシドニーオリンピックにはシングルス、ダブルスに出場しています。
熊本県卓球協会は、地元で行われる国体のために倫子さんに声をかけ、彼女は県立体育館で仕事をしながら、熊本県成年女子チームのエースとして参加することになりました。国体ではシングルスの2点を任せられ、皆の期待どおり決勝前の試合は全勝で、チームの決勝進出に貢献しました。
私と同様にダブルスとシングルスに1回ずつ出場の石橋朋子選手は福岡出身で、大阪の池田銀行でプレーしていた頃、小山ちれ選手（全日本8回優勝／中国帰化選手）とダブルスを組み、日本国内では好成績を収めていました。かわいい彼女は右ペン表速攻型、頭が良くて冷静で、レシーブ技術に優れていました。国体の前、朋子さんは同じ熊本にある、ラララのライバルチームのＮＥＣ九州に移籍してきました。もうひとり、補欠の谷口直子選手（２００4年世界選手権ドーハ大会3位の時の日本代表）は、当時、東京富士短大の学生でした。
成年男子は監督、選手全員が寿屋のチーム編成でしたが、成年女子のこの4人は全員所属が異なるので、それぞれの仕事、勉強の合間で合同練習の機会を作るのに非常に苦労しました。とくに私と石橋選手のダブルスは、普段はライバルチームとしていろいろな大会で対戦する仲です。ただ、国体のために組んだ即席ペアでしたが、気持ちはよく通じ合っていて、結局、私たちのダブルスは全勝でした。
いよいよ決勝戦、相手は一番対戦したくない京都チームでした。京都は昨年の優勝チームで、ここまでいくつか危ない試合も、粘って粘って勝ち進んで決勝に進出してきました。
京都チームのメンバーは、健勝苑の西飯（美幸・由香）姉妹、松村紫香選手で、坂田倫子さんの元チームメイトでした。彼女たちは倫子さんの変化ボールに慣れているうえ、対戦オーダーが私たちには予想外だったのです。ダブルスは全日本優勝の西飯姉妹ペアではなく、美幸さんと松村紫香さんペア。妹の由香選手はシングルス2点使い、前半のシングルスに美幸さんを出して坂田倫子さんに当てにいき、5番のシングルスは松村さん。

これに対し、熊本のオーダーは、カットマンがいるためバリエーションは少なく、いつもの布陣で臨みました。倫子さんはシングルス2点、朋子さんは前半のシングルス、私は最後5番のシングルスです。

先手を取りたい京都チームの強気のオーダーは効きました。熊本チームは、今までなかったエースが逆に狙われる局面に遭遇。エース倫子さんのサービスは西飯姉妹には効かず、カットの変化も知り尽くされていました。とてもいい試合でしたが、熊本は2試合とも落としました。結局、熊本チームはダブルスの1点しか取れませんでした。『もし、2点差で負けた朋子さん対由香さんの試合を勝っていれば』『もし、倫子さんが2試合のうちひとつでも勝っていれば』。当時の実力と状況で分析すれば、ラストの私は勝つ可能性が非常に高かったのでは……。倫子さんが4番で由香さんと戦っている時、私は試合の準備に入り、適度な緊張感の中で集中力を切らさないように努めていました。

でも、決勝は終わりました。くまもと未来国体は終わったのです。私たちは整列し、双方のチームの監督が握手をして互いに礼、そして退場。そして、私たちは泣き始めました。……前日の夜、勝っても負けても泣かないと約束していたのに……。

決勝まで進むことの難しさは、私たち自身はよくわかっています。熊本チームの関係者たちも皆、知っています。決勝直前、こわばっていた顔つきの私たちの邪魔をしないようにと配慮してくれ、試合後は敗戦を責める言葉はひとつも聞こえず、ただただ手を伸ばして握手をして慰めてくれました。

チームメンバーとスタッフはお互いをねぎらい、文句を言う人は誰もいませんでした。

大和民族は団体活動の中に大局を念頭に置き、心をひとつにして協力し合い理解し合う。そんな優れた素養を持つ民族なのだと、このことで教えられました。

すべてが終わり、私は車で倫子さんを自宅に送ることにしました。車の中でたくさんの思いをお互いに伝えたかったのです。車が彼女の自宅前に着きました。敷地内にお父さんが自ら作った卓球場がありました。そこ

『くまもと未来国体』に出場した、熊本チームの面々

は「恐怖の部屋」と呼ばれ、坂田三姉妹（和美・倫子・愛）はお父さんから何度もラケットで頭を叩かれたそうです。その勢いで壊れたラケットもあったとか……。私たちはここで「さよなら」を言わなければなりません。もう同じチームメイトとして戦うことはないのだから……。

スポーツは残酷そのもので、勝ちと負けしかありません。スポーツは感動そのもので、不撓不屈、戦う過程は手に汗、目に涙を誘います。

『勝負の記録は紙に残す、感動の記憶は人々の心に深く刻む』。これは、今の私のスポーツに対する解釈です。

熊本国体はみんなが力を合わせて成功させ、私はその一部になれたことを誇りに思い、熊本もやっと私を認めてくれたと思いました。それはお金以上の財産です。

ただ、会社との契約は私にとって、あまりにも不公平で、屈辱的なものと思っていました。国体が終わって、会社に試合報告する時に、その契約書を私は全員の前で社長に渡しました。会社に名誉をもたらし、会社の宣伝にも貢献をした人が、こういう扱いを受けているということを訴えたかったのです。

須藤社長は驚きました。その驚きを隠しながら「私へのラブレターですか？」と言い、まわりの人の笑いを誘いました。日本人は礼儀正しく、まじめな顔の下にユーモアの一面もあるんだと思いました。でも、私たち選手団が部屋を出たあと、その笑い声は驚きと戸惑いの声に変わるはず、私はそう確信していました。

熊本県に対して、寿屋に対しての責任は果たしました。彼らはやっと偉関絹子を認めてくれました。私は偉関晴光の奥さんというだけではないのです。私は心のどこかでずっと卓球選手の偉関晴光と張り合おうとする心理がありました。今回は卓球に関して、対偉関晴光の唯一の勝利、倫子さんと朋子さんの力も借りたね！

私は自分のために生きることができた。やるべきことをやって、心も静まっていました。庭の金木犀が咲き、淡い郷愁を帯びた香りが胸の奥まで染み込んでくるようです。

国体が終わって迎えた34歳の私の誕生日の日、晴光は私にロレックスの時計をプレゼントしてくれました。1年前に、私が彼の誕生日に贈った時計とペアのものでした。

偉関晴光もやっと私を認めてくれたのでしょうか？

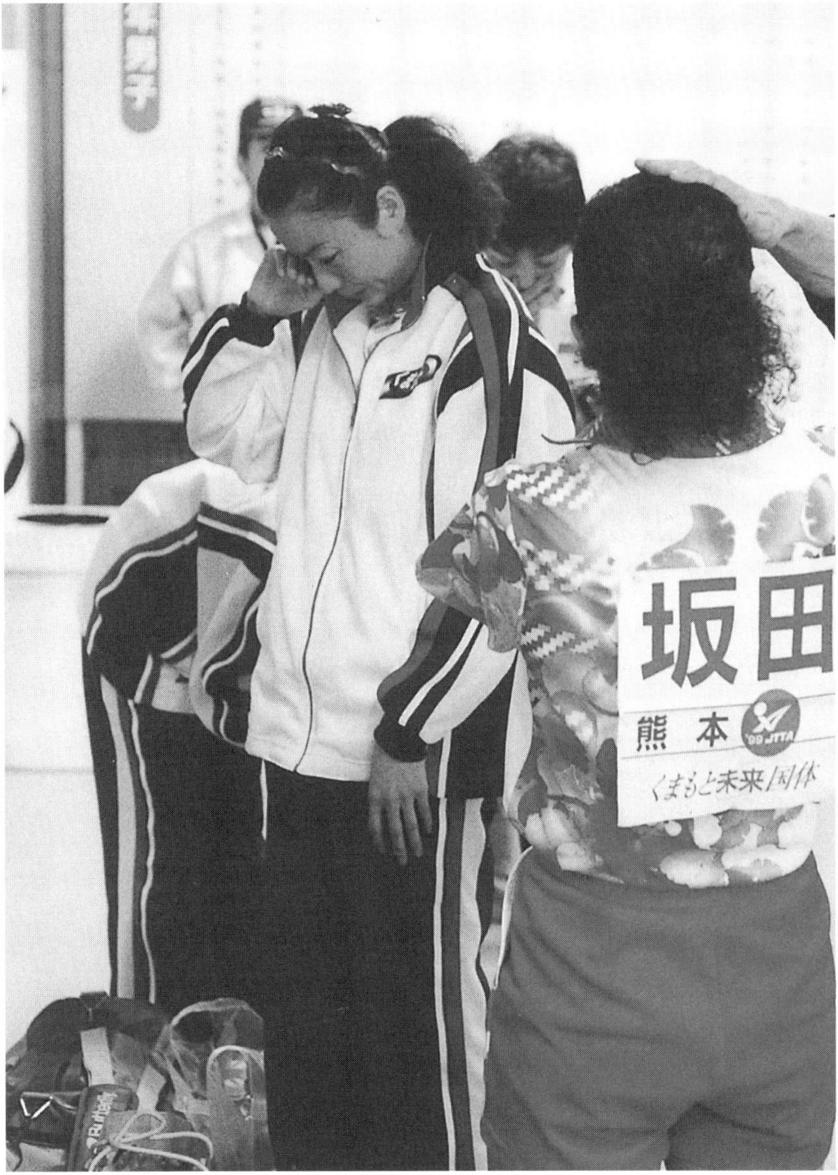

熊本国体で惜しくも準優勝の熊本成年女子チーム。悔し涙がこぼれる

その10

（スポーツには国境なし）

2000年は五輪イヤー（シドニーオリンピック）でしたが、その前の2月にクアラルンプールで第45回世界選手権団体戦があって、私も展嘉を連れて見に行きました。準々決勝のチャイニーズタイペイ戦。試合前に現地で「タイペイ戦では出ないだろう」と晴光は言っていましたが、彼は起用され2番で荘智淵（チュアン・チーユアン）に勝ちました。

準決勝の相手は中国。3番で劉国正（リウ・グオジョン）と対戦しました。その時に中国の応援団は、当時中国で流行（はや）っていた歌「常に家に帰って、常に家に帰って」と笑いながら歌っていました。善意のユーモアを感じ、私も思わず笑って心の中で歌詞に沿って答えました。「この試合後私たちは家に帰るよ！　お茶碗洗って、お箸（はし）を洗い、お母さんの手伝いをするよ！」。

この準決勝は中国チームが完全に優勢でした。晴光と劉国正の試合も一方的で、39歳の晴光は、19歳の劉国正のスピードについていけず、勝つチャンスはありませんでした。

2ゲーム目の途中で、中国の応援団は別の歌を歌い出しました。中国の鉄道ゲリラが日本軍をやっつけるという昔の映画からでした。その歌詞は「西に日は沈んでいくよ。鬼子たち（日本人）の結末はもう見えましたよ」というものでした。悪意はなく、その場を楽しみたいという雰囲気でした。

『鬼子たち』は確かに負けてしまいましたが、彼らは準々決勝ではチームワークを発揮し、出場した3名の選手、偉関晴光、松下浩二、田﨑俊雄が1点ずつ勝利。3－2でチャイニーズタイペイにぎりぎり勝利しました。日本は準決勝で中国に完敗しましたが、15年ぶりの団体のメダルを獲得したのです。それは大きな喜びだったと思います。タイペイに勝った瞬間に晴光は田崎選手に飛びついて、子どものようにはしゃいでいました。日本に帰る2月27日の朝、クアラルンプールの空港で中国チームと会いました。前日に彼らはスウェーデンに敗れ、チーム内には重い空気が流れていました。中国チームは世界で一番強いと思われていましたが、クアラルンプールの湿気は表ソフトの劉国梁を不利にし、団体チャンピオンにはなれませんでした。銀メダルで悔しがっているチーム。中国代表として背負う金色の重圧は、遠い昔から２０００年のクアラルンプール空港まで、ちっとも変わらないまま、そして、将来にも続いて行くでしょう。

世界戦のあと、私は展嘉を連れて里帰りしました。この季節の南寧はよく雨が降り、じめじめ寒くて気持ちまですっきりしないような天気でした。暗闇の中、展嘉のおばあちゃん（晴光の母）は玄関前でずっと私たちの帰りを待っていてくれたようです。家に入ると、おじいちゃん（晴光の父）はリビングの小さな腰掛けに座り、小さな電気コンロで手を温めていました。

「足が痛くて、血圧も低いから、もう1カ月近く外に出ていないんだよ」と話すおじいちゃんは、確かに顔色も半年前と比べてあまり良くないように見えました。

17、18年前のことです。私が初めて晴光の実家に行った時、晴光のお父さんは「ほら、○○くんを見て。成功していっぺんに有名になったよ！　彼らみたいに、君たちも頑張って成功して、有名にならないとなあ！」。

お父さんはその頃は元気いっぱいで、すごい勢いで私たちを叱咤（しった）します。ところがその日は、晴れて気持ちのいいお天気の日曜日午後。ぽかぽかと温かい空気の中、どこまでも続くお父さんの話は、私の眠気を誘い、うとうとしてしまったのです。

晴光のお母さんも仕事を抜けて急いで家に戻り、私たちに食事を作ってふるまってくれました。もちろん、目的は息子が連れてきたガールフレンドを見ることです。

この冷たい早春の寒い夜にそんなことをふと思い出しました。時間はあっという間に10数年も経ったのです。晴光の両親の姿を見て、慌ただしく過ぎる日々の中、ちょっと足を止めて過去を振り返ってみたくなりました。

一方、晴光は直接香港に向かい、五輪のアジア大陸予選に出場しました。世界ランキングですでにシングルスの五輪出場は決めていましたが、田﨑選手と組むダブルスでの出場権を賭けた戦い。そして、ダブルスでも予選を通過し、単複での五輪出場。88年のソウル五輪以来の12年ぶりの出場となりました。

12年前は中国代表選手、12年後は日本代表選手です。こんな例は他にもあるかもしれませんが、多くはないはずです。長年の努力以外に、運と縁も必要だと思います。

ラララ（寿屋）からは初めての五輪代表選手でしたが、その頃、周りではラララの経営状況についてのいろいろな話が取り沙汰されていました。赤字決算の報告が新聞にも掲載され、良い噂は流れてきませんでした。そういう中でも会社は晴光が良い準備をできるように、全力でバックアップしてくれました。

2000年の年明けから、彼はまた遠征や合宿。私も彼がいないことに慣れ、互いに働き盛りで、別々に頑張って、関係は安定していると思い込んでいました。

◆日記より（2000年1月15日）

昨日の午後、晴光は大阪からイギリスへ。今日から老生田（いつの間にか、私たちは生田監督を呼ぶ時に、老を付け加えるようになっていた）と一緒にイギリスで2週間の合宿の予定です。

オリンピックに向けて、彼は今から準備を始めなければなりません。まずは体力。そのためにも今月は体重を落とすのが目標です。
私のほうは、これまでの2年間、すべてをあと回しにして選手生活を優先してきましたが、選手生活から遠ざかることを決めました。
寿屋チームは今、大変な状態です！　女子卓球部は休部になりました。大石監督は会社を辞め、他の選手たちも会社を辞めたり、残って業務に専念したり。私は選手を辞め、次はどうなるのかは不明のままです。
中国に、「木が倒れると、サルも散らばってしまう」ということわざがありますが、まさにそんな感じ。権力も後ろ盾もない貧乏サルたちは、本当に悲しくて可哀想。男子チームという木はまだ残っていますが、こちらのサルたちはどうでしょうか？　食べ物があるように祈るしかありません。
それと、新年の目標を書いておきましょう。
パパ：オリンピックでいい成績が出せますように
ママ：一家のことをきちんとやり、太らないように、なるべくきれいになるように（この何年間、自分は女ということさえ忘れてしまったよう）
展嘉：卓球の練習は頑張る、中国語を勉強する、楽しく学校生活を送る

五輪前にラララは晴光のために壮行会を開いてくれました。その頃は以前いた卓球部の部長は早期依願退職者として会社を辞めていました。社員は一生会社で働き、会社は社員の面倒を最後まで見るという、とても理想的な日本企業の終身雇用制が崩れていることも感じました。卓球部の部長は3人目の坂本部長になっていました。坂本部長は若い頃、カヌーの選手をやっていて、全日本優勝も経験した方で、おしゃべりもうまいし、カラオケもうまく、卓球部員とも距離の近い方でした。
坂本部長は壮行会を楽しいものにしてくれました。ラララのスポーツ後援会の方たちも社員から応援団を募

集して、シドニーへ行くツアーを企画しました。会社の広報部も、88年のソウル五輪からシドニー五輪までの12年間の偉関晴光の軌跡（きせき）をまとめたビデオをパーティで見せてくれました。そのパーティで「頑張って試合をして、いい成績を出したらもう一度盛大なパーティをしましょう」というスピーチを晴光はステージで行いました。それは株式会社寿屋の最後の栄光でした。

今、思えば、ラララは五輪に選手を送り込むのは実は大変だったのではないかと思っています。以前は企業はスポーツ部にお金を使い、宣伝広告として扱っていたのが、この頃はバブルも崩壊し、企業は経営が厳しくなり、スポーツにお金を使うのは難しい状況になっていました。

最初、私たちが日本に来た91年の頃は日本リーグでも実業団チームはたくさんありましたが、２０００年になると日本リーグに参加する企業は半分くらいになっていました。ラララのグループ会社も揺れている状態で、いつ運動部が休部と言われてもおかしくない状態でした。でも、くまもと未来国体があったので、廃部にするわけにはいかなかった。くまもと未来国体にはラララグループの男女卓球部が卓球成年男女、弓道部が弓道成年女子、相撲などの種目の選手も出場することになっていたので、熊本県と各協会はラララの支持を必要としていました。

99年の末、くまもと未来国体が終わるとすぐに、寿屋女子卓球部は休部となり、まるで使い終わった一枚のティッシュのような軽い扱いでした。

２０００年にはオリンピックがあるので、寿屋は運動部全部を休部にはしませんでした。私たちも会社を離れることはしませんでした。

シドニー五輪で、晴光はシングルスとダブルスで決勝トーナメントに進みましたが、組み合わせに恵まれずに、シングルスは準優勝になったワルドナーに、ダブルスは優勝した王励勤・閻森（ヤン・セン）組に敗れました。1年間頑張っていたので晴光は悔しがっていましたが、歳（とし）を重ねているので結果に対しては冷静に受け止められるようになっていました。

五輪で戦う晴光の姿を見て、私は感無量になりました。私たちが20年、30年従事して来たスポーツは果たして、どういうものだったのでしょうか?

スポーツは健康のための単純なものですが、政治的な色に塗り替えられてしまうこともあれば、商業にも利用されます。

私たちは小さい頃から卓球中心の生活をして、コーチは毎日のように「志を持って、苦しい練習を耐えて、国のため、地区のため、チームのため頑張るんだ」と教育していました。多くの両親たちは晴光の父のように、子どもが「成功して有名になる」ことを期待していました。

晴光は努力して、スポーツマンとして有名になり、中国にいた頃も、日本でも名誉を得て、家族を養い収入も得ています。

偉関絹子は能力と努力不足で、中国の厳しい競争環境の中では納得できるような成績を残すことができませんでしたが、日本で暮らす現在は、スポーツを通して自分自身の尊厳を探し、見つけ、社会的にも認めてもらうことができました。

2000年の私は「芸術に国境なし、スポーツも国境をなくすべき!」と心の中で何度も叫びました。

第二の国を代表してのオリンピック出場は、祖国を愛していないのではありません!

◆日記より（2000年9月）

9月中、シドニーオリンピック観戦をしてきました。

晴光はシングルスとダブルスとも決勝トーナメントに進出できましたが、くじ運はあまり良くなかったようで、シングルスはワルドナー選手、ダブルスは王励勤／閻森ペアに負けてしまい、その対戦相手はそれぞれシングルスの銀メダルとダブルスの金メダルを獲りました。

この前のプロツアーでは、ワルドナー選手には勝ったことがあったのですが、ワルドナー選手は重要な試合でない時には、時々試合中に集中力が切れたり、遊びのボールを出したりするものの、重要な試合の時には、調整をして本番ではベストな状態に保つことができる嫌な相手です。

王励勤／閻森は当時、最も実力が高かったペアで、王選手の実力の高さもさることながら、閻選手の取りにくいサービス、3球目攻撃により、絶対王者として君臨（くんりん）していました。中国卓球界の中で右／左の有利性を活かした強豪ペアは、昔では陳龍燦／韋晴光、その後に王涛（ワン・タオ）／呂林（ル・リン）が現れ、現在の王励勤／閻森がその後を継いでいます。田﨑／偉関ペアは戦型としては陳／韋ペアと同じで、田﨑選手はよく、びっくりするほどの高難度のボールを打ちました。でも、陳龍燦の前陣での神業レシーブと比べると、同じ表ソフトでも、やはり違いを感じました。一方、晴光もフットワークや中陣ラリーなど、体力が必要な技術の部分では12年前より明らかに落ちていました。王励勤／閻森との対戦は、実力的に勝ち目がない。他のペアとの対戦なら望みがあったかもしれませんが、12年ぶりのオリンピックのダブルスは一蹴（いっしゅう）され、王／閻ペアとの握手で終わりました。

晴光は少し悔しかったようですが、年のせいもあって、結果にはあまりこだわらなくなっていたようです。応援に来た私にも優しく接してくれました。

私は晴光と自分のことをふと考えました。人間はおかしいものです。その時その時で変わるものです。最初は晴光が私に片想いをして、そのあとふたりは恋愛をして、そのあとはお互いが逃げようとして、次には傷つけ合って、そのあとは冷戦になって、なぜか今はまた少しずつ関係が回復してきている。夫婦って口で仲良くと言ったって、すぐに実行できるものではありません。まぁ、頑張りましょう！

（日記を書いた時は、まさかこれは私の一方的な願望だとは思ってもいませんでした）

シドニーにはきれいな風景が広がっていました。青い空と海、白い雲、家の赤い屋根はとても美しく、私たちは久しぶりに再会できた広西卓球チームの友だちと一緒に、楽しい時間を過ごしました。

昔、中国人は中華包丁と調髪はさみ、そして裁縫するためのはさみを持って故郷を離れ、海を渡りました。老華僑たちはこの「3つの宝物」を頼りに、異国他郷で生きています。

五輪の会場で、多くの中国出身の卓球人たちがいろいろな国の代表として、選手、コーチ、事務などの仕事をしている光景を、私は見つめていました。

海外でどれくらいの中国人が、卓球を生活の糧（かて）にしているのでしょうか？　おそらくそのようなことを調べている人はいないと思いますが、アメリカ、フランス、イタリア、カナダ、オーストラリア、ニュージーランド、チリ、マレーシア……そして日本。私たちが昔所属していた広西卓球チームの仲間たちが、今は世界中に住んでいます。

日本国内でも、企業、大学、高校、民間のクラブでプレーしたり、指導したりしている中国人は、千人はいなくても数百人はいるでしょう。それは、中国の他のスポーツ競技とは比べられないほどの人数です。

1本のラケットを頼りに、数多くの新華僑が世界中のあらゆる場所で頑強に生きています。オリンピックに出られる人は、そんな中でもずば抜けた才能の持ち主で、実際はここまでたどり着けない人がほとんどです。しかし、根本的には違いはないと思います。私たちはみんな、ラケット1本で、天涯放浪（てんがいほうろう）しているのです。

その11

（廃墟での再生）

2000年、年末の全日本選手権・男子シングルス決勝で晴光は3―1で松下浩二選手に勝ち、三度目の全日本優勝を果たしました。

オリンピックではあまりいい結果を残せませんでしたが、全日本の優勝で、晴光のこの一年間の苦労が少しだけ報われたような気がしていました。

2001年の元旦、私たちは再び、南寧に里帰りしました。

晴光のお父さんの体は病魔に蝕（むしば）まれ、具合がかなり悪く、気持ちも弱くなっていました。

私は一冊のアルバムを作り、彼のベッドの傍（そば）に置きました。中には韋家六人（おじいさん、おばあさん、お兄さん、晴光と孫の堅堅姉さん、展嘉）の写真を収めました。

晴光と展嘉と私は半日をかけて、写真館で結婚記念写真兼家族記念写真を撮りました。そしてその中の一枚（赤色の中式服装を着た三人の写真）をわざわざ拡大しておじいさんの部屋に飾りました。それは中国の風習〝沖喜〟というものです。慶事で不幸や病（やまい）等を追い出すという意味を持っていて、彼の病気が早く良くなることを祈って行いました。

おじいさんは、昔のように指摘したりする気力もなく、ただ私の意思（いし）のままにさせてくれました。喜んだり怒ったりの表現さえできないほど、憔悴（しょうすい）しきっていたのです。

おじいさんは体の痛みに耐え切れず、そばにいる人に手足のマッサージをしてくれるように訴えます。おばあさんは献身的にマッサージを続けていましたが、おばあさん自身もかなり疲れてしまい、晴光が代わりました。しかし、何日も立たないうちにもう限界だと言うので、街へ行ってマッサージ椅子を買って帰りました。でも、おじいさんはやはり人のマッサージのほうが痛みが収まるようでした。
息子と孫が帰って来た喜びで、おじいさんは元気も出て、大晦日は家族全員と一緒に美味(おい)しい食事をして、みんなで新年の鐘を聞きました。
南寧を離れる日、晴光は父親の手を握って泣き出してしまいました。私はその姿を見ないように、そっとその場を離れました。

2001年は巳年(へびどし)、私は36歳になる年女(としおんな)のため、まるで言い伝えどおりにいろいろ発生した年です。
南寧から熊本に戻ったある日、晴光は携帯を机に置いてお風呂へ……。
翌日、予定どおりのヨーロッパ遠征に出かけました。

◆日記より

私は姉の家に電話しましたが、誰も出ませんでした。
どうすればいい？　わかりません。
さっきまではずっと震えているだけでしたが、今は暖かいストーブの前で、自分の体をコントロールできるようになりました。
また、人生の暗いトンネルに入ってしまったようで、今度は暗いだけではなく、壁にぶつかって、あと戻りできない絶望まで感じました。
自分自身に問いかけた。「どうすればいい？」

泣きたい、震えは止まらない、でも、先程のような落ち込んだ状態はもう過ぎたみたいです。神様、私に勇気をください！

私の世界は打ち壊されましたが、破壊者は私ひとり。この廃墟の中に残しておきました。

わざわざ中国から持って帰って来た記念写真を燃やしました。

私たちにはもともと結婚写真なんかなかったし、結婚式も挙げなかった。若い頃は、これが俗世間から抜けることと思い込んでいましたが、若くない今では、自分自身が哀れで、一生損したような気分になります。

シドニーの時、私たちは段々平穏になり、夫婦の関係は良くなったと思って、やっと決心をして、こちらから提案しました。『人生はやり直すことはできないけれど、結婚写真くらいなら撮り直すことはできるでしょう』。

昨日、怒りは極限に達し、リビングで燃やしたら、バケツまで燃えてしまいました。

火は床へ移って行き、段々恐くなってしまいました。家ごと燃やすつもりはないけれど、もし、家が燃えてすべてを解決できるなら、それもいいかもしれません。

水を持って来てかけたら、炎は逆に高くなって、自分の髪が焼けて、パチパチと音がしました。火はやっと消えましたが、部屋中に煙が充満していました。

今日は残った物を続いて燃やそうとしていますが、今日は私の心は冷静のようです。

庭で燃やしています。

せっかく綺麗に作ってもらったアルバムはゆっくりと燃えて行き、私は座って、段々と灰になるのを見ていました。

今日は衝動ではないです。燃やすべきと思っているからです。もしそれが偽り(いつわ)なら、残ってもなんの意味もないじゃない？　炎に包まれても、もったいない気持ちは全くありません。
展嘉ひとりの写真も何枚かあって、可愛くて格好いい男の子です。撮影の日、彼はとても興奮して、積極的にカメラマンの指示どおりにポーズをとったりしていました。
炎に投げ込む手は躊躇(ちゅうちょ)しました。展嘉の写真は何枚か残しました。
21世紀初めての冬。それほど寒くはありません。人生の中、最も寒かった冬は今年ではありません。
冬はあまり好きではない、私は冬を恐れています。
私は蛇だからかも？　冬は冬眠しています。
２００１年巳年（へびどし）の冬、私は突然、苦痛に襲われました。震えを感じ、苦痛にあえいでいました。
その後も、昼間は光に包まれたような感覚なのに、夜になると、暗い闇へ沈んでいくような感じです。

少し落ち着いてきたみたいですが、眠ることができません。心が乱れ、いろいろな考えがつきまとってきます。
この世には生と死、笑いと涙、それらが交錯しています。予測できる時と全く予測できない時があります。
起きてほしくないと思っていても避けられません。いくら受け入れたくなくても、起きてしまえば、それを現実として認めるしかありません。
一個人としては本当に無力で、他人のことをコントロールすることはできません。自分の存在の中で、最も近い、最も関心を持っている人でも、その人の思想、行為、感情に立ち入ることができない部分があります。
以前、ある在日中国コーチが私たちに言いました。「あなたたちは在日中国選手中、最も成功したと言えるでしょう！」。
確かに、私たちは非常に努力して、周りも私たちのまじめな態度と成績は無視できなくなりました。

でも、晴光との気持ちのすれ違いは、成功の喜びに灰をかぶせました。

お金は、不幸を避けることができるかもしれませんが、必ず幸せを連れてくるわけではありません。

いつも子どもには健全な家庭を与えてあげたいと思っていますが、それは、偽りの家庭では与えることができないものだと悟りました。

泣きながら、私は彼を海外の遠征先から呼び戻しました。

こんな自分を非常に情けないと思っています。『晴光にとって、卓球は一番重要、私はそれをサポートしないといけない』と長年にわたって私自身を納得させてずっと妥協をしてきましたが、もうこれ以上は耐えられないのです。

彼もやっといつもより事態は深刻になったと感じて来たようで、遠征先ではワルドナー選手に勝って調子も良かったようですが、急いで熊本の自宅に戻って来ました。

「こんな結婚生活と家庭、維持する必要ありますか？」

私はこの世を去る時に、後悔ばかり残るような人生にはしたくないんです、お互いに。

知り合って20年、初めてお互いの感情と考えを正直にぶつけ合いました。話し合いを繰り返す中、未熟さとズレだらけの真実が見えてきました（互いに与えた傷はふたりの心に残って、消えることはないまま）。

私と偉関晴光、全く違うふたりです！

家庭生活は私にとって、酒を醸造しているようなものですが、彼にとってはお茶みたいなものです。一方は日々濃くなるが、一方はますます味が薄くなっていくようです。

でも、かなり似ているところもあります。表面上は謙虚で優しそうですが、内心はとても負けず嫌いです。

最初からズレは多くありましたが、認めたくないし、解決方法も見つからない。互いにも周りにも、なんとかごまかしてきました。

やっと気づきました。私たちには、振り返りたくないこともたくさんあったと同時に、いろいろ幸せな瞬間があった、と。

しかし、人間というのはいつも、不愉快な記憶は忘れないくせに、逆に覚えておかなければならない楽しい思い出のほうを軽視してしまう……。こんな愚かな考え方とやり方で、私自身も他人も苦しめ、互いの関係に緊張と不愉快を与えてしまうのです。

熊本に戻った晴光は、私の日記を一冊ずつ読みました。日記をずっと書き続けていることは、彼に内緒にしていたわけではありませんが、これまで彼自身が読みたいと思ってもいなかったようです。でも、今回だけはまじめに読んでくれました。ほんの少しでも私への関心があれば理解できるはず、私は別に考え深くてわかりにくい人間ではないのですから。

夫・晴光は、また国内外への転戦生活に戻りましたが、この話し合いを機に、今までにないほど誠意を持って、私に関心を示して、連絡をして、私のお願いも聞いてくれるようになりました。

打ち砕かれた信念は新たに打ち立てたいと思っていましたが、立ち直るには時間が必要でした。

しばらくの間、私は過去の日記と過去のアルバムをめくって過ごしていました。しだいに、南寧に残してきた別の日記とアルバムもめくりたくなってきました。思いを過去に馳せた時、遠い昔と目の前の現実がのしかかって、矛盾している感情が絡み合い、私を息苦しくさせます。時々は穏やかな気持ちになっても、すぐさま憤怒と屈辱感が襲ってきました。時々、全部許せる気分になって、でも、やはり私を傷つけたすべての人、私が知らないところで起きたことに対して恨む気持ちが強かったのです。

彼も珍しく「確かに、今は一度、人生の反省をすべき時期です」と言いました。

その12 （さよなら、熊本）

その頃、五輪も終わり、私自身、ラララ(寿屋)とも契約が切れた時期でした。本部から一枚の紙が送られてきて、あなたとの契約が終わりました、と書かれていました。尾崎さんという卓球部の人が会社を辞めるということで、私の送別会も一緒に開かれました。世界選手権大阪大会の前、確か3月頃だったでしょう。

送別会は部員として最後の権利のようなものです。その送別会の挨拶の時に、チームに入りたかったのに断られて、ひどく傷つけられたこと、それで気が済まなかったからラララの選手になることを選んだこと、恨みつらみを少ししゃべりました。監督は、「そんなことあったの?」という顔をしました。誰でも自分が傷ついたらそれを一生忘れられない。でも、他人を傷つけたことはすぐ忘れてしまう。私もその中のひとりなのです。そういうことをわざわざ送別会で言ったのは、誰かに謝ってほしいという目的ではなくて、ただ自分の心の中の荷物を下ろすために話をしたのです。

他人を許して、自分の生きていく道を切り開くことの大切さを痛感していました。人生は、最初からやり直すことはできない。少なくとも私たちは今日があるし、明日がある。それを大事にしたい。晴光と私、ふたりにはとても楽しい時期がありました。でも同時に苦しい時期もありました。ふたりで「もう別れましょう」と話をしたこともあります。もし来世があっても、私たちは絶対夫婦にはならないでしょう。ただ、現世では夫婦としてお互いに優しく接していこうと決めました。

2001年8月に展嘉を連れて、南寧に帰り、おじいちゃん（晴光の父）を見舞いました。2カ月入院しましたが、一向に良くならず、治療が辛いだけだったので自ら退院を要求しました。ただ、自宅にいても苦しいのは同じ。私たちが南寧を離れる前に、仕方なく再入院することになりましたが、相当、衰弱していました。

◆日記より（2001年8月）

おじいちゃんは多少調子がいい時は気丈にふるまっていましたが、苦しくなると、私と姉の前で涙を流します。（おじいさんは私の姉が勤める病院で入退院を繰り返していました）

私たちができることには限度があるし、医学の進歩にも限りがあることを恨めしく思います。

そして、翌9月に姉から電話が入りました。晴光の父の胸部と腹部に水がたまり、熱も出て、大変危険な状態になっている、晴光も帰ったほうがいいのではという知らせでした。

晴光はひとりで、武漢、桂林を経由して南寧に戻りました。家族の人たちが交替で看病をして、晴光は2週間ほどで日本に戻ってきましたが、戻って間もない10月に父は帰らぬ人になりました。すぐに福岡の領事館に行き、緊急ビザをとって次の日に3人で中国に帰り、夜中に南寧に着きました。

晴光はお葬式の帰りのバスの中で、昔の話をしました。「父が自転車でぼくを乗せて卓球場に連れて行ってくれた。その時に、ラケットを忘れたのを思い出して、父はそこから片道30分もある道を引き返し、ラケットを取りに家に戻り、ラケットを持って練習場に飛んできたんだ。あの頃、父は若かった……」。

私たちは晴光の父と母をもう一度日本に呼んで、あちこち連れて行き、観光をさせてあげたかったのです。新しく建てた家も見せたかったたし、そうやって親孝行をしたかったのですが、それは叶わぬ夢になってしまいました。

初七日が終わり、私たちは熊本に戻りました。

ほぼ同じ頃、福山お母さんからの知らせが届きました。小国の『パチンコ兄さん』が亡くなった、と。40を過ぎたばかりなのに、晴光のお父さんと同じ病でした。地球のあらゆるところで、生老病死は常に起こっているのです。

2001年の11月の熊本日々新聞のスポーツ面に「ラララ（寿屋）の運動部が廃部」と載りました。社内発表よりも新聞のほうに早く載りました。その時、晴光は広島で試合をしていましたが、生田監督は気を遣って晴光には何も言っていませんでした。試合会場で、新聞記者の人たちが晴光に「卓球部の廃部についてどう思いますか」と聞き、彼は驚いてその場で固まってしまいました。

もちろん、私たち家族の生活も大きく変化していきます。人間の人生において、永遠の安定などというものはないのはわかっています。私たちの個人の力ではその変化を止めることはできない。その運命的な変化に適応していくしかないのです。

12月に新聞で「偉関晴光は健勝苑に移籍」と報じられました。その時はまだ正式には決まっていなかったので、その報道を抑えようとしましたができませんでした。ラララとの所属契約が12月末までだったため、正式な健勝苑との契約は2002年の1月1日になりました。

2001年12月の全日本選手権はラララとしての最後の試合でした。ところが、試合に参加するために熊本から東京に着いた12月9日の午後、ラジオで「九州最大のスーパーマーケットチェーンを経営する寿屋（ラララ）が倒産か。民事再生法を申請。負債額は2900億円」と報じられました。そういう状況の中でラララの選手は全日本選手権を戦っていました。

晴光はその大会で5年連続の決勝進出を果たしましたが、決勝で松下浩二選手に敗れました。悲劇のヒーローにはなれなかったのです。

２００１年12月23日　全日本選手権男子シングルス決勝
偉関晴光 vs. 松下浩二
3（6－11、12－10、11－9、10－12、7－11、11－6、7－11）4

２００１年は最初から最後まで、人生の不遇を感じ、その都度、苦境を乗り越えてきました。会社の倒産という大変な状況の中で、ほかの社員たちの心情はどういうものだったろう、卓球部の選手の心情はどういうものだっただろう。そういう時は個人の力は小さなもので、個人の悲しみも喜びも小さなものです。人生の中の大きな波が襲ってくる時に、たくさんの人たちのため息と変化というものは波の中にかき消されてしまう。

この頃、私の脳裏によく浮かんできたのは、「タイタニック」という映画のワンシーン。船が沈んでいく時に、人々は自分が大事にしているカバンなどを抱えて逃げようとする。今、私たちの生活と夢を託した船は沈んでいこうとしていました。私たちはラケットだけを持って、その船から逃げようとしていました。でも、大きな波が私たち「偉関丸」という小さな船をどう飲み込み、どこまで運んでいくのかわからない。

全日本選手権が終わってから、私たちは東京に行くことに決めました。晴光は健勝苑のスーパーサーキットにも出場するし、ナショナルチームのスタッフの仕事もするし、契約したＪＵＩＣ（ジュウイック）の講習会などの仕事も入ってくるので、東京行きを決めました。私は健勝苑の子会社キング＆クイーンで働くことになりました。可哀想なのは展嘉でした。せっかく入った熊本大学付属小学校でしたが、転校しなければなりませんでした。

２００１年はすべての意味で私たちにとって大きな変化の年でした。

◆日記より（2002年1月）

寿屋の状況は益々悪化していき、最悪の結果になりました。一万人あまりの社員は全員解雇、すべてのお店は閉店。熊本県の史上最も大規模な失業人数です。

企業の破産は、卓球競技中のメンタルが崩れる時によく似ています。『一瀉千里』防ぎようもない、止めようもない、崩れ方でした。

菊陽店は閉店セールをしていましたが、私自身は買い物に行ってさよならを言う勇気はありませんでした。閉店セールでは、ハンガーまで完売したそうです。

1月に卓球部の坂本部長の家で解散パーティをしました。それが卓球部の最後のパーティでした。生田監督はわざわざ熊本県の国体時のユニフォームを着て来ました。左胸に「監督」という名札が縫い付けられています。若い選手たちはひと晩中、彼を「元監督」と呼んでいました。

この先が見えない状態にも関わらず、皆、涙を流すこともなく、文句を言う人もいません。ここにあるのは、立ちこめる煙と肉が焼けるおいしそうな匂い、そしてアルコールだけです。

九州男児は温厚で善良な性格。難事を受け止める時の度量の大きさや常に冷静で淡々とした態度は、私の偏屈で頑固な醜い性格を逆に際立たせる気がしてなりません。

日記はメモ帳になりました。

解決しなければいけないこと。

1　家を借りる

2　家を貸す

3　税金関係

4　健康保険関係
5　年金関係
6　展嘉の転校
7　私の卓球教室
8　家具の電気の長さ、高さ、奥行き……
9　買うもの、捨てるもの、人にあげるもの
10　引っ越し費用、家の清掃料金、家賃敷金……
11　東京の家の大きさ、家具の置く場所

人生って複雑で、本当に疲れてしまいます。

あまりの忙しさに、私はぼーっとしていて、頭を路上の鉄棒に思い切りぶつけてしまいました。一瞬頭が真っ白になり、気がついたら眼鏡が吹っ飛んで、おでこと鼻から血が流れてきました。

前田さんの奥さんが私を車に乗せて救急病院に連れて行ってくれました。静かな山道を走りながら、奥さんは私がすべてのことをひとりで何でもやろうとしているから、こんな目に遭うと言っていました。暗闇の中、ぶつかった頭が痛いし、情けなさで涙が頬をつたってきました。泣くことも忘れるくらい目まぐるしい毎日の中で、奥さんの前では気が緩んだのでしょう。『私はまだ泣くことができるんだ……』と、その時初めて気づきました。

1月末の千葉でのスーパーサーキットの試合中に晴光はアキレス腱を切ってしまいました。その日の夕方、熊本に来た知らせを聞き、10年前に北京を離れる選択が正しかったのかを初めて疑いました。

その時、はっきりと心の声が聞こえてきました「家に帰りたい！」。

〝空には故郷の雲がやって来る、私に手を振って
傍(かたわ)らにそよ風が軽く吹く、故郷の土のにおいを連れてきて
帰って来いよ、天涯放浪の遊子
帰って来いよ、私はもう漂流に疲れた……〟

外の世界は生命力にあふれていても、私たちはどうしようもないほど無力です。夢で見た故郷の風と故郷の雲は、無力な私たちの心を慰めてくれたとしても、それは一瞬のことです。

私たちは厳しい現実からは逃げられません。

晴光は熊本で手術するために飛行機で戻ってきましたが、彼は車椅子に乗って飛行機から出てきました。片足は包帯とギプスで固定されていました。冬の暖かい午後の日差しの中で、彼はほぼ無表情で私をひと目見ました。段々と薄くなる髪の毛が、座っているせいでいつもよりはっきりと目に入りました。熊本空港で彼を迎えることとは、数え切れないほど経験していますが、今回は最も忘れられない日になりました。

空港から直接病院に連れて行きました。

10年前北京から熊本に来たばかりの頃、やることがなく、暇で暇で毎日鼻水を拭きながらテレビを見ていた日々、どんなに幸せだったのかを思い出しました。

人間はいつも何かを得ると同時に、なくしたものについて嘆くものです。でも、生きている限り、背負うべき責任があります。いくらそれが重くても、それを背負って一歩一歩前へ進んで行かなければいけないのです。

地球のどこに足を着けていても同じです。そのことはもう十分に悟りました。だから運命にも人にも不平不

満はありません。すべては人生の中のひとつの過程なのです。

晴光は抜糸してからすぐに退院しました。

自分の家に帰って、熊本の家で中国の旧正月を迎えましょう！

自分の家に帰って、賑やかな中国の春節番組を見ましょう！

私たちはまたいつか熊本で、自分の家で、旧暦の春節を迎えられるでしょうか？

さよなら、私の金木犀の木たち！　秋がやって来たら、ぜひぜひまた黄金色の花を咲かせて、世界に温かい香りを贈ってください。

福山ご夫妻から私たちの熊本時代の活躍を綴ったスクラップブックをいただきました。このプレゼントは貴重で嬉しいものでした。

彼らは典型的な日本人です。私たちの老後、間違いなく読み返すはずです。

男は外、女は家の中。礼儀正しくて丁寧で、人には温かい情を持ちますが、大和民族の優越感も帯びていると感じています。私は彼らの親切に対し、感謝をしながらも、自分が物乞いにでもなったという、一種の心理的な錯覚から抜け出せなくなる時もありました。だから、なるべく一方的な恩恵を受けないことで、私のほんの僅かな中国人としての自尊心とプライドを維持していました。

向かいの家の中山さんは、別れの際に私の肩を抱いて、「必ず帰って来てね！」と言ってくれました。

中山家は5人のお子さんもいて、ある春の日、私たちは子どもたちを連れて阿蘇へ花見に行きました。その時、中山家の一番下の娘さんが迷子になったんです。また、夏には中山さんと私たちは、国際ボランティアとして中国・北京から来た中学生たちを迎え、家の空き地で賑やかを通り越した、大騒ぎな花火大会を催しました。楽しかった思い出です。
さよなら。でも「さよなら」とは言いたくないお友だち、近所の人たち！　大変、大変お世話になりました。
米川社長から手紙を頂きました。機会があったら、晴光のお父さんのお墓参りをしたいと書いてありました。
会社がこんな状態になってしまったことに心が痛み、熊本が私たち一家をとめられないことをお詫びしたいとも書いてありました。
さよなら。すでに存在しない「寿屋」、あの大きな〝K〟の看板が見えなくなったことは、本当に寂しくて仕方ありません。

晴光は杖を使って、寿屋男子卓球部歴代メンバーの最後の大集会に参加しました。以前にチームを離れた選手たちも集まって来ました。まん丸に太った二代目卓球部長も来ました。彼は晴光に言いました。「中国の女性には参ったなぁ、気が強くて、旦那のことに一生懸命やったなぁ！」。
笑いながら昔のことを言ったり、聞き流せたりするようになり、何だかほっとした気持ちになりました。
さよなら、これから、散らばってそれぞれ自分の道を行くチームの皆さん！　頑張ってください！
展嘉は付属小の制服のままで東京に着きました。手には先生とクラスメイトたちが贈ってくれた花を持って。
彼らは展嘉との別れを惜しんで、学校のゲートまで見送ってくれました。
でも、でも、世の中には終わりのない宴(うたげ)はないのです！　別れの時になったら、微笑みながらさよならを言いましょう。
前を向いて生きていこうと思いました。熊本で過ごした10年間との決別。
さよなら、10年の熊本！　熊本の10年！

2002年、熊本を離れる時、ご近所の中山さんファミリーと記念撮影

上京の時、当時の熊本県卓球協会の深水会長（中央）が晴光を見送りに空港まで来てくださった

「熊本10年」後記

人生どこにも花香る

10月の東京、毎日、出勤する道で、突然懐かしい香りが漂ってきました。金木犀の花が咲き始めたのです。芝浦運河沿いの金木犀の花は、熊本の家のより早く咲く気がします。

満開の季節が来ました。花の香りは、私に、熊本での生活を思い起こさせます。そして、私は時間のトンネルの中を行き来していました。昼間は、東京の金木犀の花が私の新しい生活を見守ってくれ、夜になると、心が熊本に戻り、熊本の庭にある金木犀の木が、私に手を振っています。

東京タワーの灯り（あか）はこの季節になると、暖かいオレンジ色に変わり、日が暮れる頃から朝日が昇る頃まで、大都会のビルの山々の中で優しく輝いています。10年前、初めて東京に来た時、無理矢理に連れて来てもらったのは東京タワーでした。

暗闇の中、東京湾には点々とした灯りがともり、レインボーブリッジは銀色の光を放ち、お台場公園の観覧車はカラフルなネオンが点滅しています。

首都高速を疾走している車の姿は、まるで遠方へ流れて行く星のようです。その前方では浜松町から羽田空港へのモノレールが走っています。熊本へも、中国へも半日あれば行けるのです。

地球は小さくなって来ました。国境も、段々とぼんやりとしたものになりつつあります。

10年間の熊本でのいろいろなできごとは、点々と光る星のように、静かな夜空に散らばって、静かな私の心の奥に収まっています。

人生の中で遭遇した苦難も、何度も経験しているうちに、もう恨む気持ちもなくなりました。人間は故意と無意識に他人を傷つけたり、傷つけられたりしています。命の成熟には、人生の四季を経験する必要があるのかもしれません。

こうして、私は現在のような心境に達しました。「平淡ですが軟弱ではない。知足ですが前向きです」。知足＝《「老子」33章の「足るを知る者は富む」から》みずからの分（ぶん）をわきまえて、それ以上のものを求めないこと。分相応のところで満足すること。

仕事に精一杯努力している晴光には心から感謝しています。彼は相変わらず、国内外を飛び回っています。一緒にいると、私たちは依然として、摩擦が避けられませんが、約束はしました。「問題が生じたら、すぐに話し合って解決すること、別れるなど、極端な話はしないこと」。

まじめに卓球に取り組んでくれないため、ほぼ毎日、私は展嘉を叱っていましたが、展嘉はそんな私を疎（うと）ましく思うこともなく、素直に育ってくれました。展嘉にも心から感謝しています。彼はよく熊本に帰りたいと言いました。中国は彼の両親の故郷ですが、熊本は彼が生まれ、幼児期を過ごしたところ、彼の故郷なのです。少なくとも彼が高校卒業までは熊本に住む予定でしたが、私たち親の都合で、住み慣れたところから離し、友だちからも離れさせたことには、申し訳ない気持ちでいっぱいです。

天から与えられたすべてに、ただ忙しくて楽しくて過ごした一日にも、心から感謝です。周りの人々と美しいものを愛し、見返りを求めることはしません。

昔、私が固執（こしゅう）していたことは、不思議なくらい消えていきました。私が夫に対し、誕生日プレゼントを期待する気持ちも、今ではほとんどありません。去年、私は誕生日をどんな感じで過ごしたかということさえ覚えていません。

私たちにはちゃんとした結婚写真もなかったことにも、その後、自分で燃やしたあの思い出の詰まったアルバムにも、固執していません。
本当にいい味のスープなら、うま味調味料を加えなくても美味しいのです。
心の中を綺麗な思いでいっぱいにすれば、部屋に花がなくても楽しめます。
熊本で歩んで来た10年間。この旅は東京へと続き、さらなる未来へと続いていきます。
〝私に、どこから来たかを聞かないでください。
私の故郷は遠方にある、何故流浪、遠くへ流浪なの？
空に飛ぶ小鳥の為、山に流れる渓流の為、広い草原の為、流浪遠方。
そして、そして、夢の中の金木犀の花の為、
流浪遠方、流浪……〟

10年ごとに振り返る我が人生。
越海球情の上編「熊本10年」の再再整理がやっと終わりました。
熊本でのできごとを文字として残しておくことによって、新しいできごとに、新しい人たちに、前向きで接することもできるようになると思います。
東京に来たばかりの頃、展嘉が小学二年生まで在籍した熊本大学教育学部附属小学校、熊本の我が家などが夢の中によく出て来ましたが、これでやっと出てこなくなりそうです。
中国語の原稿は中国卓球協会専門誌『乒乓世界』で連載をして、ネットでも度々転載されているのです。日本語版は『卓球王国』に一部掲載されたあと、ブログでも載せました。今回は三度目の原稿整理でした。

正直に言うと、もう胸がいっぱいで込み上がって来るというほどの感情はなくなっていました。でもそれは、もしかしたら、自分がこのようなものを書く一番の理由だったのかもしれません。つまり、感情のままに書きなぐっていた文章を冷静な思いで見直す作業をすることによって、本当に書きたいことが浮き彫りになったのです。

これからは越海球情の下編「往事如煙」を少しずつ整理して行きたいです。それは小学生の頃の展嘉との会話から始まり、もっと昔の思い出をめぐる旅です。

書いた当初は、幼い展嘉が大きくなった頃、自分の両親や家族の歴史などを理解してくれたらいいな、と密かに思っていました。

将来のことは全く想像がつきません。私たちだって、東京で住むなんてことは当初、想像だにしていませんでした。

これこそ、人生そのものです。

今まで自分の人生を振り返ってみると、ここが故郷と言える場所はないようです。

中国の桂林で生まれて、1歳にもなっていない頃に、父の故郷・上海の近くの水郷で、おばあちゃんとふたりで10年近く住んで、それは私の童年。そして、桂林に戻って、卓球をし始めて、広西チームの所在地・南寧へ行き、10年間卓球漬けの集団生活は私の少女時代。「熊本10年」の歳月は、わがままな女の子から母親への変遷（わがままは残したまま）。

卓球選手としては遺憾だらけなキャリアにも、やっと悔いることもなくなり、ひと区切りをつけることができました。

私は誰？　なぜここにいる？

疑問は依然解けないままで、東京にいます。

今、この世界有数の繁華街、便利な街、物価が高い大都市・東京の真ん中に住みながら、熊本弥生町の我が家が建つ直前、あの空き地で、ひとりで静かな夜空を眺めて、浮かんで来た疑問と同じです。故郷がない人間だから、答えが見つからないのでしょうか?

「東京での年月」には答えがあるのでしょうか? どのように書くことになるのでしょうか? いずれにしても、随分先のことになりそうです……。

だから、その答えを探りながら、話は戻りましょう。遠い昔の中国時代へと……。

China. Guilin
Japan. Kumamoto-Tokyo

下編

往事如煙

「過ぎ去った昔の事は煙のごとし」
という意味の中国のことわざ

その13

（「好婆」のぬくもり）

「ママの話を聞かせて」

展嘉はママに聞く。

展嘉「ぼくはどこで生まれたの？」

ママ「展ちゃんは熊本の日赤病院で生まれたよ」

展嘉「ぼくはどうやって生まれてきたの？」

ママ「展ちゃん最初はママのお腹にいて、そして、外の世界を見たくなって、ママのお腹が痛くなる、急いで日赤病院へ行って、それであなたが生まれて来たよ」

展嘉はこの会話をしっかりと覚えていたようだった。ある日、顔を赤くして、興奮しながらママに訴(うった)える。

展嘉「僕、今お腹が痛い！　もしかして、赤ちゃんが生まれる？」

ママは笑った。

ママ「違うわ、早くお手洗いに行ってね」

ママは展ちゃんのおばあちゃんが桂林（中国の広西壮族自治区桂林市）で産んでくれた。

幼少時代、傍らには私の祖母、つまり我が子・展嘉のひいおばあちゃんだけでした。江蘇省の田舎ではおばあちゃんのことは「好婆（ハオポー）」と呼びます。

生まれて8カ月後、好婆が私を連れて広西省の桂林から自分の故郷の江蘇省の唐市という小さい町に帰りました。父母ののちの説明によると、あの時、桂林は武闘（文化大革命）がだんだん激しくなったために、家族は各地へ避難（ひなん）することにしたのです。両親は私の姉を連れて母の故郷、湖南省へ向かいました。

私の記憶は一軒の古い家から始まりました。二つ部屋があって、外の部屋には稲草を燃やす竈（かまど）と四角いテーブルがありました。奥の部屋にはベッドひとつとタンス二つぐらいしかありませんでした。

家には好婆と私しかいなかったのです。隣には優しそうな「右派」のおじさんと彼の娘さんが住んでいました。私が知っていたのは、私たちは「四類分子」家庭（地主、富農、反革命分子、悪い人）だということ。しかし、「四類分子」のおじいちゃんはほとんど家にいませんでした。ほかのどこかに監禁（かんきん）されているようでした。

おじいちゃんは病気で死ぬ前、やっと家に戻って来ましたが、奥の部屋で寝込んで、あまり長くないように見えました。私は外の部屋のテーブルの上で遊んでいました。彼は騒（さわ）がしい音を嫌がって叱（しか）る。たちまち、私は大声で泣き出し、好婆は泣き声を聞いて、奥へ行って、彼を怒ってくれました。

私は大おじさんの家に移されていたのですが、何日も経たないうちに、おじいちゃんは亡くなりました。

私は後悔しました。死が近づいている彼の前で、自分が我がままだったことを……。幼い私はおじいちゃんに対して何の印象もなく、特別な感情もなかったのです。でも、感受性の高い年頃だったせいか、おじいちゃんの死ぬ前の寂しい様子やかわいそうな気持ちを敏感に感じて、どうしようもなく切ない気持ちになっていました。そして、私のせいで、好婆に怒られたことにも何となく責任を感じていたのです。

子供時代の疚（やま）しい気持ちは忘れられませんでした。

上海の大学にいた時、母を連れて好婆に会いに行ったことがありました。小船は夜中に唐市に着き、はっきり覚えているはずの小路で迷い込んでしまい、なかなか家に辿り着けなかったのです。暗闇の中で母は突如、一言。「もしかしたら、お前のおじいちゃんのいたずらかも！」寒気を感じました。思わず母に反論しましたが、同時に、母が言っていることになんとなく納得した部分もありました。

好婆は90歳になる前、脳梗塞で倒れました。当時、熊本に住んでいた私は大分で行われた全日本実業団選手権に参加した直後、展嘉を連れてお見舞いに行きました。好婆の子ども、孫、ひ孫たちが唐市に集まりました。家に、新しくできた唐市町史という本があって、町史を読んでみると、私のおじいちゃんは町長だったことが載っていました。彼は日中戦争中、抗日を主張。中国共産党の新四軍（抗日革命軍）が撤退する時、彼は商売のことが少し気になり、家族もいるので一緒に撤退しなかったために、その後、日本軍に捕まりました。その際、「これからは抗日運動に参加しない」ことを書かされ、死刑をまぬがれたそうです。

おじいちゃんはこれが原因で、文化大革命中「四類分子」になりました。家財を没収され、審査のため監禁されたのです。その頃、好婆と私はあの古い家に移りました。

その家は雨が降ると、雨漏りがしました。屋根から落ちてきたしずくはお盆で受ける。地下からしみ出てきた水は私たちが少しずつ外の庭に出すことしかできなかったのです。この仕事は夜中にもかかわらず、雨が止むまで続けないといけません。それは私の幼い時の記憶に刻まれました。

当時、田舎には電気が通っていなくて、家の中には灯油灯しかありませんでした。毎回寝る前に奥の部屋へ行く時は怖い思いをしました。暗い明かりの前？　それとも後ろ？　どっちのほうが良い？　前を歩けば、目の前は真っ暗。後ろを歩けば、体の後ろは真っ暗で背中には恐怖がいっぱい！

オモチャはありませんでしたが、日本の漫画に似ている「連環画」は何冊かあって、宝物みたいにベッドの下の木箱に入れていました。

実は、好婆は二番目の奥さん。おじいちゃんの最初の奥さんは、大おじさんを産んだあと亡くなりました。好婆は上海おばさん、父、太倉おじさん、そして唐市小おじさんの4人の子どもを産んでいます。

彼女の歯は物凄く丈夫で、年取ったあとも硬いものを平気で食べていました。特に、前歯は極端に大きく、父に遺伝し、私にも遺伝しました。展嘉は歯が生え替わる年になりました。彼の前歯も異常に大きい！

好婆はあまり私を外へ遊びに行かせてくれませんでした。いつも私たちは夕方の四時に晩御飯を食べました。大体はおかゆでした。好婆はおかゆが好きだと思い込んでいましたが、大きくなって会いに行った時、彼女は毎回ご飯を食べていたので、意外に感じました。

外はまだ完全に暗くなっていないし、同じ年の子どもたちの遊び声が聞こえてきたのに、私だけは早く寝かされたのです。

朝早く、好婆に起こされ、一緒に川辺で「馬桶（マートン）」洗いをするのです。江蘇の田舎では、いまだにこのような木で作られたバケツを室内トイレとして使っています。馬桶を洗い終わって、好婆はホコリひとつないタンスを拭き始める。それが日課でした。

9歳の頃のことです。私が体が痒（かゆ）いと言うと、好婆はタンスの角で体を擦（こす）ってと言いました。毎冬、同じことをしたため、とうとう腕と背中は菌に感染、膿（う）みが沢山出て来るほどの状態になってしまいました。膿みによって体と服がくっついてしまい、私は痛みに耐え切れず、着替えを激しく拒否しました。好婆もそれ以上は何もできませんでした。

父が唐市へ私を迎えに来て、無理矢理、病院へ引っ張って行きました。私は大泣きをして抵抗するも、大人たちに押さえられ……膿みを出して、薬を塗ってもらい、ようやく痛みから解放されたのです。

好婆は寝る前にお経を読む、隣近所とけんかなどはしない、美味しい物があれば皆に配る。そういう人でした。

好婆はいつも私を「お利口さん、宝物、好婆のいい子」と呼んでくれました。ボロボロの古い家の中で、私はいつも我がままで、言ったとおりにならないと気が済まない子として育ちました。

ある日、一年中出稼ぎに出かけている小おじさんが故郷帰りしてきました。おじさんは友人の子どもにプレゼントするつもりで、筆箱を買ってきていました。私はそれが欲しくて騒いだため、好婆は私に味方をして、無理矢理に私の古い筆箱と交換させたのです。でも、私は思いどおりになったあと、また後悔していました。おじさんが古い筆箱をプレゼントする時の恥ずかしさ、そして私の古い筆箱を使う女の子のことを思うと、ひどいことをしてしまったと、うしろめたい気持ちになってしまいました。

好婆は私があちこちへ出かけることを嫌がりました。ある日、私がよその家に遊びに行った際、私を探しまわって、見つからなかったので、川辺で足を叩きながら大声で泣いたそうです。「もし何かあったら、あの子の両親に何と言ったらいいかわからない！」と。

私の姉が3歳の頃、唐市に住んだことがあったそうです。人混みの中、姉が川辺で船を見ていた時に、足を滑らせ川に落ち、死ぬ寸前までいったらしいのです。それ以来、好婆は神経質になって、二度とそうならないようにと思ったようです。私は川で泳ぎたかった。でも、好婆はそれだけは許可してくれませんでした。私はみんなが楽しく水遊びしているところを見ていることしかできなかったのです。

小学校の低学年の頃には、学校から帰り、好婆が家にいないと、訳がわからない恐怖感が私を襲って来て、大声で泣き出したことを覚えています。その叫び声は好婆を近所から呼び戻すほど！　それは好婆の姿を確認するまでずっと続きました。

好婆は私をあまやかす鶏のような存在でした。彼女の暖かい翼の下で、限りない愛情と優しさを受け、それと同時に、私の怖いもの知らずの我がままと、神経質な怖がりという二つの極端な性格を育んでしまったのです。

私は好婆によく両親のことを聞きました。すると好婆は「お前の好パパ、好ママは桂林というところにいて、彼らは学校の先生だ、すごく頭がいいんだよ」と教えてくれました。「桂林には唐市にない物がたくさんある、珍しい山、きれいな川、春雨みたいな食べ物はビーフンと言ってとてもおいしくて、お前は赤ちゃんの時、よく食べたよ」とも教えてくれました。

その言葉に、私は心の中で数え切れないほどパパ、ママのことを想像し、イメージを自分なりに創り上げていました。日が暮れてきた時、彼らを思い出すのです。いつか、彼らは私を迎えに来る。山あり水ありビーフンありの桂林に連れて行ってくれる。そのすべてが私の憧れでした。好婆は常々「お前はしばらくの間、私がここ（唐市）で預かっているだけなんだよ」と言っていました。

私の心の中の想像で、期待がどんどんふくらみ、大きくなるにつれ、好パパ、好ママ、好姉ちゃんに会いたいと焦がれるように思っていました。想像では何回も会っていても、実際にはまだ一度も会ったことがない。写真さえなかったのです。

9歳になった頃、小おじさんが結婚する時、父はお祝いのお酒を飲みに来ました。やっとの思いで好パパに会えた！　背が高くて、優しそうでした。とても嬉しかった。唐市に2、3日いて、父は私を連れて桂林へ向かいました。

好婆と小おじさんたちは私との別れを惜しんでいました。彼らと別れたくない。小おじさんは私たちを船まで送ってくれました。

好婆はその時、家で涙を拭いていたのでしょう。私は桂林へ行きたいけど、好婆とは離れたくなかったのです。小さな私は感傷的になっていました。いったん離れたら、好婆と一緒に暮らした日々にはもう戻れないことを何となくわかっていたのです。

父と一緒に桂林に向かう時、私たちは上海おばさんの家にも何日か泊まりました。おばさんの家には小虹という女の子がいました。おじさんのほうの親戚です。彼女の両親は四川省にいましたが、娘が上海に残れば、彼らは将来上海に戻る理由になると考えていたようです。

もし、私も上海おばさんのところに預けられていたら、両親は桂林には連れて帰るつもりはないようでしたが、幸か不幸か、おばさんの家は小さ過ぎて、もうひとりを住まわせるスペースはなかったのです。

厚い綿入りズボンと、好婆が作ってくれた綿入り靴を履いて、唐市の方言しか喋れない私は、大都市上海の小虹の前では、いかにもやぼったい田舎者に見えました……。

それから20数年後に、好婆が脳梗塞で倒れたと聞き、展嘉を連れて好婆のもとに駆けつけました。私は、半身不随になってしまって痩せこけた好婆に鶏スープを飲ませました。スープの中に涙が止めどもなく落ちました。私自身、好婆がひと口ひと口食べさせて大きくしてくれたのに、私が彼女に食べさせたのは、この一回切り、ただの何口かだけでした。

彼女はおいしそうにスープを飲んで、「小娟、肉も食べさせて」と言いました。

唐市を離れる車中、再び涙があふれ、家前の青石板でできた狭い道、江南の町中をゆったりと流れる小さい川、半円状の石橋もぼんやりとして、かすんで見えました。幼い頃、好婆と過ごした日々、貧しかった生活、孤独だったけれど愛情あふれた日々も、思い出しては、ぼんやりと消えていく、その繰り返し……。

父は私が泣くのを黙って見守ってくれました。

その後、好婆が亡くなりました。

「小娟、お利口さん、好婆は悩むわ……」

好婆はそれを言う度に目をぬぐっていました。

その情景は、私の心の奥底に刻まれています。

98年の全日本実業団大会（写真）後、すぐに好婆の所へ駆けつけた

その14

（ピンポンキッズ）

我が家の息子、展嘉が小学校に上がる時、母親の私は、突然思いついたのです。『卓球天才少年を育てることにしよう、〝天才少女福原愛〟と並ぶように』、と。

さっそく、息子に基本フォームから教え始めました。自信満々でした。日本の小学生の卓球レベルは高くないだろう。展嘉も両親からちょっと教わったら、彼らをやっつけることができるだろう。

母子ふたりで半年ぐらい練習をしました。全日本選手権県予選の申し込みをする際、このコーチ1名、選手1名のチームに名前をつけないといけない。私は勝手に〝ピンポンキッズ〟と名づけました。

〝ピンポンキッズ〟は順調に県予選を通過しましたが、選手はチーム名に不満があるようでした。

「なぜピンポンキッズなの？　レッドパワーにして！」

「ただのチーム名じゃない……」

しかし、コーチは約束するしかなかった。来年はもっと意味がわからない「レッドパワー」というチーム名にすることを。

〝ピンポンキッズ〟は全国大会の試合会場に入ると、場内の活気に圧倒され、固まってしまいました。たくさんのピンポンキッズが卓球台を囲んで、熱気あふれる練習に励んでいる。中には、基本技術も総合能力も、小学生とはとても思えない子もいるのです。

日本は中国のように国営スポーツ学校がなくて、子どもたちは個人経営のクラブに所属し、親たちは自費で

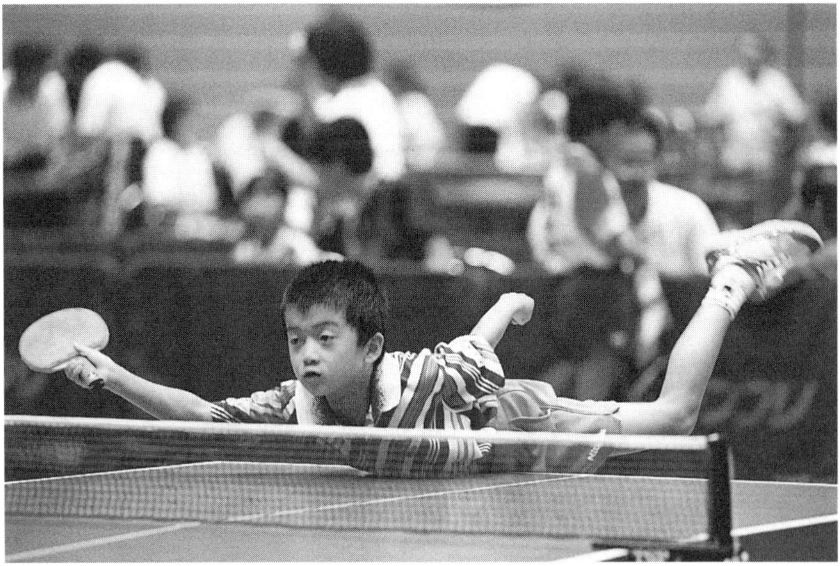

ピンポンキッズ・偉関展嘉は全日本選手権バンビの部に出場

指導料、用具・服装費と遠征費用を出します。中には、私たちのようなピンポンパパ、ピンポンママもいて、自分の子を教えています。厳しいクラブでは、毎日4、5時間も練習して、学校が休みの日には、一日中練習するそうです。中国のスポーツ学校に負けていません。加えて、最近では、数多くの中国から来た優秀な選手がクラブでコーチ、トレーナーなどをしています。日本のジュニアの卓球レベルは中国、韓国と変わらないくらいです。

体育館の観客席は小さな選手たちの熱心なパパやママ、おじいさん、おばあさんたちに占領されています。私もやっと目が醒めました。半年前の考えは、まるで井の中の蛙（かわず）の白昼夢だった、のだと。

次の日、試合開始。1試合目、アッと言う間に〝ピンポンキッズ〟は泣きながら0―3で敗退。

それから1年後、再び全日本選手権ホープス・カブ・バンビの部に出場。前回は、かなりのレベルの差を味わったので、今年は多くを望まないことにしました。リーグ戦を突破できればいい。チーム名はそのままです。

展嘉は相変わらず緊張しています。どこを見ても、真剣勝負に懸ける小さな顔、顔、顔。人でいっぱいの観客席。コート前は叫び声と泣き顔が交錯し、観客席もヒートアップした雰囲気。特にピンポンママたちのかん高い叫び声は、周りを完全に無視しているのか、隣の人の鼓膜が耐えられるかどうかわからないほどでした。この1年間、私もほぼ毎日のようにこのくらいの高い音量で、展嘉を叱咤激励してきました。

展嘉は1年間の努力で多少成長したようで、目標だったリーグ戦を突破。トーナメントでも1回戦をギリギリで勝ちました。その後、明らかに彼より上手な東北の選手に負け、キッズはまた泣いてしまいました。

「まだまだだよ。帰って、また練習だね」。ピンポンママの口調には厳しさがにじんでいました。

試合後、「ピンポンキッズ」には三日間の休みが与えられました。その間は、ラケットを握らなくても良いのです。キッズはあまりの嬉しさに、いったいどうして過ごせばいいのかわからなくなるほどでした。キッズママもレポートを書き、疲れた足腰を休め、三日後、「ピンポンキッズ」は基本フットワークから、次の訓練を始めよう、と心に誓っていました。

展嘉のお父さん方のおじいさんとおばあさんは卓球をしたことのない人でした。でも、先見の明を持っていたおじいさんは当時の状況を見て、卓球を強くさせたら、将来の仕事と生活が保障できると考えました。

展嘉のおじさん（晴光の兄）は高校を卒業して、すぐ「上山下郷」（学生たちを農村へ派遣し労働させる）しないといけませんでした。

展嘉のパパ、晴光は小学校低学年から卓球を始めました。晴光は左手でラケットを握り、最初は表ソフトラバーを使っていましたが、その後、裏ソフトラバーに変えて、ドライブ打法になりました。おじいさんは晴光を連れてあちこちへ教えてもらいに行ったり、練習相手を探したりしました。

おじいさんは生きている時、私たちによくこういう話をしていました。

「ある日鉄道局へ行って、ひとりの男の子と試合をしてもらった。最初、向こうの親は態度が傲慢だったが、結局、展嘉のパパ（晴光）は男の子に簡単に勝ってしまったので、男の子は泣き出してしまった。その親も、それまでこちらを見下していた態度をすぐに変えたんだ」

毎回、話がここまできたら、義父は喜んで声を出して笑っている。

「我々をみくびっちゃいけないよ。自分の子どもが一番偉いと思っていたら、それは間違いだ！」。そう言って、幼い頃から実力を発揮していた次男（晴光）をいつも自慢していました。

パパより七つ上のおじさんがいつも持ち出す昔話は、ふたりの兄弟がまだ幼い頃のこと。ある工場の子どもがパパ（晴光）の物を奪った。泣いて帰って来る弟の姿を見て、おじさんは正義のために立ち上がった。しかし、おじさんのパンチが効いて、相手の目にひどい怪我をさせてしまいました。これが原因で、いまだにその子の親は、この時のことをしっかりと覚えていて、おじさんには良い顔をしないのだそうです。

おじさんは「上山下郷」で農村で働いたあと、桂林のホテルで長年仕事をし、その後、南寧のホテルで副総支配人になりました。彼は社会経験が豊富、話し上手な人です。桂林には日本人遊覧客が多いので、彼は日本語を勉強するために大学へ行って勉強し、旅行ガイドを務めたこともあります。南寧に戻って日本語をあまり使わなくなりましたが、展嘉と日本語で交流出来ることには感心しました。おじさんがいると、家中が賑やかになるのです。

晴光の卓球はますます上達し、広西代表チームの選考合宿に選ばれるほどになりました。彼はチームでまじめに練習し、成績も悪くなかったのですが、正式なチーム入りメンバー決定の時、晴光は健康診断で引っかかりました。肝機能検査で「異常あり」という結果が出たのです。訓練の疲れのせいで、体が起こした一時的な反応だったのでしょうが、広西チームは彼をチームに残さないことを決定しました。

晴光の父は納得できなかったので、役員、コーチと話をしたのですが、彼らは「まず家に帰って、休養してから」と言いました。

当時、肉を買う時は肉券というチケットが必要でした。早く体を回復させるため、栄養補給が必要だと、晴光の両親は家にあったわずかな貯金を崩して、あちこちに頼んで、貴重な肉券を手に入れました。

半年くらい休んだ頃、広西省体育学校が開校準備として、卓球クラスの生徒を募集しました。晴光は第一期生になりました。半日勉強、半日卓球の生活で、食事と寮も学校が用意してくれました。広西代表チームほど本格的に練習することはできないけれど、再びラケットを握ることができるようになったのです。

彼の両親は学校の食事だけでは栄養が足りないのではと心配しました。病気の再発を防ぐため、晴光の母はよく自転車で1時間かけて、南寧市郊外にある体育学校へ息子・晴光に鶏スープ、肉がゆなどを持って行ったそうです。晴光の父はまだ諦めておらず、どうしても息子を代表チームに行かせたいと考えていたようです。しかし、前回の健康診断結果を理由に、広西チームにはずっと断られていました。最後には、父は「もし、韋晴光の体に異常が起きた場合でも、チームには一切責任を追及しない」という内容の誓約書まで書いたそうです。両親と晴光の努力で、彼が14歳の時、ようやく広西省の代表チームに入ることができました。3年ほど遅れましたが、やっと専門的に卓球の訓練を受けることになったのです。

卓球訓練センターのゲートの外に小さい店が何軒かあって、日用品などを売っていました。そんな中に、一列すべてキャンディを入れたガラスのびんが陳列されているお店があったそうです。

晴光は栄養補給のため、その一列のキャンディを一番から最後まで順番に食べていったそうです。

肉好き、甘いもの好きなのは、その頃からだったのかもしれません。

ほかの人より苦労して広西代表チームに入ったことは、これから晴光が歩んで行く道が曲がりくねり、試練が待っていることを予感させました。

古いアルバムより：広西体育学校のチームメイトと晴光（前列右端）、12歳頃

古いアルバムより：晴光は念願の広西代表チームメンバーとなり、北京遠征に出た時の記念写真。
隣は、後輩の謝超傑選手（左）

その15
（青色のマニキュア）

ある〝母の日〟のことです。展嘉は私にマニキュアをプレゼントしてくれました。淡い青色で、涼しい初夏にとても似合っている。

彼は私に「早く塗って、早く塗って」と催促します。

ちょうど私は淡青色のサンダルを買ったばかりで、展嘉からもらったマニキュアと合わせると、すごく綺麗でした。

私はとてもうれしくて何度もお礼を言いました。

展嘉も満足そうな表情をして、まるで紳士のようにこくりと頷きました。

ある日、私は母に誕生日ケーキを買って持って帰ったことがありました。

でも、母は一瞥もせずに、「こんな洋風なものなんかいらない」とひと言。

クリームで〝お母さん、お誕生日おめでとう〟と書いていたケーキは、一緒にお祝いをしてもらおうと私がうちに呼んでいたチームメイトたちと一緒に食べましたが、母は最後まで、自分の部屋から一歩も出て来ませんでした。

ある日、私は母に聞いたことがあります。「なぜ、私たちに母親らしい愛情を示してくれないの？」

母の答えは、「私だって、母の愛情を感じたことはなかった」でした。

9歳になる年、劣等感と不安を抱いたまま、私は父とともに汽車に揺られ、二日間かけて、上海から桂林北まで行きました。

到着したのは夜中。母が迎えに来ていました。私は、木の板を敷いた押し車に荷物と一緒に載せられました。

『洗いすぎて白くなった青色の人民服を着て、メガネをかけている人が私の母!?』

彼女は、娘の私に触れることもなく、微笑むこともありません。そればかりか、厚いメガネ越しの視線は、見知らぬ桂林の夜と同じく、とても冷たいものでした。

当時の自分の表情がどうだったのかは覚えていませんが、この瞬間から私たちはお互い拒絶し合ったのです。

当時、中国全土の学校(私が転校してきた桂林の小学校も含めて)は、政治運動を起こしていました。私自身も当時の背景は全くわかりませんでした。

やがて、私は卓球を始めました。最初は学校のコンクリートの卓球台で、ラバーも貼っていないラケットで遊んでいました。やがて、体育の先生の推薦をもらって、桂林市の体育学校の卓球クラスに通うことになりました。毎日午後は一般の学生より早く下校して、卓球をしに行きました。私は特に卓球に興味があったわけではなく、ただ理由をつけて、家に遅く帰りたかったのです。家は怖かった。母に嫌われているのは明らかで、母の機嫌をそこねるたびに怒られたり、叩かれたりしました。私は、彼女に好かれるような無駄な努力はすでに放棄していたのです。

私たち家族は、母が当時勤めている中学校の宿舎に住んでいました。宿舎には卓球のチームメイトも住んでいて、彼女は私に教えてくれました。「前歯が大きいと、玄関に入る途端、怒られるんだよ!」。私はその忠告を疑うこともなく恐れていました。なぜなら、私にも大きな前歯があったからです。

ある日、下校後すぐには帰宅せずに、友だちと日が暮れるまで遊んでいたことがあります。家に着いた途端、『まずい！　怒られる！』と思いました。あまりにも怖かったせいで、学校で掃除と宿題をしていたと嘘をついてしまいました。

母は姉に、私を学校へ連れて行って、担任の先生に確かめて来いと命令しました。

私は、母に棒で叩かれたことがあります。嘘をついても、叩かれるのが多少遅れるだけということはわかっているのですが、私の嘘は、逃げられなくても逃げたくなる人間の本能だったのです。

とうとう、先生と姉まで巻き込んだ事態になってしまいました。

母はまるで凶暴な猫のよう。弱々しく、抵抗力が全くない小鼠を逃げ場所のないところまで追い込んで、意地悪くもてあそんでいるかのごとく……。帰り道で私は姉に何度も何度も本当のことを言わないで、と頼みたかった。でも、そんな勇気もなく、結局、何も言えずにうちへ着きました。

母は姉の答え（真実）を聞き、用意した棒を振ってきました。私は大声で叫んでベッドの下へ逃げて行くのですが、引っ張り出されて、また叩かれる。それがしばらく続きました。

やがて棒を振る母の手は止まりましたが、さらに別の罰を言い渡されました。バケツ二つを持たされ、水道水を運ばされたのです（当時の家にはまだ水道が引かれていなかった）。その日は、晩御飯も食べさせてくれませんでした。

その夜、本物の猫がやって来ました！

母は怒ることに夢中で、台所に下味を付けた肉を置いたままにしていたようです。隣近所の猫が、その肉の匂いに誘われ、全部盗み食べてしまったのです。

私は心の中でほくそ笑んでいました。『罰が当たったんだ』と……。
私も肉を食べられなくなりましたが、全く平気でした。
叩かれたところは紅色と紫色のアザになり、長い時間を経て、やっと消えて行きました。
私は、毎日、体育学校で卓球をして、晩御飯を食べて帰るようになりました。ただで食べられる御飯は美味しいとは言えないけれど、遅く帰宅する口実になりました。

母は、卓球のことは一切聞きませんでした。
家に帰ると、姉だけは聞いてくれました。「今日は誰としたの?」、「勝った?」。でも、時間が経つにつれ、段々と聞かれなくなりました。

湖南省懐化（かいか）にいる叔母（おば）さんは、赤ちゃんができなかったので、親戚の誰かから女の子をもらって養女にしようとしていたようです。
どうやら、桂林に来た叔母さんの目的は、私を懐化に連れて行くことのようでした。そのことを知った私は彼女と喋らないようにしました。『絶対彼女について懐化へなんか行くもんか!』、『大人たちがどんなことをしても無駄だ!』。私は誰の話も聞かないと心に誓っていました。
叔母さんは桂林で一時期私たちと一緒に住んでいましたが、やがて諦めてひとりで帰っていきました。
でも、実は私は叔母さんが好きでした。姉と私に優しく接してくれた人で、プレゼントを買ってくれたりもしました。帰り際に、姉に十元、私に五元もくれました。生まれて初めて大金を手にした私は、大金持ちになったような気分になり、大喜びしました。

叔母さんがいる間、母は私たちをあまり怒らなかったので、平穏で過ごしやすい日々が続きました。
だから、彼女にさよならを言いたくはなかったのです。
でも、あくまでも彼女は私の叔母、私の母ではないのです。私には叔母の養女になる気は全くありませんでした。
その後、叔母さんは叔父さんのほうの親戚から、ひとりの女の子を懐化へ連れて行ったそうです。

父は出張がちで、あまり家にはいませんでした。父に対する感情は母に対するよりもっと複雑で、本能的に逃げていたと言えるかもしれません。
私は桂林に来てからどんどんと背が伸び、色が黒くて痩せていました。そのせいか、よく熱を出し、手足が痙攣するまでよく泣いていました。
気持ちは沈んでいましたが、その辛い気持ちを誰に言えばいいかわかりませんでした。
私は、唐市の好婆に手紙を書くことしか思いつきませんでした。
彼女は字が読めないので、私の手紙を読むには、隣近所の字が読める人に頼まないといけません。それでも、私は書き続けました。
好婆にパパやママに会って、一緒に生活をしてみて、どのぐらい失望したかを伝えることはできませんでした。私はまだ、辛い気持ちをうまく訴えられる年ではなかったのです。
悪いことはなにひとつ書かず、いいことばかりを書きました。手紙の中では、現実逃避をしていたのです。
その後、母が重い病気にかかりました。最初は婦人病だったようですが、やがて肝臓病も患い、学校の隣の病院に長期入院していました。

父と姉は御飯を差し入れしていましたが、私はあまり見舞いに行きませんでした。怒る人、叩く人が家にいなくて、正直、ほっとしていました。彼女にはずっと病院にいてほしかったのです。
この頃、自分の言葉の中に、「ママ」がなかったことに気づきました。

中学1年の夏休み、広西代表チームの選考合宿リストに、私の名前が載りました。卓球はそれほどうまくはなかったのですが、その年、サウスポーをひとり選びたいということで、私が選ばれたのでしょう。
私は底の枠が外れたバケツと蓋が行方不明になった石鹸箱、穴があいた茶碗、継ぎはぎだらけの蚊帳を持って、家を離れました。母の反対の声は聞きもしませんでした。家さえ出られたら、どこへ行ってもいい。
その頃、しばらく中止されていた大学入試が復活したばかりでした。中学生になった私の成績は優秀で、特に作文はあまりにも高得点だったので、母はわざわざ担当の先生の所へ「同僚の子どもだからといって、高い点数を付けたりしないで」と言いに行きました。

母は私が勉強に励むことを望んでいるのは知っていましたが、私は頑固で、わがままでした。僅かなボロボロの荷物を持って、１９７８年、12歳の夏休みにひとりで南寧へ行く汽車に乗ったのです。

八年後、１９８６年の春頃、全国大会が湖南省懐化市で行われました。
叔母さん夫婦と北方から連れて来た養女は、この懐化市内に住んでいます。彼女たちの生活はいたって普通で、静かに見えました。叔母さんは学校の先生、叔父さんは橋を作るエンジニア、娘は学生でした。
もし私が叔母さんについて懐化に来ていたら、こういう生活をしているはずです。
私は、以前と変わらず叔母さんが好きです。彼女は優しくて話しやすく、他人のことをよく考え、沢山いる兄弟姉妹たちの家族の面倒を一生懸命に見ています。

試合後、叔母さんは私を連れて、母の故郷・湖南省沅陵(げんりょう)へ行きました。

母方のお婆さんは、実は母と叔母さんのまま母で、私に会った途端、「あの時、お前の母は機嫌悪かったね、いつも子どもを怒ったり、叩いたりしていたね、こっちが駄目と言っても聞かなかったわ」と言ってくれました。

私はあえて何も言いませんでした。あのような辛い日々はもう過ぎ去ったのですから。

12歳の頃、私は自分の意思と判断で、あの苦痛から抜け出したのです。正しかったかどうかはわかりませんが、母への憎しみも、とんでもないところにまでいかずに済みました。自分が哀れにも思えましたが、一方で偉かったなとも感じました。

ただ、どうしても理解できない部分がありました。母はなぜ娘にこういう扱い方をしたのか？　長年、私はその答えを探し続けていました。

お爺さん（母の父）は、何年か前に亡くなりました。その時、母は故郷に帰りませんでした。私は母の代わりに墓参りをしました。

私は生前一度しか会っていません。口数が少ない、痩せこけた老人で、普段からあまり健康そうには見えませんでした。

叔母さんと大勢の親戚たちは、また私を連れて、本当のお婆さん（お爺さんの最初の妻）の墓を探しに行きました。

母は私に話してくれたことがありました。「彼女（お婆さん）は、何人か子どもを産んですぐに死んでしまった。彼女は子どもを産むために生まれてきたようなもの」。

結局、実のお婆さんのお墓は見つかりませんでした。適当な場所で香を燃やし、弔うことしかできなかったのです。

会ったこともない祖母と孫、お互いに知らない仲。1回切りの接点。また陰と陽で分かれていました。私は彼女のことを少しだけ垣間見ましたが、彼女は私のことを全く知らないのですから。

母が住んでいた実家は残っていて、そこで一泊しました。その時、親戚たちは口々に昔話をしてくれました。戦争中、日本軍が来た時、若い女性たちは顔を黒く塗って隠れました。母も壁と壁の間に隠れ、手には本を持って、隠れている間、その本を読み続けていたそうです。

夜、母は薪の明かりで読書をしていたそうです。母の目はそれが原因で近視になったのだろうな、と私は話を聞きながら推測していました。

母は言いました。「大学で一番貧乏な学生だった」。たぶん、それは事実だったのだろうと思います。

母の実家では、珍しい来客に挨拶をしようとでも思ったのか、小虫たちに大歓迎されてしまいました。私は小虫たちに全身を噛まれ、痒さでひと晩中眠れないほどでした。

トイレは豚小屋のそばにあり、臭くて、用を足すのも恐怖でした。母の故郷は唐市よりも田舎で、衛生的にはひどいものでした。

ルーツを探る旅では、母が若い頃、いかに勤勉だったのか、そして努力家であるという一面も見ることができました。強い意志がなければ、あの年代の沅陵という田舎町には、彼女のような女子大学院生が現れるわけがなかったのです。父と母は中華人民共和国の第一期心理学専門の大学院生でした。母はたぶん、絶対に自分の母のような人生を送りたくなかったのだと思います。自分自身が努力することによって、運命を変えたかったのでしょう。

彼女は確かに凄かった。「文化大革命」がなければ、あるいは父の実家が「四類分子」でなければ、母はソ連へ国費留学に行って、もっともっと優秀な人材になったかもしれなかったのです。

しかし、そうしたかったのであれば、母は結婚をしなくていいし、たとえ結婚しても子どもを作らないようにして、すべての精力を学問に使えば良かった、あるいは、あの年代に流行していた政治運動をしたら良かったのに……。私は今でもこう思っています。

両親の昔からの知り合いは、ひとり娘は上海に預けて、夫婦ふたりは仕事に励み、広西教育界の重役にまでなりました。娘さんは上海で結婚する時、結婚写真を持って南寧に帰り、私たちに見せてくださったので、私たちはお祝いの言葉を言いましたが、気遣って必要以上のことは聞きませんでした。

少なくとも、母は私を産むべきではなかったのです。産んだとしても永遠に私を唐市に預けるべきでした。母は、自分が、母からの愛情を受けていないので、私たちにも母としての愛情を注いでくれなかった。娘でも、彼女は両方ともできなかった……。

両親は情熱を持って、何十年もの間に沢山の他人の子どもを教えましたが、大学院で学んだ児童教育心理学は、母へ注ぎたかった愛情も拒否しました。自分の子どもには役立たなかったようです。

ここ数年のことです。私の両親は年を取り、母はもともと近視の目が白内障になって視力はさらに弱くなり、170センチほどの身長の姉を私だと勘違いして「あら、石小娟はまた身長が伸びたね」と、不思議そうに言います。母は目の手術を拒絶し、家政婦も拒絶。毎日、手探り（てさぐ）で家事をこなし、新聞は鼻にくっつけて読んでいます。そして、全く怒らなくなり、叫び声も聞こえなくなり、いつも笑顔でいるようになりました。学院内の子どもたちに自家製の棒アイスや小物をプレゼントしたりしています。学部の会議には一切不参加ですが、旧正月のパーティには必ず顔を出し、クイズに答えて賞品をもらうのを楽しみにしていました。

父の片方の目は、好婆のところで1カ月親孝行したあとに内出血を起こして失明してしまいました。両親は、父のもう片方の目を頼りに日常生活を送っていました。そんな生活は不便で心配が多いので、私たちは何度も意見をしましたが、やがて、無理に彼らの生活習慣とリズムを変えるより、彼らの意思と選択を尊重したほうがいいと思い始めました。

自分自身の経験の中で、一般的に良しとされていることが、人によって必ずしも良い選択とは言えません。今、私も人の母になり、手を伸ばして母からの愛情を求めることはもうありませんが、我が息子には、もっともっと多くの愛と関心を与えたいと思っています。

展嘉が熱を出して病気になった時、夜中で泣き止まない時、ミルクを飲ませながら卓球の指導をしている時、子どもを育てるのは本当に難しいことだとやっとわかってきました。

周りの友だちが赤ちゃんをおじいちゃんやおばあちゃんに預けているのを見て、私も育児から逃げたくなり、少しでも楽になりたくなることもありました。

でも、目の前にはいつも幼少時代の私、上海の小虹、両親の友だちのひとり娘が浮かんで来ます。

展嘉には、私と同じ思いをさせたくありません。

母の日に展嘉がママにくれたマニキュアは、雲ひとつない青空みたい。展嘉の純粋で透明な心は、ママの複雑で頑固な心をほどいてくれました。

その16（友人から恋人へ）

「ママの話を聞かせて」

展嘉が小学一年生になったばかりの頃の話。

展嘉「ママ、もし怒らないなら、秘密を教えてあげる」。

ママは同意しました。

展嘉「僕は毎日一緒に学校へ行く女の子と、バスの中でキスをしたんだ」

ママはびっくり、目も丸くなりました。

ママ「彼女が好き？　どこが好きなの？」

展嘉「うん、好きだなぁ、彼女は強いよ、空手(からて)ができるから」

ママはため息が出ました。

彼女にするなら優しくて可愛いほうがいいはずなのに、息子は父親と同じで、強いメス虎を好むようです！

話は戻りますが、私が中学1年の夏休みに広西代表チームの合宿に行った時のことです。合宿が終わり、一緒に参加した6、7人の中で、私ひとりだけが、そのまま残されました。

「今回の選手はレベルが今までで最も低かった」。コーチはため息をつきながら言いました。私は技術レベルが低く、誰にも勝てず、トレーニングにも全然ついていけませんでした。ところが、チームはどうしても左利きの選手が必要だったのです。それで、私が選ばれました。体が硬かったうえに、パワーも全然なく、皆が軽く上げたバーベルでさえ持ち上げることができませんでした。
コーチは「木の棒で格好だけでもえぇ、練習せぇ！」と呆(あき)れた表情で指示しました。
コーチを最も怒らせたのは、私の不可解な性格だったようです。質問に答えることを拒否し、毎回、沈黙で会話が成り立たないので、コーチと私は対立しているように見えました。
コーチには悪意がないことがわかっていたので、私も話をしたかったのですが、話し下手(べた)で言葉が出てこないのです。
コーチは当然、良い気がしない。すると、私は嫌われたと思い、ますます話せなくなりました。人と挨拶することさえも怖くなっていました。向こうから人が歩いてくるのが見えたら、わざわざ違う方向へ逃げて行く。避けられなかったら、顔を違う方向へ向け、視線をそらしました。

やがて冬になり、チームから配られたユニーフォーム以外に、私が持っていたすべての私物は恥ずかしい程ぼろぼろになっていました。毎朝、起床したらすぐにお布団(ふとん)を畳(たた)みました。同部屋の人に継ぎだらけの布団カバーを見せたくなかったのです。
薄すぎた布団のせいでいつも寒くて夜中に目が覚めましたが、文句は言えません。他人から〝ぼろ布団〟と、からかわれることを恐れていました。
夏合宿の一日目から、農村から来た人に〝ぼろ蚊帳〟と悪意に満ちた田舎弁でからかわれました。その嫌な体験がずっと心に残っていたのです。
毎日、チームは列を作って練習場へ行くのですが、私は練習が嫌いで、練習場に着くと全身がだるくなり、眠たくなってくるのです。練習が始まると急に怒り出したり、やる気をなくしたりするので、コーチも怒って私に練習中止の処分を下しました。そんな私は、寮でお菓子を食べながら、本を読んで何日か過ごしましたが、反省文を書いて許してもらいました。

16歳の誕生日を過ぎて間もなく、私は発育している乳房に硬い塊を発見しました。段々と大きくなってきたので、コーチに相談。とうとう手術をすることになりました。両親はあの頃、南寧の大学に転勤して来ていましたが、私の病気を知った時、私はすでに病院で手術の準備をしていました。彼らは私がガンになったのだと思っていたようで、相当心配したようですが、私自身はあまり心配していませんでした。「自分はこんなに若いのだから、治らない病気になるわけがない」と思っていたのです。

最悪、本当に悪性腫瘍でも、運命に任せるしかないとも思っていました。小さい頃から運が悪く、何もかも普通の人と違いました。他人より苦痛と試練が多い宿命だと考えていたのです。

半身麻酔で行われた手術。医者の腕はとても褒められたものではなく、麻酔は足りなかったようで、死ぬほどの痛みでした。手足は固定され、涙と汗を流すことしかできませんでした。三センチ位の塊が取り出され、すぐ病理検査に出されました。

私は〝殺されるのを待つ羊〟みたい。そのまま手術台の上に寝かされて結果を待ちました。

発育したばかりの乳房は残りました。この痛々しい経験は長い時間を経っても忘れられません。

姉とこのことについて話をする時、「原因は内分泌失調じゃないの？」と彼女は言いました。

私はそれを中国語で〝郁結〟と呼びました。気分がふさぎこむ、というような意味です。私の少女時代は憂鬱なことが多すぎた。そうした、たくさんの憂鬱が心にたまって、塊として現れたのかもしれません。

この頃から、自分は一本の草だと感じるようになりました。水と肥料をもらえなかった一本の草、孤独に生きて、孤独に消えてゆく草……。

入院期間中、何人かの友だちが私を見舞いに来てくれました。最初の頃は、お互いに兄妹と呼び合う親友たちが連れだって来てくれましたが、やがてひとりの兄だけが来るようになりました。彼は私より三歳年上で、韋晴光という人でした。ふだんから一緒に遊んだりする仲間でした。

当時、私はまだチームの二軍メンバーで、練習場の2階で練習していました。すでに一軍にいる彼に対して、最初は全然印象がなく、他の女子選手の話から、チームにこんな人がいるということを知りました。

年頃の女子、何人かが彼に好意を持っていたそうです。彼は練習をまじめにするし、誠実な人という印象を持たれていました。練習が終わって、彼女たちは彼と一緒に残って時間外練習をすることを楽しみにしていました。

私たちが練習、生活をしているスポーツ訓練センターには、様々なスポーツ競技の選手が集まっています。共同のスローガンは「集中、厳しい訓練に耐え、専門競技レベルを高めて、国のために、広西のために頑張る」という内容でした。

訓練センターは、軍隊式の管理がされていました。朝6時にサイレンが鳴るとすぐさま起床、10分後には宿舎の前で全員集合して朝練、少しでも遅刻したら罰を受けなければなりません。

夜10時にまたサイレンが鳴って、消灯して全員がベッドに入ります。平日は外出禁止、男子26歳、女子23歳未満は恋愛厳禁でした。

しかし、センター内の少年少女にとって、いくら保守的な時代、厳しい環境でも、恋心は自然に芽生えて来るものです。私も異性に好奇心を持ち始めましたが、当時は韋晴光と言う人への興味は全く持っていませんんでした。
互いに話をし始めた頃、彼のことをからかったりしていました。
彼はチームの中のある女の子が好きだったのですが、その恋は成就(じょうじゅ)しなかったようです。チームの中で一番綺麗な女の子で、彼女に好意を持つ人は大勢いました。私とひとつ上のその彼女は、チーム内でも一番仲が良く、親友になりました。ひとりは皆に好かれるタイプ、もうひとりは嫌われる人間、対照的なふたりでしたが……。
彼女は、間食好きな私に家から持って来た美味しいお菓子を食べさせてくれたり、雑誌の中の物語、特に恋愛ものについて詳しく教えてくれました。
彼女が17歳の時、劇団の人とつき合うことになりました。お相手は格好よくて、お喋りも上手な人でしたが、チームのコーチと両親に猛烈に反対されました。
彼と彼女は、お互いの気持ちを確かめ合って、何度も何度も話し合った末に、彼女のほうからこの恋愛を終わりにすることを決めたようです。
しばらくして彼女はチームを離れましたが、早くも別の人と恋愛が始まったそうです。彼女からは、ハンサムな彼の家に行って、役員をされている彼の両親からラジオやニワトリ等をもらったと聞きました。
彼女は嬉しそうに新しい彼の話をしてくれましたが、私は彼女はもっと素敵な人と結婚をすると思っていたので、正直なところ、「もったいない」と思っていました。
その後、ふたりは結婚をしましたが、ずっと別居生活でした。彼女は自分の故郷を離れたくないと言い、彼も同じでした。
結局、ふたりは別れてしまいました。
彼女は私に言いました。

「本当は、彼がとても好きだった」

私は理解できませんでした。

「なぜ？　愛のためなら、こちらが一歩譲(ゆず)ってもいいんじゃないの？」

さらに、彼女に聞きました。

「昔の彼氏は思い出せる？」

彼らがつき合っていた頃、ふたりの仲睦(なかむつ)まじい姿や、いかに愛し合っているかなど、彼女から聞いた言葉を私は忘れられませんでしたが、彼女は「もう随分(ずいぶん)前で忘れた」と無表情で答えました。

つくづく、私とは対照的な人でした。

ある日、韋晴光は自ら、毎日のチーム練習が終わったら、私の練習相手をしてくれると言ってくれました。

その頃、私は、多くの人に勝って早く一軍に上がり、1階の卓球場で練習する資格を得て、さらに広西チームのレギュラーになって遠征へ行きたいと思っていました。卓球に対して少しずつ意欲が出て来ていたのです。

そんな折、思いもよらない好都合な申し出に、私は軽くＯＫを出しました。

チーム内では、段々と仲良くなった男女何人かが、外出禁止の規定を無視して、夜になるとセンター外の飲食店に忍び込んで夜食を食べに行きました。

私は、男女の間にも友情が絶対にあると確信していた頃です。彼らは皆、私の友だちだし、特に一番年上の彼（韋晴光）に対して、それ以上の感情は持っていませんでした。

だから、周りが彼と私のうわさ話をし始めると、とても悔しかった。『そんな、男女の関係ではないのに……』。

でも、彼のことは嫌いではありませんでした。優しくて口数が多くないし、一緒にいてもリラックスできて、本当にただの男友だちという感情しかなかったから、わざと逃げたりすることもなかったのです。
入院生活はたいくつだったので、彼が病院へ見舞いに来てくれた時は嬉しかったです。関心を示してくれる人がいて、居心地は悪くなかった。「どうして入院したの？」と彼が聞きましたが、私は恥ずかしいので、「肩にできものができちゃった」と嘘を言いました。
全く疑うこともなく、彼は私の言葉を信じたようです。とても単純な人だなと思いました。

チームの遠征へ行けるようになった最初の頃、私の出番が少なかったので、コーチは私に同じ前陣速攻型の選手を見習えと言いました。卓球選手の中で、私の印象に深く残ったのが、のちに卓球王子と呼ばれた江加良（ジャン・ジャリャン）選手でした。
彼はまだ名前が知られてきた頃でしたが、皆と違う部分がすでに見えていました。フォームは綺麗だし、格好も良かった。見た目も清潔感が漂っていました。試合の度に必ず着替えをする彼の習慣は、当時ではすごく珍しかったのです。
私も前陣速攻ペン表型でしたが、江加良選手みたいにはなれないと思っていました。彼を含め、トップの選手たちは、私には別世界にいるような存在でした。

私は韋晴光選手の試合を見るのが好きでした。私と同じ左利きで、三球目攻撃が得意、サーブ権を持つと、毎回３、４点が取れる。
そんな彼のプレーを尊敬の眼差（まなざ）しで見ていました。
試合の時、彼はいつもレシーブを選び、初めは負けていることが多い。最後のサーブ権を持った時、大体は17－18か、16－19のスコアで負けているのに、最後は挽回（ばんかい）して勝つのです。

広西チームの特長は、フットワークを駆使するところでしたが、中でも彼は快速フットワークが武器で、コート狭しと全面を動き回り、すばやい攻撃を仕掛けていました。

私はただ、彼のプレーを見ているのが好きでした。この時も、特別な感情は持っていませんでした。

1982年の夏、私は初めて全国選手権に出場し、ミックスダブルスとシングルスでベスト16に入りました。初めて出場した全国大会で予想以上に良い成績を残すことができたので、自分の将来に少しだけ自信が芽生えました。大会が終わってから、私は南寧に戻る途中、いつものように桂林で下車しました。姉が桂林の看護婦学校にいて、遠征帰りにはよく会いに行っていたのです。韋晴光もお兄さんが桂林で仕事をしていたので、私たちは一緒に桂林で下車し、ふたりで桂林の七星公園に遊びに行きました。

帰省休暇は一年に1回しかないのでコーチも選手も地方から来ている人たちは皆、この機会に帰省しました。私と韋晴光は、チームの中では親しい間柄と言えるでしょう。私の試合がある時は彼が見に来てくれましたし、私は、実力が上の彼の意見をよく聞きました。彼はすでに団体戦のレギュラーメンバーで、個人成績も少しずつアップしていました。

南寧に帰る前、彼はお兄さんと食事をした時、何か良くない物を食べたようで、熱が出て下痢になってしまいました。帰りの汽車の中でずっと辛そうでした。私は『しょうがない奴だ』と心でつぶやいたくらい。彼は全く私の理想の人ではありませんでした。でも、大人たちはそう思わなかったのです。

私たちは南寧に帰って、すぐコーチ陣から呼び出しを受けました。「なぜふたりで下車したのだ？」「桂林で何をしていたのだ？」。

何もしていないということがどうしても信じてもらえず、帰省して楽しかった気分は消えてしまいました。

何を言っても信じてもらえないから、彼と一緒にいるところをあえて見せつけたり、不まじめな練習態度を取りました。
やがて秋に行われた全国上位選手しか参加できない〝調賽〟では、私は一試合も勝てませんでした。実力が足りなかったこと以外にも、気持ちの不安定も原因のひとつであることは明白です。
年末のボーナスの時期には、チームの規定に違反し恋愛関係になった選手への懲罰として、四人の選手の賞金がカットされたのですが、その中に韋晴光と私も含まれました。
『私たちは恋愛なんかしていない。ある人は確実に恋愛をしているにもかかわらず、賞金をカットされてないのに』
粗暴で不公平な処理方法に、私は心から怒りを覚えました。私たちは手も握っていなかったので、まるでいじめを受けているような気持ちになりました。『もう、絶対、まじめに卓球をやらない！』と心の中で叫んでいました。
一方、韋晴光はこのことに対してはいたって平静で、逆に妙に喜んでいるようにも見えました。他人から思われているような私との関係を、彼は望んでいたのかもしれません。
彼と私の関係は、私が想像する、いわゆる恋愛関係とは全く異なるものです。彼の顔立ちは全然見苦しくないけど、引きつけられてはいませんでした。
当時の彼は外見を重視したようで、私ならそんなに悪くはないと軽く思ったみたいです。彼は私の内面的なものを理解できないだろうと薄々感じていました。
私は恋愛を通じて、憂鬱と苦しい心情から解放されたかったのですが、彼は元々口下手で、私に会うとさらに緊張してしまうので、私を笑わせたり、楽しませたりすることができるはずがありません。
私は人に断ることができない性格、彼にも駄目とはっきり言えませんでした。相談できる人はそばにいないし、卓球で努力をする気にもなれない。かと言って、ほかにやりたいことが見つからない。心は虚しく、性格も頑固すぎる、真実でないことを言われると、最後まで反抗した態度を取りました。

私と韋晴光の実家はセンター所在地の南寧にあるので、週末に帰宅ができました。彼はこっそりと私を映画に誘ってくれて、その後、家まで送ってくれました。

83年の夏、彼の誠意にほだされて、私たちは本当につき合い始めました、彼は21、私は18でした。

彼はすごく節度がある人でした。私たちは毎週帰宅なのに、彼はいつも一週間置きで私を誘いました。

真剣につき合うようになって、今度は私のほうが彼と一緒にいたくなりました。少なくとも隔週ではなく、毎週末、ふたりで過ごすべきだと思っていました。

寮の前を通ると、彼は2階の廊下に立ってニコニコと私を見つめていました。彼が私のあとを追って、ふたりでしばらくここを抜け出すことを期待しました。

でも、彼はあとを追っては来ませんでした。（最近、この時のことを話したら、彼は私が通るのを待って、ひと目見て、それだけで満足していたと、教えてくれました）

私から彼を誘ったことはありませんでした。どうやって声をかけたらいいのかがわからなかったし、プライドが邪魔をしたのか、彼と一緒にいたいという思いを認めようとしなかったのです。

中国では競技スポーツチームの入れ替わりはとても早く、21歳になって北京へ行き、中国代表になって国際試合に出ることができないなら、引退を考える時期になったのと同じ意味だ、と言われていました。

同年代の謝賽克（シェ・サイク）はすでに世界チャンピオンになっていました。周宏（ジョウ・ホン）、陳偉何（チェン・ウェイハ）なども北京へ行きました。

当時、韋晴光は広西男子チームで一番年長の選手になっていました。先輩の任国強（レン・グオチョン）さんは、北京から帰って来る時、彼に言ったそうです。「21歳になったら、のちのことを考えるべきだ」。
今思うとおかしいですが、当時は確かに21歳は、すごく年を取った印象だったのです。おまけに、彼のニックネームは〝韋おじさん〟。余計に年寄りに思われてしまいました。
でも、彼はいつもどおり練習後に残って自主練習をしていました。自分より何歳も若い選手とゲーム練習をしましたが、向こうは相手にならないレベルなので、彼らに5点、7点、10点のハンデを与えてゲームをしていました。

彼のお父さんもいつものとおり、毎週木曜日に練習を見に来ていました。木曜日は工場の定休日、だから彼の父の姿が見えたら、「今日は木曜日」と皆にわかるのです。
私たちは、お父さんのことも〝韋おじさん〟と呼んでいたのですが、彼は息子のニックネームが〝韋おじさん〟であることを知らなかったので、明らかに韋晴光を呼んでいるのに、時々、お父さんが大きい声で返事をして、コーチと選手たちがこっそりと笑ってしまう……という場面が何度かありました。
晴光のお父さんは卓球が全くできないけど、子どもの成長にはものすごく関心を持っていました。自慢の息子でした。
毎回チームに来て、必ず練習と生活上の様子をコーチに聞いていました。みんなと卓球について話をする時も、彼は理論だって話すので、いつまでも話が尽きない程でした。
1984年の夏、私は遠征から訓練センターに帰る時、後輩に頼んで、韋晴光からの手紙を持ってきてもらいました。「最近、センターの雰囲気は緊張感が漂っているので、私たちは会うのを減らしたほうがいい」という内容でした。

私が試合遠征に行く前に、広西スポーツ代表団はオーストラリアへ訪問の計画があって、彼の名前も載っていました。しかし、私が遠征に行っている間に、センターは、規定を違反して男女恋愛をしているという理由で、彼の参加を取り消したのです。ちょうどその頃、チーム内の功労を評価し、選手を表彰する時期でもありましたが、同じ理由で、彼の評価は一段階下げられてしまいました。

さすがに、今回は韋晴光もそうした対応に耐えられなくなってしまったようです。

晴光の父が息子を慰めに来ました。そしてすぐに反省文を書かせて、センター本部に謝りに行かせました。

こうした異様な雰囲気の中で、私たちは南寧で行われる全国大会を迎えました。

広西女子チームの成績はパッとしませんでしたが、男子チームはどんどん調子が上がって、まずは男子団体優勝を果たしました。

広西チームは当時、たくさんの強豪選手がいて、最も強い時期でした。かつて梁戈亮（リャン・ガリャン）、任国強、任国傑（レン・グオジエ）、黄統生（ファン・トンション）という名選手を輩出し、現役には天才少年・謝賽克がいました。また、周宏、韋晴光、謝超傑（シェ・チャオジエ）などの実力者が揃っていました。

団体優勝のあと、韋晴光のプレーにはさらに磨きがかかり、試合前に落ち込んでいた姿とはまるで別人のように見えました。

ミックスダブルスは李春麗（リ・チュンリ）と組んで優勝しました。

男子ダブルスは周宏と組んで決勝進出して、同士討ちになった謝賽克ペアには負けましたが、準優勝でした。

一方、私は早々に負けてしまったのでセンターに戻り、暇だったのでセンターの敷地内をぶらぶらしていました。

毎晩遅く、1台の大きなバスに乗ってひとりで帰って来る彼を見かけました。彼も私の姿を見つけると、にやりと指で〝V〟を作りました。

大会最後の日、彼は男子シングルスも優勝しました！

競争がとても激しい全国卓球大会で、ひとりで全四種目の決勝進出を果たし、三種目で優勝、一種目準優勝という成績は、中国卓球史上、初めての快挙でした。しかも、22歳の省チームの選手が作った記録ということに、中国卓球界はショックを受けていました。

広西スポーツ界も驚きと歓喜で湧いていました。ひと晩で「凡人」が「英雄」に変わりました。マスコミは彼を褒め讃え、称賛の言葉ばかり。「大器晩成！　大器晩成！」。人々は笑顔を見せて、祝福やお世辞は次から次へ。センターの幹部たちも新しく誕生した英雄を熱烈歓迎してくれました。ついこの間、反省文を書かせたばかりなのに。その反省文も、いつの間にか行方不明になっていました。

晴光自身も健忘症にかかったように、完全に自分が達成した快挙に酔いしれているようでした。毎日、ニコニコしながら、呼ばれるままにあちこちに出かけていきました。

あとあと考えてみると、このことは、彼の卓球人生のターニングポイントだったのだと思います。もし、オーストラリアへ行っていたら、彼は今回の全国大会に参加できませんでした。その後の歴史も変わっていたことでしょう。

人生の色々なできごとを振り返る時に、『もし当時……だったら…』と思うことがありますが、当時の私たちは、深く考えることができませんでした。特に彼はそうでした。実際、深く考える余裕もなかったのでしょう。

一方、その頃私は口には出しませんでしたが、深い失望感に包まれていました。

昨日まで、私たちは共に周りと競争した仲間だったのに、今日、彼だけは、周りのみんなから注目されて輝いている。私はひとりで暗い片隅にやられているようでした。誰も、「あなたの彼氏はすごい」と言ってはくれませんでした。

何日かして、彼はやっと昔のように会いに来てくれました。でも、私の心の中は宿舎の明かりと同じく、暗いままま。周りの状況も異常なほど静かでした。

私の人生は相変わらず寂しいものでしたが、彼の人生は明るく変わりました。でも、彼に私の心情を伝えることはできませんでした。自分の心情をうまく伝えられない、あるいは、伝えたとしてもわかってはくれないだろうと思い込んでいたのです。

久々に会っても、いつもと同じく、話はあまりはずみませんでした。特に私たちの将来の話題については……。

彼はもともと甘い言葉をかけるタイプではない。そんな彼が愛の誓いの言葉を言うはずがありません。

あの夜の記憶は……会えて嬉しいはずなのに、かえって憂鬱になってしまった気分、ぼんやりとした電気の明かり、そして彼のあいまいなひと言、「お前はこれからどうする?」。

私はその言葉の意味がよくわかりませんでしたが、勇気がなくて聞き返せませんでした。彼の答えを聞くのが怖かったのです。

最近になって彼にこの時のことを聞いたら、言ったかどうかさえ覚えていませんでした。あの時、どういう意味で聞いたのか、それは永遠に謎です。

あの日から、私たちは全く別な世界にいることに気づきました。私と彼はもともと違う人間なのです。

彼は正常で理性的、簡単で現実的。

私は病的で感性的、複雑で虚無的。

その17
（誠実であること）

「ママの話を聞かせて」
展嘉「世の中には本当に神様がいるの？」
ママ「いるよ」
展嘉「なら、神様はどこにいるの？　なぜ僕には見えないの？」
ママ「神様は見えないの。でも彼はあなたを助けるべきだと思う時に、現れてくれるよ」
展嘉「そうかな……」

晴光は全国大会で素晴らしい成績を出したので、北京（中国代表チームの本拠地）へ行くのは問題ないだろうと思っていましたが、なかなかその知らせが届きません。中国代表チームのドアはなかなか開きませんでした。その年の冬、私は無錫（むしゃく）の全国青少年合宿に参加しました。けれど、練習が始まった第一日目から、やる気をなくしていました。

全国各地から集まって来た若い選手たちの中には、その後、世界チャンピオンになった喬紅（チャオ・ホン）、高軍（ガオ・ジュン）、陳子荷（チェン・ズーハ）、喬雲萍（チャオ・ユンピン）などがいたのです。彼女たちは私より若くて、コーチたちの主な目的は彼女たちの指導でした。

私は第二組（二軍）に行かされ、私より4、5歳も若い選手と一緒に練習することになりました。悔しかったけれど、一生懸命に頑張って、実力で第一組（一軍）に行ってやるというような気力も湧いて来ませんでした。寒くて疲れる毎日。彼からの手紙を読む時間だけが、唯一の楽しいひと時でした。
当時はお金がなかったし、外出して遠距離電話をかけることもできませんでした。彼の手紙を読み、彼に手紙を書く。そうしてまた、彼からの手紙を待つ。
私にとって、それが、冷たい冬の間のちょっとした暖かさ。そして、暗くて不透明な私の未来にわずかに光る星のようでした。
ところが、このような日々は、合宿が終わるまでずっと続いたわけではありませんでした。
突然、彼からの返事が来なくなったのです。失望と不安の日々を過ごしました。
それでも私は彼に原因を聞きませんでした。私はプライドが高くて頑固なので……。
南寧に帰る日が近づいたある日、彼からの手紙がようやく届きました。中には、「落ち込んでいる。中国代表としてイングランドオープンに出たが、ヨーロッパの冬の厳しい寒さと昼夜逆転の時差に全く慣れなくて、良い試合ができなかった。中国代表チーム入りの希望もなくなった」というような内容が書かれていました。
突然に途絶えた連絡については、ひと言もありませんでした。
晴光は私に慰めを求めて来たようですが、それには応じませんでした。私自身も彼の自己中心的な行動のせいで、ずっと悲しい気持ちと辛い気持ちを持って長い日々を過ごしたのですから。
私は、自分勝手な彼が腹立たしく別れようと思ってはいたものの、合宿からの帰りに上海に寄って、彼にセーターと彼が好きな〝大白兎〟というキャンディを買っていました。
1985年の終わり頃、韋晴光はこの一年間も国内成績が安定していたので、ようやく北京（中国代表チーム）に呼ばれることになりました。彼は23歳になっていました。同チームで同年齢の謝賽克は3回も世界選手権に出場しており、すでに引退してフランスへ渡っていました。

南方の冬は、雨が降ると格別に寒く感じます。そんな寒いある日の午後、晴光は私を残して南寧を離れていきました。

北への列車は、彼がようやく叶えた希望と新しい夢を乗せて旅立ちました。同時に、私の晴光に対する思いと期待も一緒に乗せて行きました。

これから、私はひとりぼっち。私たちの青くて不安定な愛情をプライドをもって守っていけるのでしょうか。

彼は文章を書くことが苦手（にがて）のようです。それを隠すために、なるべく手紙を書かないようにしていたのだと思います。そう感じた私は、彼の誕生日にあえて日記帳をプレゼントして「進歩を祈ります」と書き込みました。彼が自分の考えと感情を表現できるようになってほしいという気持ちを込めて。

私の影響を受けたのか、あるいは仕方なくそうしたのか、これからなかなか会えなくなる現実も手伝ったのでしょう。彼は北京に着くとすぐに筆を執（と）りました。待ちに待った初めての手紙が届きました。

「小娟：国家訓練センターのゲートに足を踏んだ瞬間、僕の目が潤（うる）んできた。本当に感無量だった。中国代表チームへの階段は、僕にとって、あまりにも高かった！」

そこから文通が始まり、私たちが一緒に熊本へ行くまで、6年間も続きました。

私たちは、だいたい赤ラインがついている大きいサイズの航空用封筒を使っていて、行ったり来たりで、それは何百通にもなりました。私が書いた手紙はその後、どこにあるのかわからなくなっていますが、彼からの手紙はずっと保管していました。赤いリボンで結んで、私の日記と一緒にケースの中に入れていました。

十何年かして、彼はやっと私に教えてくれました。

〝北京で初めての冬はとても寒かった。南の人は北の寒さと乾燥した気候に慣れていない。自分も手足や唇（くちびる）が割れて出血するほどだった。外で長距離を走るトレーニングの時には、北風と一緒に砂が口の中や目の中へ入ってきて非常に辛かった。

それよりもさらに辛かったのは、コーチの目は、この新しく来た高齢選手（自分）に全く向かないことだった。3階建ての練習場の中で、主力選手は1階で練習、その次は2階、自分は次の次という評価だった。練習前の集合で1階に行く時以外、練習はいつもコーチがなかなか来ない3階へ行かされた。だから、主力選手がどんな練習をしているのか、見たこともなかった〟

しかし、当時の私はそんなことを想像すらしませんでした。彼が北京へ行って、私たちの関係は終わってしまうのではないかと心配ばかりしていたのです。

彼が北京へ行ってからは、実際、私たちは全く会えなくなりました。唯一のチャンスは、年に2回行われる全国大会だけでした。試合期間中なら、1週間くらいは一緒にいることができるはずです。

しかし、86年春頃の湖南省懐化市で開催される全国大会の直前になって、広西男子チームは突然パキスタン訪問へ行くことになり、全国大会を棄権したので春は会うことができませんでした。

この1年間、私たちは手紙と長距離電話で連絡を取り合いましたが、秋になり、杭州での全国大会で、私たちはやっと会うことができました。

「両情若是久長時　又岂在朝朝暮暮」、両方とも情があれば、毎日一緒にいなくても良いという意味の唐詩です。私はこの言葉をなんとなく信じていたのですが、同時に、「小別相逢多韵味　长别无期那不悲」短い別れのあとの再会は嬉しいが、いつ会えるかわからない別れは悲しいものという意味のテレサ・テンの歌が妙に心に響いてきました。

一年ぶりの再会は嬉しいだけではなく、よそよそしさも感じていました。彼の顔をはっきり覚えていないような感覚になりました。私は手紙の中では、想像の中の人と恋愛をしていて、目の前の彼が、想像していた彼ではないような気がしていたのです。

それでも杭州にいる間、試合以外の時間で私たちはなるべく一緒にいました。ふたりともチームの中ではベテランになっていたので、ふたりの仲は暗黙の了解とでもいうのか、いつの間にか、はっきりと非難する人は誰もいなくなっていました。

晴光も広西にいる時より、堅苦しくなくなりました。一度、ふたり揃って外食をしました。試合後、公然と私と一緒に杭州西湖公園を見物しました。それは、間違いなく大きな進歩です。

短かったけれど、悪くない再会が出来たので、私は多少安心しました。

彼はその後、少しずつ国際試合に出るチャンスが増えて来ました。将来がものすごく明るいとは言えないけれど、希望が薄々見えて来ていました。

一方、私は相当に努力をして、目標としていた広西チームのレギュラー選手にはなりましたが、全国大会の成績は平凡そのものでした。16歳の頃の全国ベスト16より、ランクアップするのはとても難しい状態でした。「それなら」、と心に決めて、私は彼を待つことにしたのです。彼の活躍、飛躍で私たちの将来をつかんで欲しい、そう考えていました。

86年のアジアカップがひとつの転機になりました。彼は非常に調子が良く、積極的に動いて攻撃し、男子シングルスで優勝を果たしました。

中国代表チームは、その年のソウルで行われたアジア競技大会後、江加良／陳龍燦のダブルスを崩して新しいペアを作りたいと考えていました。白羽の矢が当たったのが韋晴光。そして、江加良／許増才（シュ・ゾンツァイ）、陳竜燦／韋晴光という新しいペアができました。

9月、中国代表チームは新しいペアで深圳（しんせん）でのアジア選手権に挑みました。韋晴光は男子ダブルスとミックスダブルスの2種目に出場。結果は、男子ダブルスは決勝戦でチームメイトの滕義（タン・イ）／恵鈞（ホイ・ジュン）に敗れ、準優勝。ミックスダブルスは李恵芬（リ・ホイフェン）と組み、準々決勝で同じくチームメイトに敗れました。

男子ダブルスは組んだばかりでしたが、前陣速攻の龍燦は前にいて、オールラウンドドライブの晴光は後ろ。ひとりは右、ひとりは左。片方は冷静で落ち着いていて、もう片方は興奮して闘志満々、とても良いコンビネーションに見えました。

87年4月、晴光はニューデリーで行われた第39回世界選手権大会に出場することができました。男子ダブルスとミックスダブルスの2種目にエントリー。最後に選ばれた晴光は、中国代表名簿にギリギリで載りました。

中国代表チームは前の2回の世界選手権で、7種目中、唯一取れなかったのは男子ダブルスだけでした。中国は団体とシングルスに重きを置いていたので、ダブルスは外国選手がメダルを獲得する可能性がありました。でも、もし今回も中国が男子ダブルスで優勝できなかったら、イラン杯では、3回連続で外国チームに優勝をさらわれてしまうことになります。こういう訳で、中国代表チームと国内マスコミはいつもと違って、男子ダブルスを重要視していました。試合前、各新聞の優勝予測で、陳龍燦／韋晴光の組にふれているところはありませんでした。晴光たちが優勝できると信じていたのは、おそらく私と、息子に絶対的な信頼を寄せる晴光のお父さん……極めて少ない人数だったと思います。

私は依然として、彼のプレーを見るのが好きでした。他の人と離れて、晴光と一心同体のような気持ちで心の中で応援し、彼に『気』を送ります。こういう時には、世間万物のすべてが消え、ひとりコートで力一杯戦っている韋晴光と、ひとり観客席で気を送っている石小娟しかいない——私は、自分が試合に臨む時より、こちらのほうが遥かに集中していると感じていました。

このような、まるで宗教的な儀式は長年続いていましたが、誰にも言いませんでした。いったん口にしたら、効かなくなると思っていたのです。おかしな考えかもしれませんが、私の『気』は確かに届いていたと信じているのです。

第39回世界選手権の時、また、この『気』を送る儀式を行いました。現地のニューデリーには行けませんでしたが、毎日新聞を読み、テレビで見ていました。晴光たちの男子ダブルスが、一試合一試合勝ち進んで行く度、必ずすべての相手に勝つと信じていました。その祈りは届き、陳龍燦／韋晴光ペアは決勝進出を果たしました。

その日は日曜日。中央テレビが生中継をしていて、私は家で中継を見ていました。相手はユーゴスラビアのプリモラッツとルプレスク選手です。ところが突然、中継が中断。家のテレビの故障かもしれないと、私は急いでセンターに行って続きを見ようとしました。

2階にある会議室には沢山の人が集まって、決勝の中継を見ていました。放送は正常に戻っていましたが、試合はもう終わっていました。私が着いた時、スクリーンに映ったのは、優勝した陳龍燦／韋晴光組が手に花を持って微笑んでいる映像でした。

私は嬉しくて仕方ない気持ちを抑えて、なるべく何事もなかったような冷静な顔を装いました。と、同時に思っていました。『苦難はもう通り過ぎた！　これからは誰も軽々しく私たちを責めたり、非難したりすることはないだろう』と。

広西壮族自治区は新しい世界チャンピオンの故郷帰りを歓迎するため、政府役員をはじめ、体育局、訓練センター、卓球チーム、彼の両親など大勢の人が南寧駅に集まり、我が英雄を乗せて北京からやって来た列車を出迎えました。

当時の広西共産党党委書記はその快挙を喜び、褒めてくれました。〝晴光、晴光、あなたは広西のスポーツに「晴」をもたらした、「光」をもたらした！〟

展嘉のおじいちゃん、お婆ちゃんも嬉しくて終始笑顔。笑って口も閉じられなくなる程でした。お婆ちゃんは、〝役員様、感謝します、役員様、感謝します〟と繰り返し、おじいちゃんは、書記の言葉を自分も何度も繰り返し叫んでいました。

晴光は体育学校の恩師、羅二強先生と食事をする際、「やっと世の中に認められることができました」と報告しました。肩から重荷を下ろした時のような晴光の表情を見て、私も同じ気持ちになりました。

残念ながら、現在の彼は私たち三人で食事をしたことさえ忘れているそうです。同じことを経験しているのに、残っている記憶がこんなに人によって違っているなんて、不思議です。

実は、毎回あの決勝のビデオを見る度に、私は冷や汗が出るのです。決勝の最終セットでは、晴光たちは18－20で負けていたのですが、最終的に22－20で逆転勝ちしています。

相手が不思議な凡ミスをした時には、『見えないところで、神様は晴光たちの味方をしてくれ、彼らは助かったのだ』と本気で思っていました。

でも、展嘉には必ず覚えていて欲しいです。「神様は、全身全霊で努力と奮闘をする人しか助けてはくれない」と。

我が家には、大きくて立派な飾りタンスがあります。中には、パパが日本で取ったメダルやカップがズラリと並んでいます。

アパート住まいの頃は、それらは押し入れの中にしまいこんでいましたが、念願のマイホーム（熊本）ができた時、私たちは福岡の大川という家具の産地へ行って、この大きな飾りタンスを注文しました。その後、飾りタンスの中には、ママと展嘉のトロフィーも少し加わりました。

ある日、小1の展嘉が学校帰りに、ひとりのお婆ちゃんを連れて帰ってきました。街で知り合ったのだと言います。

彼は「わが家の宝物を見せる」と誘ったそうで、老人も遠慮なしについてきたようです。

展嘉はタンスを開け、中の物を見せびらかしました。その表情と態度は私たち夫婦がわが家に来るお客さんに紹介する時とそっくりでした。展嘉は、紹介を終えるとすぐに外へ遊びに行ってしまいました。ところが、お婆ちゃんは見学したあとも帰ろうとしない。勝手にソファに座り込んで、どうやら私とおしゃべりをするつもりのようです。全然知らない方だし、あまり話している時間もないし、あの手この手を使って、ようやくお婆ちゃんを玄関まで送ることができました。

展嘉は大人の真似をしながら、多くを学んでいるのもわかっていますが、この時は思わず彼を叱りました。

しかし、この飾りタンスは確かに我が家の自慢の品です。

タンスの上には、いつも一筆書きの掛け軸が置いてあります。展嘉のお習字の先生、ほなみ先生からの贈り物です。（ほなみ先生は２０１９年に、まだまだ若いのに他界されました）

「心誠則神明応之」（※誠実な人間には神の加護があるという意味）

ママがほなみ先生にわざわざお願いした言葉です。

「展嘉、タンスの中のトロフィーの輝きを自慢する前に、ママはあなたにもっとわかってほしいことがある。それは、その上にある言葉の意味。しっかり理解してね！」

87年世界選手権ニューデリー大会。中国に念願のダブルス金メダルをもたらした晴光（中央）、陳龍燦。手前は馬金豹コーチ

87年9月に中国ナショナルチームは訪日。箱根の温泉でやすらぎのひととき。後列左から二人目が晴光。前列左端は当時の日本ナショナルチームの野平孝雄監督

その18

（天国と地獄）

「ママの話を聞かせて」

展嘉がまた聞いてきます。

展嘉「本当に天国と地獄（じごく）があるの？」

ママ「あるよ。良い人は将来天国に行く、悪い人は地獄に落ちる」

展嘉「なら、おじいちゃんは今、天国で何しているの？」

ママ「おじいちゃんは疲れたから、天国で休んでいるよ」

しかし、私は展嘉に教えていなかったことがあります。人間世界にも、美しい天国を悲しい地獄に変貌（へんぼう）させる時があることを……。

87年全国体育大会後、私は南寧を離れ、上海の大学へ行くことになりました。北京か上海か、かなり迷いましたが、最終的に上海を選びました。好婆がいる唐市に近いし、学校から補助金が出て待遇も良いし、専門が英語だったので、私の希望にも合っていたのです。

◆日記

チームを離れる時、悲しい心情になる。
何と言っても、ここは一番美しい青春時代を過ごしたところだ。
奮闘した、悩んでいた、苦労などもしたが、いったん本当にさようならを言う時になると、とても感傷的になってしまう。
もし、かたわらに誰かいれば、状況は変わっていたかもしれないけど……。
でも、今は遠く離ればなれで、いつになったら一緒に生活ができるのだろう？
晴光は言った、私たちは実際にちゃんとした恋愛をしていなかった、と。
確かに、長年の知り合い、四年間の恋愛関係なのに、自分勝手に会話し、お互いに落ち着いて、相手が思っていることを理解する時間が全く足りなかった。
離ればなれの生活ばかりで嫌気(いやけ)がさしていた。
同時にふたりの合わないところと欠点が益々見えてきた。
段々と彼への不満が、わがままに変わっていった。
一方、彼のほうは自信のない態度や訳がわからない機嫌を取る行動もなくなった。残っているのは、心がこもっていないあいまいな態度だけ。
こんな状態なら、過去と現在、将来も良くはならないだろう！
ほら、また長い長い別れがやってくる……。

　当時、私たちはまだ結婚はしていませんでしたが、親公認の仲でした。家族と同じように私に接してくれる晴光のお父さんは、私が大学に行くことも大変歓迎してくれました。「我が家に、やっとひとり大学生が出た」

と言って喜んでくれたのです。聡明なお父さんは、その時からすでに私たちの将来を見据えていたのでしょう。我々のようなあまり本を読まない世代、「文化大革命」時代で成長して来た若者は、長年、スポーツ専門に従事してきたことも加え、ちゃんとした教育を受けられないために知識不足で、将来の発展にはとても不利になる恐れがある、と考えていたようでした。

この年、国際オリンピック委員会は、卓球の男女シングルス、男女ダブルスを88年ソウルオリンピック大会の正式競技にすることを決定しました。

晴光の目の前に、今までよりもっと大きい、もっと高い目標とチャンスが現れたのです。

◆日記

晴光は20日に帰ってきた、私は28日南寧を離れ、わずか8日しか一緒にいなかった。そんな短い時間しかないのに、私たちはよく喧嘩し、お互いのことを責め合った。

汽車はしだいに柳州に近づいて来た。私はもうすぐ電車の中でひとりぼっちになる。

彼は離れて行く。私は知らないところへ行くことを思うと、心の中は恐怖で茫然となる。

無駄とわかっていても、彼に繰り返して言う。「上海まで一緒に行って」。

汽車は永遠と駅に着かないで欲しい。

柳州駅に着くと、また泣き出した。晴光は「向こうに行ったら、まじめに勉強して」と言った。

チームメイトが駅に迎えに来てくれた。晴光は私と駅ホームの売店でパンを買いに行って、そして、汽車が駅を離れるまで見送ってくれた。

最後に、私は彼に向いて、「黄石で会うね！」と叫んだことを覚えている。

彼は聞こえていたと思うけど、でも私に黄石へ来て欲しいのかどうかはわからない。

私は一番に学校に着きました。唯一、時間厳守した特待生でした。やる気満々で意気揚々と乗り込んだのに、ところが、宿舎に着いても誰もいないし、電気も通っていませんでした。冷水を浴びせられた気持ちになりました。

何日かして、学生が少しずつやって来ました。私たちはこの学校にとって、初めてのスポーツ特待生でした。私の所属する科学技術英語科のスポーツクラスは、各地方から来た卓球選手と地元・上海出身の陸上選手何名かで構成されていました。スポーツクラスは一般生の勉強についていけないので、先生は私たちに補習授業をしてくれました。私たちは一般学生より年齢が何歳か上で、宿舎も別。一般学生とはほとんど一緒に行動することはありませんでした。

私は化粧もせず、メガネを掛け、太くて醜かった。毎日、カバンを抱え教室に行って勉強する、そんな学生でした。教室から宿舎に戻ると、いつもジョージが遊びに来ていました。私も中に入って皆で一緒にお喋りをしました。

ジョージの端正な外見と反逆的な微笑みに惹かれましたが、彼には私と同様、卓球選手の恋人がいました。

短期間に、特待生たちの多くが外国へ行ったり、家に帰ったりと、学校を辞めてしまいました。もともと人数の少なかった卓球チームは、益々寂しくなりました。

残ったメンバーは、ゆっくりと起きてきて宿舎に集まり、お金がある時は酒を飲み、食事をする。お金がない時には、お喋りだけで過ごす。勉強と練習もだらだらして、皆、やる気がありませんでした。

冬季訓練の時期になりました。中国卓球チームは、ソウルオリンピックの準備に集中するため、湖北省黄石市の卓球訓練センターで集中合宿を行いました。

私の大学も冬休みに入り、私と晴光が会う約束をした時期がやって来ました。彼はその頃、海外で試合に出場していました。

今年の春節は両方の親にも同意を得て、私は南寧へ帰らず、黄石で彼と一緒に過ごす予定でした。

この冬の上海は格別に寒く、北向きの宿舎には日が当たらないので、一日中凍りつくような寒さで、お布団の中へ逃げ込むしかないほどでした。突然、A型肝炎が流行し、全上海市民が肝炎患者になるような緊張と恐怖に襲われました。「早く上海を脱出して、早く晴光に会いたい」

私が黄石に向かう時、ジョージたちは私の荷物を持って、みんなで学校のゲートまで送ってくれました。ジョージがカバンを渡してくれました。カバンを受け取った時、奇妙な感覚が走りました。それは、その後、私たちの間に何かが起きることを予知するような……。

◆日記（1988年1月31日　黄石に向かう船中）

明日のこの時間、すべてが正常であれば、晴光に会えるんだ。

船はとても遅く感じる。明日が早く来ますように。

船は上海を出発してから、長江をゆっくりと進み、二日間かけてようやく黄石に着いた。

埠頭には晴光の姿が見えませんでした。

『どういうこと？』私はさっぱり訳がわかりませんでした。仕方がないので、自分で訓練センターを探して行き、彼の部屋をノックしました。

書いて出せなかった姉への手紙

お姉ちゃん、こんにちは！

すべては私の想像とはるかに違っていた、私の予想外とも言えるだろう。

ちょっとした間違いだった。もし、私が先に唐市へ寄ってから、黄石に来たら、こんな目に遭わなかったかもしれない。

上海を出る前、二晩続けて黄石訓練センターに電話を掛けて、やっと繋がったと思ったら、彼はまだ海外遠征から帰って来ていなかった。私は慌てて、電話に出た男子選手に、黄石に着く日を教え、晴光に迎えに来てくれるように伝えてほしいとお願いした。(その時から、私の災難が始まった！)

晴光の部屋をノックしたのは、ちょうど昼休みの時間。彼はドアを開けてくれたが、こわばっている顔だ！同室の王浩選手は布団の中、〝ぐっすり〟と寝ている。一瞬、『ヤバイ』と思ったが、あとのまつり。なぜこんなに大変なことになってしまったのか……。さっぱり訳がわからない。

やはりあの日の電話がいけなかった。チームの全員が、私がここに来ていることを知ってしまったようだ。

しかし、今年はチームに特別の決まりがあった。家族や友だちの訪問を禁止すること！

その上、直前の国際試合で中国選手が負けて、コーチたちはすごく怒っていた。

彼は黄石に戻った途端、二十分間延々と責められて、さらに、私が着いたら、「即、帰せ」と命令されたそうだ。

彼はそのことを私に説明しながら、申し訳なさそうにしていた。

私はボーとなってしまった。いつも私はすぐにいろいろなことを思いつくのに、一瞬、頭の中が真っ白になって混乱してしまった。

迎えに来てくれなかったことへの怒りがまだ収まっていないのに、さらなる打撃。私よりついてない人なんかいないだろう！

どこへ行けばいいの？
武漢、南寧、上海？　全然わからなくなった。
それなら、上海に戻ろう、唐市で春節を送ろう。
そう決めて、私は上海行きの船の切符を買った。すぐにでも帰っちゃおう。人生はそんなもんだ。
でも、彼は地元出身の童小武（トン・シャオウ）選手を連れて来て、「行かないで、彼の家で待っていて」と言ってくれた。
切符を返却した。
今、私は小武の実家にいる、あなたに手紙を書く、彼を待つ、来られるかどうかはわからないけど。
彼は、私が一番親しく思っている人だけど、一番私を理解をしてくれている人ではない。
〝お姉さんは私の心を一番わかってくれる人、今の私は実にかわいそうだと一番知っているはず〟
恋人同士が会うことは、もっとも自然で楽しいことのはずなのに、こんな滅茶苦茶になって、本当に悲しくて泣くことができないほどだ。
どうしてもわからないのは、なぜ現実はいつも私に暗い面を向けるのか、いつも失望と挫折を味わわせるのか？
この恋愛はとても疲れを感じる。もう頑張りたくないわ。

まもなくして晴光がやって来ました。でも、私をまるで迷惑な者を見るような目で見ています。
一瞬、私の頭の中にジョージの姿が浮かびました。
「もし他に好きな人ができたら、どうすれば良い？」
あまりにも混乱している彼……。
「そうなら、僕も仕方がない」
それは、あまりにも正直で、私を絶望させるひと言。よく言えたものです。

◆日記（1988年2月6日、上海に戻る船中）

何が何だかわからないこの数日。
長い長い悪い夢を見ていたような感じ。泣いたり、笑ったり、精神病にかかったみたいだった。
今、再び長江に身を置いている。
中国代表チームは、彼と龍燦のペアを解消させた。
私があれ以上、黄石に残れば、彼も除名されていただろう。
上海に戻ることにした。午前中切符を買いに行ったが、売り切れと言われた。
昼頃、彼は見送りに来たが、切符が買えなかったことを伝えると、すぐに顔が曇った。
小武のお父さんは、春節のいまどきは切符はなかなか買えないから、今、知り合いに頼んでいるよ、と晴光に急いで説明をしてくれた。
私自身は、買えないことを望んでいた。ここに残る言い訳ができるから、彼と同じ時をもう少し過ごせる。
毎日はとても辛いけど、次に会う時こそ、状況が良くなるかもと思っている。
しかし、彼は私を追い出そうとしている！
彼は私を埠頭に引っ張って行き、切符が買えるまで待つつもりだ。ところがちょうどその時、窓口が開いて、切符が買えるという。彼はほっとした表情を浮かべていた。
私は、彼にとって疫病神（やくびょうがみ）になってしまったのか……。無理に笑おうとしたが、目には涙があふれていた。
慌てて荷物を片づけ、小武の家族にちゃんとした別れの挨拶をしようとしたが、喉（のど）が詰まって、涙があふれ出そうで、やめるしかなかった。初対面なのに、私を泊まらせてくれたり、食事を出してくれたり、小武の家族には心から感謝していたが、その気持ちは心にしまっておくしかなかった。
この時の私は、小武一家の平穏で普通の家庭生活がどのくらい羨（うらや）ましかったことか！

晴光、もうあなたを責めたくない。ただとても言いたかった。〝あなたは本当に恋愛をするべきではない！特に、私を選ぶべきではない！〟

船中、私は当時の中国代表チームの許紹発監督へ手紙を書きました。

許監督、こんにちは！

私は石小娟です。監督にはお目にかかったことはございませんが、監督は私にとてもご立腹されていることと承知しております。私は知らないうちに、卓球チームの規律を破ってしまいましたから。

私は、チームが黄石合宿期間中、家族と友だちの訪問を禁止されていることを知りませんでした。ですから、学校が休みに入ったので、黄石に行きました。このことを韋晴光は知りませんでした。私は出発前、彼がどこにいるかということも知りませんでした。

〝知らない者に罪がない〟。思慮が足りないのが私の悪いところです。

以前、中国卓球チームが北京で合宿していた時、春節前後には家族や友だちがよく訪ねに行くと聞いておりました。

私は、広西チームにいる頃は一度もお邪魔したことがございませんでしたが、現在、私は大学に通うようになり、冬休みを利用して黄石に行くことにしました。ですが、こちらに着いて、今までの規律と違っていたことを知りました。

同じ卓球選手として、チームの規律が第一であることは、私もよく理解しております。でも、人にはどうしても感情がございます、許監督も私も同じでございます。

〝人生古来は別れを悲しむ〟、この数年間、韋晴光と私は数えきれないほどの別れを耐えて来ました。86年、私たちは一年近く会いませんでした。現在、私は上海で勉強し、彼は試合遠征にたびたび出かけることになっております。

目上の方に大変失礼なことを書くようですが、もし今回、私が黄石に来なければ、私たちはまた一年間会えなくなることを察していただけないでしょうか？

中国代表チームとしての事業が大切であることは重々承知しております。今年はオリンピックも控えていますから。しかし、恋愛や人への愛情がすべて悪いとは思えません。同時に、決してチームと対立することは望んでおりません。

でも、今の状況では、確かに韋晴光の練習に影響があり、私がチームの規律を無視しているような状態ですので、私が黄石を離れるしかないと思っております。そして、監督にも、韋晴光にも安心していただける状況にしなければいけないと思っております。

この手紙は、あるいは私の軽率な行動に対する弁解になっているかもしれません。ですが、許監督が私の思いを理解してくださる寛大な方だと信じております。

韋晴光は内向的な性格で、口下手な人です。

私はここで、ご迷惑をおかけしたことについて、心からお詫び申し上げます。

拙（つたな）い文章を最後まで読んでいただき、ありがとうございました。

最後に、中国卓球チームがオリンピック大会で、輝かしい成績を収められることを心から祈っております。

祝

春節快楽、龍年順調！

石小娟

88年２月

学校に戻りました。
はじめにしたのは手紙を出すこと。迷って出せなくなることを心配したからです。
この手紙は、私なりに、恥も外聞も忘れて心をこめて一生懸命書いたと思っています。
私は、誰もいない宿舎に帰って、テープレコーダの音量を大きくして、大声で唄いました。音がなければ、とても耐えられない状態だったのです。その日の日記の冒頭に〝私は全然大丈夫だ！　何にも怖くない！〟と強がって書いていました。

宿舎に戻ったことを報告するために、臧先生夫婦を尋ねに行きました。
先生の家に、私宛の電報が届いていたからです。その電報は、私が上海を出たあとすぐに着いたそうです。晴光からでした。〝黄石に来ないで！〟
ご夫婦の手前、私は明るい表情を作ろうと努力をしましたが、全然ダメで、元気も出ないし、涙が出て来そうでした。
ご夫婦はそんな私の様子を見て、「崇明島に連れて行く」と言い出しました。ご主人の董先生の従妹が結婚するそうです。家族全員で披露宴に行く予定になっていたので、落ち込んでいる私も一緒に連れて行って慰めてくれようとしたのだと思います。私も、彼らと一緒にいれば、気持ちが晴れるかもしれないと思ってついて行くことにしました。董先生一家はとても親切にしてくれました。
こうやって、私は上海近辺の田舎で、彼らと一緒に88年の雪舞う春節を過ごしました。
晴光にはどこにいるかも知らせず、彼との連絡を断ちました。
大晦日の夜、実家の食事をふっと思い出していました。

そして、日記の中にそっと挟んであった父母からの電報をまた読み返していました。それは十数年前のものですが……。

〝パパママはあなたの健康を心配している。よく休んでよく勉強し、時には好婆のところで休養もとって〟

春節が過ぎ、ようやく学校が始まりました。でも、卓球チームのメンバーは誰も戻って来ません。電気コンロもなく、電気毛布もなく、テレビの音もない。人間の声、呼吸と熱気もない、寂しい空間。人がいない暗い寒い北向きの部屋。私の身と心は凍りつくようでした。しばらくしてやっと、再びジョージたちに会えました。彼らは言いました。「どうして俺たちのところに来なかったの？」

また泣きたくなりました。

◆日記

ジョージに聞いた。「今の私はとてもかわいそうに見える？」

臧先生たちは私に同情している。彼も私に同情しているだけ？

多くの言葉と行動はないけれど、私の目には何にも隠していないように見える。彼に対して、甘酸っぱい感情が心の中に宿っている。

ジョージは机の上で何かを書いている。

私は字が下手だから、彼の流暢（りゅうちょう）な筆運びと横顔がとても格好良く見えた。

「いつのまにか、僕は貴女の優しさを浴びている。貴女のあたたかさを受けている。貴女の愛のこもった言葉が僕にささやいた。貴女の美しい面影は傍にいる。そうだ、僕は幸せ者だ。でも、僕はいまだに過ぎていた日々を思い続けている。
わかって欲しい、ひとりの男の心は留（とどま）るところがない。でも留らない心には帰る場所が要（い）る。僕と貴女には距離がある。距離があることこそ魅力的だ。でも決して遠過ぎないで。僕が辛いところに迷い込んだ時には、貴女の手を差し伸べて欲しいから」

新聞を読むと、晴光が何かの体育名誉賞をもらったことが載っていました。彼はたくさんの名誉と栄光を得ていますが、私には幸せをもたらしてはくれませんでした。
新聞に恋人の名前が載ることは誇らしい反面、それ以上に憂鬱な気持ちにさせられてしまうのです。これをきっかけに、彼と私には大きな溝（みぞ）ができてしまいました。

久しぶりに来た晴光の手紙を読んで心が痛みました。
模擬試合（五輪を想定した試合）はあまり良くなく、龍燦とのペアは解消されたまま。オリンピックの初期代表メンバーには彼の名前がありませんでした。彼と長い期間離ればなれになり、今の状態になって、この先、どうなっていくのか誰にも想像できません。
辛かったのは、彼に何も言うことができなかったこと。慰めの言葉さえ伝えられなかった。五輪前の大事な数カ月、彼は卓球だけに集中しなければいけません。私は、その後のことは、そのあとで考えよう、と思っていました。
4月頃に武漢で開催された全国大会では、男子ダブルスのペアは依然として陳龍燦／陳志斌（チェン・ジビン）、韋晴光／馬文革（マ・ウェンガ）でした。この全国大会はオリンピックのため、慣習を破って、違う省の選手同士でも組めるようになっていました。この2ペアは異なった四つの省出身の選手でした。

試合の結果は陳龍燦／陳志斌ペアは優勝、韋晴光／馬文革ペアは3位でした。

晴光は頑張りました。でも、もう望みはないです！

ところが、4月末、オリンピック最終代表リストが出たのですが、絶望的だと思っていた彼と龍燦のダブルスペアの名前が載っていました。

今回の代表決定は非常に重要視され、わざわざ全国監督会議を開き、各方面の意見を聞いて、その末に最終結論を出したそうです。

話によると、経緯はこうです。

陳龍燦／韋晴光ペアは昨年の世界チャンピオンで世界選手権でも厳しい試練を受けた経験がある。一方、陳志斌は右シェーク両面ドライブ型、非常に実力があって起用したい選手ではあるが、韋晴光のほうが試合中に思い切って向かっていけるし、左の選手はダブルスには有利。最後の最後に、このどんでん返しがあったようです。

晴光はまたひとつ、大きな難関を、ぎりぎりですが通り過ぎることができました。

◆日記（5月14日）

唐市に行く小船上。

頭が痛い、病気になりそうだ。

昨日の午前中、虹橋空港へ行った。

理由は前の晩の、晴光からの電話。

〝明日は東京へ行く。飛行機は上海で1、2時間停まるそうだ〟
それを聞いて私は、先生の自転車を借り、1時間こいで空港へ。空港内を3時間回ったが、晴光には会えず、失意のまま帰った。

でもそれは、失望とも言えないかもしれない。空港に着いた瞬間から、会えるわけがないと感じていた。彼らは北京で出国手続きを済まして、上海では乗り継ぎを待つだけ。国際便の待合室は入国と出国は別。だったら、どうやって会うの？　嫌な予感を感じつつも、深くは考えたくなかった。そうでないととても耐えられない。彼が中にいることはわかっている。彼も私が近くにいることはわかっているはずだけれど、どうしようもなかった
彼は夕べの電話で、やっと言ってくれた。「オリンピックが終わったら入籍しよう」と。
今回、彼ははっきりと言ったように聞こえたが、喜んではいなかった。
結婚？　確かにしないといけないかもしれない。
長い間、彼と電話では話をしていないが、話したいことがたくさんあるわけではない、ただ泣きたいだけ。
私たちは、今までの恋愛を思うと、辛いことが多すぎたから。
あと何カ月後には、もしかしたら彼と私は入籍をするかもしれない。でも私の今の心の状況を、彼には全く知らせなかった。
電話口で彼はとんでもないことを言った。
「明日会おう！」
明日？　晴光、私たちに、どんな明日があるの？

唐市で、ジョージに出せなかった手紙

私たちは運命のめぐり合いだと思っている。

あなたがそばにいなかったら、私はどうやって寂しい日々を過ごしただろう、想像もできないの。これから、私はどこに行っても忘れられないだろう。

あの日、晴光は電話で言った。「上海の学校に行かせたことは間違いだったかもしれない」。

私はただ泣くばかり。

もし、彼がこの何カ月間に起きたことを知ったら、何を言うだろう？　私はやはり誠実になり、ひとりの人との結婚を望んでいる。あなたを騙(だま)したくない、彼も騙さないようにしたい。

私たちの間に将来がないなら、それ以上のものを求めてはいけないと思っている。そんな私の心を理解してほしい。

これから、私たちは一緒にまじめに勉強し、授業のあとも一緒に時間を過ごしましょう。

でも、やましいことがないようにしたい。他人に言われるのを気にするのではなく、私の良心がそう望んでいるから。

幼い頃生活した、この小さい町。いつかすべてを捨ててここに戻ってきたい。

生きるということは本当に疲れる。私は敏感過ぎて、もろすぎて、嫌になる。

偶然読んだ、ある雑誌の扉に見覚えのある文章を見つけました。

「いつのまにか、僕は貴女の優しさを浴びている。貴女のあたたかさを受けている。貴女の愛のこもった言葉が僕にささやいた。貴女の美しい面影は傍にいる。そうだ、僕は幸せ者だ。でも、僕はいまだに過ぎていた日々を思い続けている。

わかって欲しい、ひとりの男の心は留るところがない。でも留らない心には帰る場所が要る。僕と貴女には距離がある。距離があることこそ魅力的だ。でも決して遠過ぎないで。僕が辛いところに迷い込んだ時には、貴女の手を差し伸べて欲しいから」

突然、とても家に帰りたくなりました。

上海を離れ、ジョージから離れ、息苦しくて逃げ場がない暑さと矛盾から離れ、もう二度と上海には戻りたくない。

晴光はソウルに近い山東省威海の訓練センターにいます。オリンピック前、最後の調整練習をしています。彼が出場するのはダブルスのみ、チャンスは1回だけです。私は、当然「北京や威海へ会いに行く」とは言わなくなりました。

南寧の実家は本当に気持ちが良い。扇風機があり、涼しいござがあり、冷たい飲み物もあり、私はやっと眠れるようになりました。

もやもやとした夢の中にいるような、混乱した中で、ひとつの最も現実的で、最も安全な道を選びました。ジョージの協力さえあれば、私は無謀な脇道から正規の軌道に戻って行ける……。軌道には、私の家族がいる、晴光と彼の家族がいる、それに、私の勉強も含め、すべては捨てきれないものでした。

晴光は中国代表団と一緒にソウルに着きました。

◆日記

オリンピックはもうすぐ始まる。私は彼を祝福する。

わざわざお香を買って来た。何日か、香を燃やし、精進（しょうじん）する。この真心は、きっと神様に届くと信じている。

晴光、何があったとしても、あなたの応援をする。
私はとても辛くて寂しいけれど。
私の、あなたへの揺れる気持ちを、あなたはあまり気にしていないようにも見える。

昨夜、晴光たちのダブルスは準決勝で勝利しました。テレビから知らせを聞いた時、学生たちと思わず大声で叫びました。
そして今夜は男女ダブルスの決勝。相手はまたも世界選手権決勝と同カードのプリモラッツ／ルプレスク選手。私は心の中で晴光たちに『頑張って』とエールを送りました。
9月30日夜、晴光はソウルオリンピック卓球競技の男子ダブルスチャンピオンになりました。
でも、私は実況を見ることも聞くこともできませんでした。最初は友だちと宿舎でラジオの前にいたのですが、1セット目は16−20から挽回したのに、20−22で負けました。
いやな予感がして、これ以上聞くことができない！　となりの建物のロビーで新聞を見るふりをしていました。長い時間が過ぎ、やっと宿舎に戻りました。今回は駄目かもと思っていましたが、彼女たちは教えてくれました、勝ったことを！
2−1で逆転勝ち。一瞬、あまりの嬉しさで、思わず飛び上がっていました。そして、皆を飲みに誘いました。
ジョージも祝杯を上げてくれました。
すべては私の思うとおり、すべては良い方向に向かっていきました。この夜、妙に変な感じがして、ジョージに対して少し申し訳ない気持ちになりました。
ソウルオリンピック時の陳龍燦／韋晴光ペアは第39回世界選手権よりも息が合っていました。世界タイトルを獲得したと同時に、晴光は「世界の舞台でも勝利できる」という自信も得ていたのでしょう。

彼らは冬の強化練習頃から、毎日ダブルスを課題にして三球目攻撃をさらに強化し、前陣と中陣でのラリー戦にも取り組み、レシーブの苦手部分についても練習時間を増やし、色々なレシーブ技術について研究と練習を重ねて、それを踏まえて、実戦中は相手に隙を与えない戦い方をしていました。この一年間、晴光の厳しい練習の理由は簡単明瞭、この金メダルのためです！

龍燦もシングルスで負けたあと、大きく影響を受けることなく、逆にさらにダブルスに集中して、ダブルスで背水の一戦を戦いました。

彼は天才型選手で、手の感覚が非常に良く、レシーブや相手を揺さぶるプレーなど、細かい台上技術が非常に優れています。常に人を驚かすようなボールを打つのです。そのプレーが晴光の台上技術を補いました。

一方、晴光は大きい大会ほど興奮し、試合コートで拳を握って大きい声を出します。彼の積極的なプレーは、冷静で少しシャイな龍燦の闘志を奮い立たせました。

決勝の１セット目は相手に取られましたが、ふたりの調子はどんどん上がって、１球ずつ拳を握って互いに励まし合いました。これは龍燦にとって実に珍しい表現でした。セットカウント１対１になり、３セット目も龍燦は絶妙な台上プレーを連発して、得点！　ラリーになると、晴光は得意の中陣からの攻撃で、相手が取りづらいところへドライブをどんどん打って、得点。チェンジコート後、中国ペアは大きくリードして、相手との得点差は10点もあり、勝利は目の前でしたが、初めてのオリンピックで、中国卓球代表チームの初の金メダルは、このふたりにかかっていたので、龍燦と晴光はかなりの緊張でお互いの呼吸も聞こえるほどだったそうです。ふたりは拳を握って走りながら、共通の四川と桂林の方言でお互いに「しっかり」、「しっかり」と言い合いました！（これは後日、ふたりから笑い話として聞いた話です。あんなに大量リードしたのにも関わらず尋常でなく緊張してしまった、と）

21時9分、中国チームの勝利！
晴光のオリンピック金メダルの夢は叶いました！
彼は興奮して龍燦を抱きしめ、そしてフェンスを飛び越えました。彼は嬉しくて嬉しくて、コート外で応援をしてくれたコーチやチームメイトに心から感謝し、喜びを分かち合いたかったのです！
9月30日、龍燦と晴光はソウルのオリンピック村で眠れない一夜を過ごしました。ふたりは同室のチームメイトを気遣って、人がいないところでビールを酌み交わしました。
10月1日、私は上海の街で「中国体育新聞」を買いました。トップ一面は晴光と龍燦の勝利の咆哮の姿でした。

晴光と私は会えない日が依然続きます。
今回のオリンピックは中国体育界にとっては、失敗した大会となりました。金メダルは予想よりかなり少なく、飛び込みの許薫梅、高敏、体操の楼雲、卓球の陳龍燦／韋晴光、陳静、合わせて5枚しかありませんでした。
でも、個人としては、長く辛い登り路はやっと終わったと感じていました。
最も高い頂上では、陽光燦燦、風景美麗。彼は周りからもてはやされ、晴光自身にも自由な時間がなくて、私のことを気にかける暇はありませんでした。

沖縄にいる彼からポストカードが届きました。
〝小娟、僕は今、日本で一番南の沖縄市にいる。あと何日かしたら、あなたの誕生日だ。僕は異国で祝福する。あなたがいつまでも幸せでありますように〟
11月になり、晴光と私は北京で待ち合わせをしました。黄石埠頭の別れから、またも一年近く会わなかったのです。

江加良さんは私たちを彼の自宅に招いて食事をふるまってくれました。有名な卓球王子とはそれまで話したこともなく、スクリーンでしか見たことのない映画スターの彼女はとても綺麗で、突然別の世界に飛び込んだみたいでした。あまりの緊張で胸が苦しくなり、食事するどころではありませんでした。

晴光は戸惑う私を気遣うこともせず、相変わらずマイペースでした。

江加良は微笑んで晴光にひと言言ってくれました。「彼女のサポートをしてあげて……」。

晴光はそばにいるけれど、なんだかとても遠く離れているように感じました。

その後、結婚手続きをするために、私たちは南寧に帰ることになりました。ふたりで婚姻登記所へ行きましたが、写真を持っていなかったので、写真を持ってまた来いと帰されてしまいました。

非常に疲れ、非常に落ち込みました。

私たちには小さなツーショット写真さえなく、ひとりで撮ったそれぞれの写真を持って、正式な手続きをふむために再度、登記所を訪ねました。

小さい頃の夢は、ただひとつ。平凡で温かい家庭を作ること。

家には柔らかくて厚い布団と守ってくれる人がいる……。

しかし、彼はいつの間にか、私をひとりのオリンピックチャンピオンと結婚させてしまいました。彼は26歳、私はまだ23歳なのに、もう世間の艱難辛苦をなめ尽くしたように思いました。

彼はオリンピックチャンピオンになって、名前も知られるようになりましたが、普段の彼は昔と全く変わらず、曖昧で優しすぎる。そんな彼のおもしろくない性格が嫌いだけど、一旦卓球コートに立つと別人のように見える。私は、どんどん彼への気持ちがわからなくなってきます。

でもひとつだけ、自分自身を騙していないことがあります。彼を知った日から、暑く苦しい南寧の卓球場

1983年頃、広西のチームメイトと。左から２番め：著者、右から２番め：晴光。ちなみに左端は後にニュージーランドに移住したリー・チュンリー、右端は後に日本の東京アートで活躍した謝超傑。この頃は皆若く、無名で純粋で、物事を深くは考えていなかった……

の中で、黙々と練習に没頭（ぼっとう）し、上半身裸になって、汗をダラダラと流し、いくら辛くても諦めない彼の姿を見つめて、私は彼の成功を祈りつつ、自分自身の成功よりも敬虔（けいけん）の念が深かったこと。

晴光（右）は、オリンピックで金メダルを獲得し、スポーツ選手の最高峰に上りつめた

その19（夢の中の青い鳥）

「ママの話を聞かせて」

展嘉「ママどうして泣いているの？」
ママ「泣いてないよ、ただ悪い夢を見たの」
私はまた悲しくなって涙が出そうになり、すぐに目を閉じました。
展嘉は私の目を開けて、
展嘉「ママ寝ないで、起きていれば、悪い夢は見ないよ！」
子どもの言葉は、時に真実を突いて哲学的でもあります。

しかし、ジョージは納得してくれません。ジョージにとっては、以前はか弱い女性だったのに、今は冷徹な女性に変わった、ということなのでしょう。
晴光が突然学校に尋ねてきて、私を驚かせたのと同時に、ジョージもあまりの嫉妬（しっと）と怒りで初冬の宿舎の外を深夜まで歩き回っていました。
あるテストの日のことです。近視のため、いつも前に座っている私は、答えを書いた紙を教室中にこっそりと回しました。自分でもあまり自信のない回答でしたが、全く答えられない人を救うためでした。「ジョージには回さないで」と伝えたので、その小さなメモはジョージの手前で静かに止まりました。それは、私の声のない怒りと決裂宣言でした。

その日、私は北京行きの汽車に乗りました。ジョージも北京へ行くようです。彼が何をしに行くのか、ましてや何号車に乗っているのか、私にはわからないし知りたくもありません。彼に許しを請い、「別々の道を行こう」とあえて訴えるつもりもありませんでした。

ところが、一緒に北京へ行くクラスメイトが私に、「彼（ジョージ）と一度話してみたら」と言うので、私は寝台車の中を彼を探しに行き、見つけました。

ついこの前の怒りの態度は消えていて、彼は静かに言いました。「北京へ行って、あなたのために晴光に釈明をするよ」。

でも私は、ただただ悲しさを感じていました。彼に対しても、自分自身に対しても。

深夜、汽車は蚌埠駅に着きました。

彼は突然言い出しました。「まあいいや、僕はもう北京に行かない、ここで降りる」。

私はジョージをホームまで送りました。彼は私の肩を叩いて「無事に北京に着くように」と言い、私たちはそこで別れました。夜が明ける前の暗い中に彼の姿がだんだんと薄くなり、消えていきました。

生涯で一番寒い冬と一番暑い夏を経験した気分です。

たぶん、ジョージは軽い気持ちで私に接触してきたのだと思います。私は華やかな花ではなく、霜に降られた花……。彼の花瓶には花は足りないはずはないのに、人に見せびらかすために軽い気持ちで抜いたのでしょう。彼が辛いところに迷い込んだ時、必ず手を差し伸べてくれる、そんな存在が欲しかったのでしょうが、私は必ずしもそうはならなかった。もしかして、始まる前からすでに決まっていたのかもしれない、こんな結末になることを。
彼に淡い恋心を抱いていたあの頃、彼を心から信頼していたあの一瞬に戻りたい！
広西省の同じチームにいた頃、私と晴光は一緒に練習したり、こっそり外へ夕食を食べに行ったりしましたが、私たちは若く、お金もなく、名誉もなく、純粋に友情を育んでいただけでした。
体育センターの敷地で、夕食後にひとりで散歩していると、途中、いつも年老いた夫婦に出会いました。夫は盲人で、杖を持って、足も不自由のようでした。赤ら顔のがっちりした体型の女性が彼を支え、夕日の下を急ぎ足で歩いていました。彼らの会話は、散歩ですれ違っただけなのではっきりとは聞き取れませんでしたが、ふたりの姿に、なぜか心打たれるのです。出会い、愛し合い、支え合い、付き添い……人生とはこういうものだと感じずにはいられません。そうして黄昏（たそがれ）の彼方（かなた）へ消えていくふたりの姿を眺めていました。
人生の紆余曲折（うよきょくせつ）の中で、私たちは惑わされ、どうしたらいいのか自分でもわからなくなっていました。
私の翼は雨に濡れ、風に吹かれ、すぐにでも折れそう。ただ、彼と手を繋ぎ、私は自分の将来を彼に託そうと思いました。
優柔不断なところはあるけれど、彼の優しくて温厚な性格は、私を包み込んでくれます。彼のそばにいることで、私自身の悪夢から解放されることを期待していました。
大切な学生生活も放棄してもいいと思うほどでした。
ソウルオリンピック後、晴光は中国代表チームの中で、ベテランの域に入っていました。
彼は一番高い山を征服しました。さらに高い山（目標）が見当たらず、見つけたとしても、あの頃の情熱が湧いて来ない状態でした。でも、中国代表チームは若手選手だけではまだまだ任務を果たせない状態、ベテラン選手の力が必要だと考えていました。

90年のアジア競技大会は、北京で開催されました。個人の判断で代表を退く状況ではありませんでした。晴光は団体、人民の期待、指導者の意見、選手の使命。シングルス、男子ダブルス、ミックスダブルス全種目の試合に参加し、一金、二銀、一銅の良い成績を出しました。中国チームはしばらく良い成績を収められない状況が続いていましたが、北京でのアジア競技大会で優秀な成績を収め、晴光自身も好成績を収めました。

当時の香港チームのコーチは、新聞で「スポーツ選手は皆、28歳のベテラン選手〝韋晴光〟の精神を持つべし」と彼を讃えてくれました。それは、私の心にとても印象深く残りました。

私は観客席で彼の勝利を祈り、彼を応援しました。相変わらずの彼の思い切った素早い攻撃と、益々円熟味を帯(お)びた戦術運びには、感服せざるを得ませんでした。

彼はシングルスでは、優勝候補の金擇洙(キム・テクス)を破り、団体戦で中国に勝利した北朝鮮の若手選手と30－30までもつれるも、最後は勝利し、中国チームの男子シングルス金メダル確保に貢献しました。会場内で歓喜の声が沸き起こった時、私は彼の勝利に誇りを感じていました。

晴光は選手として、大きな成功を収めたと言えるでしょう。彼は江加良のように格好良くはないし、陳龍燦のように冷静沈着でもありません。でも常に一生懸命。厳しい練習にも文句や泣き言を言わず、ほぼすべてのビッグゲームで金メダルを獲得しました。全中国選手権、アジアカップ、アジア選手権、アジア競技大会、世界選手権、オリンピック……。それらの金メダルはすべて、おじいちゃん、お婆ちゃんの家にある、赤い布を掛けたメダル棚に並べられました。彼の奮闘は私を十分に感動させたし、私は心から拍手を送りたい。しかし、それらの勝利を振り返ってみると、すべて背水の陣と薄氷を踏む戦いの連続でした。

同じ年、私は大学の卒業式に参加し、上海をあとにしました。
卒業証書は母に渡したあと、二度と見ませんでした……。

展嘉は必ず聞くでしょう。
展嘉「その後は？」
ママ「その後？　その後はあなたが書いた作文と同じようだよ」

〝僕は演劇教室で、青い鳥の劇を見た。チルチルとミチルはおじいちゃんとお婆ちゃんからもらった青い鳥を持って、思い出の国から出ようとするけど、いつの間にか、青い鳥は籠(かご)の中からいなくなっていました。不思議だなあ、と僕は思いました。

その後、黒いマントを着た大王から借りたカギの中で、一番最後の青いカギでドアを開けました。その時、幸せの青い鳥が出てきたと思ったら、チルチルとミチルがなぜか気絶したので、僕は魔法だと思いました。最後に幸せの青い鳥は見つからなかったけど、家に帰ろうとした時、幸せの青い鳥はもう家にいました。僕は、なあんだ！　夢だったのかと思いました。〟

『そうよ、そのとおりよ。パパはママを連れ、遠いところへ行き、蓬莱仙島で、伝説の中の青い鳥を探したの。気がついたら、家の中の小鳥こそ、ずっと探し続けている青い鳥だった。展嘉、お前はママが夢中の青い小鳥だよ』

今、青い鳥はママのそばに寄り添っています。

「私の青い小鳥はそばに寄り添っている」
著者と愛息子・展嘉

その20 （未来の地球人へ）

「ママの話を聞かせて」

展嘉「ママ、僕は日本人？」

ママ「展嘉は最初は中国人、今は日本人」

展嘉「なら、ママは？」

ママ「ママは中国人。日本で生活している中国人」

展嘉、自分は日本人だと思ってもいいよ。日本で生まれ、日本の水を飲み、日本の土を踏んでいるから。でも、忘れないで。あなたの体内には中国の血が流れていることを。日本の美しさや清潔さ、日本の先生や友だち、日本の味噌汁やおにぎりを愛するのと同時に、中国の雄大で情熱的な国民性、中国の父母と親戚、中国の水餃子と炒飯も愛してほしい。

日本人、中国人、そしてアメリカ人、インド人。実際はみな〝地球人〟だと思うの。同じ地球で生活し、この無限に広がる宇宙の中では、ひとつの埃や塵のようなもの。それなのに、私たち地球人は黄、白、黒や茶色の筆で、大地と心に〝国境〟という人為的なラインを引き、綺麗な地球に暗い空洞と血の河を作り、それを正義なんて呼ぶ。

展嘉、高い所に立って、遠くまでよく見つめなさい。そうすれば、あなたは宇宙の万物を包み込むような、広い博愛の心を持つことができる。

私は展嘉に卓球がもっと強くなってほしいと思う反面、プロの卓球選手にはなってほしくないという矛盾した感情を持っています。この勝負の世界はあまりにも残酷すぎるからです。小さな体でふらふらしながら練習する展嘉の姿は、いつも私の小さい頃と重なって見えます。

人との競争を好み、覇権を争う人間の本性は、今までに大小さまざまな戦争の姿です。数え切れないほどの戦争を引き起こしてきました。競技スポーツもまた、平和な時代のひとつの戦争の姿です。ただひとりだけが勝ち進み、「王」になるという鉄則は永遠に変わることはありません。国のため、自らの名誉のため、そして生活のため。プロの選手たちは体力と智慧(ちえ)と青春を捧げ、大きな重荷を背負いながら勝利を目指します。最終的に頂点に登りつめるまでには、努力以外に生まれつきの才能、絶妙のタイミングと幸運の女神の微笑みが必要。その成功率は極めて低いものです。

私がこの原稿をここまで書き終えた時、展嘉のパパ、偉関晴光は2003年の最初の試合「ジャパントップ12」に出場しました。その前年の1月にアキレス腱を断裂し、手術を受けてからちょうど1年が経っていました。会場となった東京の代々木第二体育館、満場の観客はほとんどが晴光の対戦相手を応援していました。せっかく晴光がナイスボールを決めて1点取ったのに、聞こえてくるのは相手の失点を惜しむため息。激しいラリー戦の末、晴光が足を滑らせて転倒した時、沸き起こった拍手はまるでそれを喜んでいるかのように聞こえました。

私はコートの中を走り回る彼を見つめ、館内の異様な空気の中で、非常な孤独を感じました。確かに晴光は中国からやって来た、もう不惑の年を迎えるベテラン選手。しかし、世界選手権でのメダル獲得で日本の卓球史に新たな栄誉を加え、今ではナショナルチームのコーチも務めているというのに。会場を埋め尽くした観客の誰ひとりとして、私たちの思いを理解してくれないのだろうか。

「これが帰化選手を待ち受けている結末なの？」

私の心の中では悲しみと怒りが混ざり合い、やり切れない思いがしました。

その時、彼が試合をしているコートに、隣のコートからボールが飛んで来ました。晴光はボールを拾い上げ、ラケットで相手の選手めがけて打ち上げました。ボールは美しい放物線を描き、非常に正確なコントロールで相手の胸元に収まりました。多少のズレはあるかもしれないけど、私にだってできそうな芸当です。ところが、これがなんと観客から熱烈な拍手を受けたのです！

晴光は半ば呆れたようで、しかたなく自分でも拍手を始め、頭の上で何度も手を叩いて、観客のさらに大きな拍手と笑い声を誘いました。彼は私たちを偏屈（へんくつ）な愛国心から解き放ち、この国内最高レベルのビッグゲームが、中国選手の侵日戦争ではないことを気づかせてくれたのです。

「さあもっと楽になって、公平な立場で、ふたりの男の技と知性の闘いを鑑賞しよう！」

観客を盛り上げ、見知らぬ人を友人に変え、視線を自分に引き付けた晴光の技術と機転に、私はただ感服するばかりでした。卓球への愛情、勝利への渇望（かつぼう）、厳しい運命に屈さない頑張りに加えて、今では積み重ねた歳月によるユーモアと円熟味を加え、卓球選手として成熟した魅力を表現したのです。

私は選手としては成功したとは言えません。でも、選手時代には上げることのできなかったバーベルを、今本当に上げることができたような気がします。人生は実に、卓球のゲームのようなもの。全力を出し、智慧と勇気を振り絞って戦うしかないことがやっとわかってきました。

平和で裕福な環境で育った現代っ子たちは、この小さくて軽い白いボールを通じて、勝負の激しさ、非情さを体験し、強く、不屈の精神を養うべきかもしれません。

怪我から１年、晴光は2003年「ジャパントップ12」で２年ぶり４回目の優勝を果たす

まとまらない昔話は、これで終わりにしましょう。

展嘉へ贈るメッセージ

時は一分一秒、留まることなく流れていき、古い出来事もいつしか軽く、遠くなる。霧のように、煙のように、ぼんやりとした淡い香りを放つ。

遠い未来のある日、展嘉、あなたは畳でくつろぎ、そうでなければ唐木の椅子に座って、黄色くくすんだ記憶の1ページ目を開くかもしれない。それはあなたがまだ小さい頃、ちょうどママが黄昏の中で、まだ会ったことのない自分のお父さん、お母さんを思っていたのと変わらない年頃。

あなたは夢の中で、サンタさんを追いかけ、あの年流行っていたキャスター付きシューズが欲しくてたまらなかった。

ママはあなたのために、母国の文字をこっそりと、クリスマスツリーにかけている長ソックスに入れた。あなたへの未来のクリスマスプレゼントとして……。

展嘉、あなたは12月のクリスマスが来ると、いつもママに聞いたね。

「クリスマスプレゼント、本当はパパとママが用意したの？」

「そんなことないわ」

あなたは、毎年プレゼントを持って来てくれる白い鬚（ひげ）のサンタさんが存在すると心から望んでいたから、いつも私の話を信じていた。

今年、展嘉の質問に答えるのが少し難しくなった。

「ママも小さい頃、クリスマスプレゼントをもらったの？」

「いいえ、なかったわ」

「サンタさんは中国に行かないの？　彼は世界中の子どもたちにプレゼントをするんじゃないの？」

「そうね。でも、あの時、サンタさんは中国へのビザが取れなかったの」

「ビザってなに？　今は？」

「今はもう大丈夫よ」

展嘉はやっと安心した様子。「なら良かった。みんなプレゼントがもらえるね」。

だけど、いつまでもあなたを騙すことはできない。そう、パパとママは展嘉のサンタさん。あなたがいつも欲しがっていた、ドラえもんの「どこでもドア」をプレゼントすることはできないけれど、記憶の小さな部屋の、扉の前に連れてきてあげられたらいいね。

扉を開けば、過去に戻ることができる。かつてのパパとママに会うこともできる。若かった、奮闘した、愛し合った、憎み合った。失ったものも多いけれど、たしかに輝いていた。そこには、私たちが持っていた青い鳥がいるはず。

埃に埋もれたパパとママの記憶の部屋で、幾つかのカギを探し出そう。あなたの光に満ちた、美しい未来へ

愛する家族でもあり、それぞれ独立する地球人でもあり

のドアを開けよう。そこにはあなた自身の幸せの青い鳥が、目の前で青く美しい翼を見せているかもしれない！

展嘉、あなたのパパは自分のすべてを、好きな卓球に捧げた人。かつては中国代表チームの一員として、中国に勝利をもたらした。今は日本の卓球界にいて、ここでも大きな貢献をしている。彼は純粋な「卓球人」で、彼の球情は海を越え、国境を越え、何処に身を置いても、卓球で自らの存在を示している。

展嘉、あなたはこの世界で、何で自分を証明するの？　私は期待の目で待っている。

あなたたち未来の地球人の前途を祈って。

あとがき

ISEKI TTL 10年

ISEKI TTLは2019年で、オープンからちょうど10年になりました。

2019年の10月、私たちは「百年に一度」の超大型台風19号が迫る中、福島で開催された全日本クラブ選手権に出場しました。ギリギリで開催された大会で、ギリギリの戦いの中、念願の全日本団体優勝を成し遂げました。

「為すべきは人にあり、成るべきは天にあり」。私たちは努力して成功を求めながら、天の意志を受け入れて生きることも必要です。青い長方形のコートに、長短左右さまざまに飛び交う白いボール。瞬間的に変化する回転と速度。失敗したら自分自身に原因を求め、成功したら神様に感謝し、周囲に感謝し、相手にも感謝する。それが卓球であり、人生もまた同じです。

人生は10年をひと区切りに、指折り数えることができるでしょう。私自身も、早く大きくなりたい10年、単純で疑問だらけの10年、妻であり母親である10年、自分をもう一度確立するための10年、そして失敗を嫌い、恐れていた10年。人生の浮き沈みの中で、卓球は常に主旋律でした。自分の力で成し遂げられることの限界を認識しながら、自分なりの努力を続けていきたいと思います。

10年以上も前に書いた原稿を読み返すと、父をはじめ、すでに世を去った人たちもいます。父は病気になってから、人生への未練でよく涙を流していましたが、私たちは父に涙を見せるわけにはいきません。ある日、私はついに耐え切れなくなり、「お父さん、家の雰囲気をこんなに重くしないでください！」と言ってしまった。それ以来、二度と父の涙を見ることはありませんでした。きつい言い方をしてしまったことに、十年経った今でも気が咎めます。天国で安息の時を迎えた人たちのことを、私たちはずっと忘れはしません。

自分の人生について書き始めた頃は、哀れな過去から抜け出せないでいた私も、雑誌『乒乓世界』に記事を書いたり、『卓球王国』で翻訳や書籍の監修をする中で、二つの国の様々な卓球人の人生に触れることができました。彼らの喜怒哀楽と豊富な人生経験、そして魅力的な人格は私を感動させ、成長させてくれました。

国際的な大都市・東京で、私たちは日中友好の架け橋になる機会も多く、「一出国、就愛国（国を出て愛国の心を知る）」という言葉の意味をしみじみと感じます。長年日本に住み、歴史観や文化の違いによる衝突も何度も経験しました。「あなたたち中国人は……」というような表現は容認できませんし、日本の皆さんも「あなたたち日本人は……」と言われるのは容認できないでしょう。地球規模で国際化が進む今、私たち「地球人」はそれぞれの民族への自尊心を持ちながら、他人を尊重する姿勢が必要なのです。

最後に、本書だけではなく、いつも大変お世話になっている国際卓球連盟・終身名誉会長の徐寅生さんに御礼を申し上げます。『卓球王国』編集長の今野昇さんと『乒乓世界』編集長の夏娃さん、本著の日本語の部分を懸命に修正していただき、全編を編集してくださった『卓球王国』の大塚眞理子さん、日本と中国のふたつの雑誌社のスタッフにも御礼を申し上げたいと思います。

そして最後に、いつも私のわがままと無計画な行動を許してくれる家族に感謝の言葉を贈ります。

ありがとうございます！　謝謝！

偉関絹子

著者略歴

偉関 絹子（いせき きぬこ）

1965年10月31日生まれ、中国・広西桂林出身。中国名:石小娟。上海華東理工大学卒業。日本スポーツ協会公認コーチ。

12歳から広西卓球チームに所属し、そこで偉関晴光（中国名：韋晴光）と知り合い、1988年に結婚。夫が日本の実業団と契約を結んだのを機に来日し、1993年に息子・展嘉を出産、1997年に日本国籍を取得。1998年の平成10年度全日本選手権では混合複で優勝を果たす。

2002年に上京、2009年に偉関TTLを開業。現在も多くの子どもたちを指導し、2018年全日本選手権男子カブの部、2019年全日本クラブ選手権（男子小・中学生の部）では監督として選手・チームを優勝に導いた。

月刊「卓球王国」でビギナー向け技術連載『よーいドン！ 卓球』を監修。

作者简介

石小娟（日文名 伟关绢子）

日本体育协会公认教练、中国体育报业总社《乒乓世界》杂志在日记者。

1965年10月31日，广西桂林出生。上海华东理工大学毕业。

12岁进入广西乒乓球队，1988年与队友韦晴光结婚。1991年随丈夫到日本熊本。1993年儿子展嘉出生，1997年加入日本国籍，1998年获得全日本锦标赛混双冠军。

2002年到东京，2009年创办ISEKITTL乒乓球俱乐部。培养的选手获得2018年全日本锦标赛小学四年级以下组男子单打冠军、2019年全日本俱乐部锦标赛（小、中学生组）团体冠军等成绩。

日本《卓球王国》杂志社出版《一起开始打乒乓》的书籍、DVD监修。

越海球情 えっかいきゅうじょう

2020年10月10日　初版発行

著　者　　偉関　絹子
発行者　　今野　昇
発行所　　株式会社卓球王国
〒151-0072　東京都渋谷区幡ヶ谷1-1-1
電話　03-5365-1771
https://world-tt.com
印刷所　　シナノ書籍印刷株式会社

ISBN978-4-901638-59-3

石小娟

越海球情

徐寅生题

题字 徐寅生

卓球王国

目录

※ 本书曾在《乒乓世界》杂志连载。此次出版在部分文字和内容上有所修改和整理

装订：矢野德子（岛津设计） 插图：张梦轩
相片提供：《乒乓世界》 编辑：夏娃

序

国际乒联终身名誉主席　**徐寅生**

首先祝贺石小娟的中日文版《越海球情》出版发行。这本书讲述了她本人和丈夫韦晴光作为乒乓球选手在中国和日本乒坛的经历；同时作为一名女性，书中还有很多她在成长的过程中对生活的感悟，以及他们围绕这小小的乒乓球，越过海洋越过国境，不断延续的感情。

书中石小娟讲述了他们初到异国，在语言、文化、生活、工作中遇到的各种问题和趣事。在充满困惑和分歧的日常之中，通过乒乓球重新找到了共同努力奋斗的方向，获得了周围的认可和尊重；以及作为母亲，她讲给孩子听的家庭故事。她希望儿子在日益全球化的现代社会环境中，了解自己的根在哪里的同时，拥有一颗博爱的心。

书中还收录了她作为记者刊登在中国乒协官方杂志《乒乓世界》上的部分文章。娓娓道来，文笔流畅，情感丰富，朴实无华，读来感人至深。正应对中国一句古诗：涓涓（娟娟）流水细浸阶（石）。

我对这对乒坛伉俪的了解，是上个世纪80年代中后期从韦晴光开始的。一个偶然的机会看过他训练，感觉这个左手持拍、虎头虎脑的广西小伙子打球特有激情。当时中国乒乓球的传统打法直板快攻遇到了瓶颈，1983年第37届世乒赛和1985年38届世乒赛，中国男队虽然都拿到了男团和男单冠军，但从整体实力看，男队已经开始步入低潮期，这两届世乒赛的男双冠军都被欧洲选手夺走。当时国家队的总教练许绍发，把男双也作为重点来抓。双打需要两人互相配合，选人非常重要。韦晴光左手握拍，找一个右手握拍的跟他配对，两人走位互不干扰。他比赛中作风顽强，性格好斗，永不言败，所以是个很好的双打人选。为此我曾与许绍发商量，让韦晴光配人试试，教练组尝试让他与陈龙灿配合。

陈龙灿右手握拍，敢打敢拼，是一名不按套路、进攻常常出其不意的直拍快攻型选手。两人不负众望，配合没多久就在1987年的第39届世乒赛上夺得男双冠军。1988汉城奥运会，两个人又获得了奥运会史上的第一枚乒乓球男双金牌。

韦晴光从国家队退役之后，移居日本，不仅代表日本队参加了世界锦标赛、奥运会，还创下了日本国内最高级别赛事的年龄最长夺冠纪录。他们夫妻俩在日本生活和工作的状况，我是从《乒乓世界》上连载的《熊本十年》中了解到的，并得知石小娟曾是广西队的优秀选手。我很惊奇一个乒乓球运动员竟然有这么好的文字水平。她的文章连载了多期,受到了好评和欢迎。但《乒乓世界》毕竟是一本专业杂志，以家庭生活、儿女情长为主题的文章不宜太多。为此我与编辑部主任夏娃商量，鉴于石小娟文笔好、懂乒乓球，日文中文都行，可建议她采访报道一些日本乒乓球界的人和事，介绍日本乒乓球界好的经验。

2005年上海世乒赛，石小娟作为《乒乓世界》的驻日记者到现场参与报道。《乒乓世界》采编团队在比赛期间抽空聚会，我第一次见到石小娟。她给我的印象就是文静娟秀，彬彬有礼，甚至还有点拘谨，一看就是个文人。当时我还与她调侃："你怎么会屈才嫁给韦晴光呢？"

最近一次见到韦晴光和石小娟，是2019年6月在东京。得知夫妻俩在东京开办的乒乓球俱乐部，经过十年辛勤耕耘，小队员们已经开始崭露头角，获得了单打和团体的全日本冠军等好成绩。韦晴光现在担任日本少年队教练，石小娟在忙碌的工作之余，还在给《乒乓世界》撰稿。她二十年来一直为国内的读者介绍众多旅日中国选手的情况，以及日本的乒坛动向和教练球员风采，为我们的《乒乓世界》走向世界增加了内容。

她还帮助日本乒乓媒体来中国采访赛事、为他们的采访担任翻译；韦晴光的好几本日文版乒乓球技术书籍，都有石小娟的参与；国际乒联的国际大赛写真集的中文图片说明，连续多年由她负责编译。

《越海球情》是他们为中日友好、为乒乓球项目在全球推广做着各种努力的佐证。

上篇

熊本十年

01 晚点的飞机

1991 年的初夏，我终于如愿以尝，与晴光一起，登上由北京到福冈的飞机。

心早已飞到从未去过、却向往已久的日本，可飞机迟迟不能起飞，我们在候机室里干等，既不能回头，又无法飞向新的未来。

日记摘选（1991 年 5 月 2 日 - 7 日）北京

过去的奋斗或许是徒劳，那现在的颓废，岂不是更为可怕的倒退？

我在蜕变成一条藤，在变成寄生的虫，这是女人的归宿？

我其实应该是颗树，有自己的绿荫，自己的价值。

懒惰和脆弱使我变成了缠树的藤。这根藤偶尔会有些微弱的呐喊，提起精神，做颗腰板挺直的树吧！

可是，我还能做到吗？

曼莉来聊天。

亚运会前，她随小斌去德国，前段时间俱乐部单方毁约，他们又回来了。

刻薄的老板，冷清的环境，生疏的语言，每天所面对的，就是如何计划一日三餐。

很快，我也该面对这样的生活了，在陌生的环境和语言中，开始做个家庭主妇。由于目前更多在考虑如何顺利出去，对此还来不及细致地去想。

我真希望能开创出一个新的天地，可是，我们能做到吗？

北京有不少让我觉得不错的地方。

早上去买菜，依然改不了地觉得害怕。不善于讨价还价，几毛几分地算不清。

买冬瓜，我说七毛一斤，他说八毛一斤。算钱时，我埋怨对方刚才说好的价钱，现在又变卦。

那人看看我，找钱的手犹豫了一下，又多找了几毛钱，或许是不忍心骗我太多吧。于是，我拎着那看来并不够秤的冬瓜，却觉得小贩的心似乎还未让钱给全蒙上了。

再去买花生，因为常买，就免了问价，只说要一斤。那人就更有意思，边称边说："这是老顾客，我得多给一点儿，那些人挑挑拣拣的，才讨厌呢。"旁边另一个人跟着说："还是老实人好，老实人在哪儿都不吃亏。"

莫明其妙的表扬和热情，让我不知所措，大概刚刚来过一个特别挑剔的顾客吧。

北京，有一股大度可亲的古风。

其实，在我到过、居住过的每一个地方，都有其可爱、吸引人处。

只是，同时又深切地感到，无论何处何地，总是有太多太多的人，拥挤在大街上，公共汽车上，茶馆酒楼里，令一切显得杂乱、脏乎乎和累人。

到达福冈机场，比预定时刻晚了大约五个钟头。与前来接机的寿屋乒乓球部部长莲尾、监督生田一起走出机场时，已是日落时分。

日本的第一顿晚餐，是在机场附近的一家餐厅吃的。

店里非常的干净，客人不多，显得安静舒服。

我已不大记得吃了些什么，只记那些餐具十分美丽，盛在里面的菜肴精致得让人舍不得放进嘴里。唯一的美中不足是，菜的份量太少，一道菜大概只够四个人一人一口。

可这丝毫不影响我头一回置身异国的兴奋心情，一种似真非真的感觉，令我去洗手间时，也像是走在云雾之中。

站在一尘不染的大镜子前，我似乎明白自己确实是来到了国外，来到了日本。十年前的中国，一般的餐厅洗手间，是不可能有如此的洁净无比。

晚饭后，我们继续赶路。在高速公路上奔驰一个多小时，到达熊本。

车子开上一座高架桥，远处一个大大的 K 字霓虹标志闪现在静静的夜色中，这是与晴光签约的公司，寿屋 (kotobukiya) 的标志。

四周又黑又静、灯光寥寥无几，没有我想像中辉煌闪耀的夜景。

02 语言学校

株式会社寿屋，是日本九州最大的一家经营超级市场的公司，拥有一百多家连锁店、两万多职员，本部设在熊本市内。

公司所属的乒乓球队，男队水平在日本联赛中居中等位置，他们希望有一名中国选手加入，增强实力，打上联赛的一部。

晴光的到来，令公司喜出望外，他们没有想到，居然会来一个奥运会冠军！

上世纪 80 年代末、90 年代初，日本的泡沫经济方兴未艾，各个公司的体育俱乐部活动十分活跃，中国的乒乓球选手纷至沓来，代表日本国内的各个俱乐部参赛。

我们扛着两只大皮箱，终于汇入了出国的潮流中。

好事多磨，出国的手续几经波折、来之不易，令我一旦办成，竟平生出一种壮士一去不复返的悲壮心情。

公司帮我们安排好的家，在熊本近郊，一个叫菊阳的地方，离寿屋球队的训练场——寿屋菊阳店的运动中心很近，上下班极方便。

那是一栋只有六户人家的两层楼公寓，我们的家在一楼。公司为我们买好了必需的家具和电器。

公寓的周围有几家单门独户的人家，然后就是一大片农田。

出国前看过一些介绍日本的书，说日本的绿树和草地极少。于是，那片农田和邻居家茂盛的竹林，又大大地出乎了我的意料！

那时候，我对国外充满好奇，非常羡慕先我们出国的人，而国内的一切令我厌倦。

晴光和我从恋爱到结婚，离多聚少，没完没了的训练、比赛，没完没了

的等待，让生活和感情苍白难耐。

我把希望寄托在晴光身上，希望他能带我远走高飞，外面的世界很精彩，在某个遥远的新地方，也许会找到我们的幸福。

所以，当走进小巧玲珑、样样具备的新家时，我暗暗告诫自己，要珍惜从今天开始的新生活。

日记摘选（6月14日）熊本

现在的日记，是真正的“主妇日记”了。

我们终于可以生活在一起，过上家庭生活。

可这儿的一切十分陌生，语言成了最大的障碍。

好在日本人长得和中国人差不多，生活饮食方面也好适应。

随寿屋球队到高松参观日本实业团联赛。

在日本的中国运动员挺多，凑在一起聊天玩耍，很开心。

许多事情都有种新鲜感，让人兴奋，据说这是刚出国时的通常反应，看来有一点的道理。

日本比中国发达，这儿是日本的边远地方，但普通百姓都拥有汽车、电话，这在中国，目前还只有少数有钱人才能享受得到。

可是，日本的东西很贵，一个围裙花了两千日元，把我心疼坏了。

生田的汽车一开，里面的录音机就开始放中文日常用语。

他说得最好的一句是：“我有两个女儿。”他确实有两个正在读小学的女儿。

我和晴光会用日语道早安，说你好以及再见，剩下的，就只有傻笑了。

离住处不远，有一所日本语学校，公司答应让我们去学三个月日语。

我们是这所叫“福英会”语言学校的第一批中国学生。

福岛校长白天教外国人学日语，晚上教日本人学英语。

后来，他仿效其它语言学校，面向中国招收学生，弄得福英会十分地热闹一阵。再后来，碰上入国管理局严格限制语言学校的入学人数，招不到学生，福岛校长只好关闭了福英会，则是两、三年以后的事情了。

我们这个初级班，由福岛亲自执教，学生只有三人，晴光、我，还有一个叫彼得的澳大利亚人。

校长用英语教日语，我就勉强翻译给晴光。我们的那一点日语语法居然是通过英语学来，也难怪晴光对语法至今一知半解，除了他自身努力不够，与我的解释不足也有一点关系吧。

每天上完课，我们就去体育中心训练。

生田看我无聊，就叫我陪女队练两个钟头球，然后再回家准备晚饭。

刚来熊本不久，晴光的球还很熟，一局不丢，很轻松地获得了全日本社会人比赛的男单冠军。

生田高兴地捧着大奖杯，到处炫耀。从公司本部拿到乒乓球协会，再拿到各个分店，就连来福英会，都要捧来显示一番。

那个研究天体相片的彼得，显然对东方的文字极不适应。

汉字不用说，光是假名的写法，就已令他晕头转向。没过多久，他要求不和我们一起学了，一个人在隔壁，用罗马字来学习。

这让我想起一则笑话：一个英国人学中文，一日上课考试，叫他们分辨己，已，巳的不同，英国人当场昏倒！

被日语折磨得更高更瘦的彼得，决定不学了，回澳大利亚去。

大家给他开欢送会，晴光和我送他一只保温杯。他好像很意外、很高兴收到这份礼物。

他写信来，用很简单的英文，日语的假名永远不会写。慢慢地，我们才弄明白，他来熊本学日语的真实目的：为了当时住在他隔壁、一个叫 noriko 的日本姑娘！

noriko 终于成了他的妻子，他就寄些他们俩的照片来。

我们好像和他一起走过了他的恋爱经过，从他短短的信中，感受他的追求，不安，喜悦和幸福。

他好像也很乐意让我们分享他和 noriko 在一起时的事情。

彼得离开福英会不久，我们的日语还只会个片言只语时，三个月学习时间也到了。

寿屋的训练中心，白天对外营业，由几个队员开设乒乓球教室，兼营乒乓球用品贩卖。

来练球的主要是些中老年妈妈桑。

另外的队员则在下面的商店里工作。

下午四点大家再集中起来训练，直到晚上八点才结束。晴光开始和他们一样，每天早出晚归。

一个人在家的日子，在一点点地变得无聊。

想去公司上班，或者陪妈妈桑练球，可语言成了一道将我和周围隔断的墙壁。

刚来时的新鲜好奇都在过去，除了不多的家务，我无所事事。

每天，躺在床上，做够了白日梦，就抱一盒纸巾坐在电视机前。

我开始无休止地打喷嚏、流清鼻涕，耳朵、眼睛奇痒，后来才知道，是得了“花粉症”。菊阳种有很多杉树，我可能是对杉树的花粉过敏了。

一切离在中国时的想像，相差太远了！

国外的生活应该是五彩缤纷、令人目不暇接的。

而现在，我的世界只剩下这个小小的公寓和每天两个小时与队员们在一起的时间。

我甚至开始羡慕留学生的艰苦生活，每天奔波在学习和打工的繁忙中，但起码是实实在在地活着。

我这算个什么呢？我冲着晴光埋怨唠叨。

在国内时，埋怨我们在一起的时候太少，埋怨我们为什么不能早点出国？

现在，我嫌他不努力帮我讲话，让我有事可做，有钱可挣。

日本女子乒乓球水平与中国相比，有一点差距。而寿屋女队还属于三部。我就对生田说，让我也进队打球吧。

他说，要和上面商量才行。接着，让我把在中国时的成绩告诉他。

我的成绩本就不值一提，再加上旁边有一位奥运冠军，就更显得无比寒酸。

从心里讲，我并不十分喜欢打球，总觉得自己属于干错行了的一类。

但代表一个三部球队，我总还行吧。没有办法了，干回老本行吧。

一心想工作，并不表示我有什么雄心壮志。

除了无聊，还搀杂着不服气的成分。在国内时，晴光的父亲，总觉得我年纪轻轻，就不想工作，贪图享受。

我要让他爸爸看看，我不是他的宝贝儿子的寄生虫。

没想到，连这个愿望，都不能如愿。

生田迟迟没有回音。

等到我鼓起勇气去问他时，事情早不知黄到哪里去了！

他一会说，你的成绩是很久以前的了，一会又说，是签证上的问题。

而我简直就怀疑他根本就没有好好地办过此事。

在他那个典型的传统日本男人脑袋里，已婚女人就是奥桑。

所谓奥桑，就应该是在里面的，深深的里面，深深的家庭里面的人。

男主外、女主内的传统习惯下，整天叫嚷着工作、挣钱的已婚外国女人，显得不可思议。

不久，他竟然来告诉我，公司准备从中国招一个女队员来，等她来了，请你多关照。

我傻瓜似的，居然还点了点头！

当晚，这个一事无成的傻瓜，捧着一大瓶日本酒，昏呼呼地倒在了电视机前，吐得一塌糊涂。

那天晚上，晴光好像很晚才回来，收拾那一片狼籍。

没有生气，只叹了声气，“你也是的，何苦呢。以前不想打球，现在又想打了，到时打不好，又要生气”。

我听得很清楚，却无法反驳。

于是，对自己更加没了信心。

比起收拾房间，我更需要他过来拍拍我，拉住我的手，哄哄我，哪怕跟我一起骂骂生田也好。

可他从前没有做过，这回也没有。

我弄不明白，事情错在什么地方?

悠闲的日子。淘气的寿屋球队的女孩子们，偷偷地把店里的和服拿出来给我穿上！

日记摘选（1992 年 5 月）

一段时间来，都在为工作的问题而烦恼，弄得人也觉得特别地没意思，没信心。太大的本事是没有，但总不至于一点事情都做不了。

而现在居然就陷入了这样的困境，总之是越想越难过。

我觉得他们是既精明又愚蠢，而我则是倒霉透顶，再加上睛光，永远是长别人的威风，灭自己的志气，总对我没有信心。

莫非希望我像他那样，得拿了奥运冠军，才能进得了公司？

气了几天，至今想来，仍旧是生气。

但也只有忍耐，人生不顺利太多，尤其是在异国他乡，有苦难以外言，有气也不能在外发泄。有些凄凉，只能靠自己来排解。

世界这么大，有的是地方，有的是事情，总会找到自己能呆的地方。

03 汽车驾照

熊本是个小城市，从菊阳经过的火车和巴士班次不多。

到我语言半通不懂时，终于有一个妈妈桑俱乐部“球友会”请我去教球。一周一次，我先坐火车到市内，球友会派人开车来车站接我去体育馆。练完球再如此送我到车站，既浪费时间，又麻烦别人。

在体育中心闲聊时，我流露出想去学开车的念头。

总是用英语告诉我 "My wife is twenty" 的新婚川原，以不容我改变主意的速度，开始打电话联系。

很快，一位叫福山的妈妈桑和她的丈夫就风风火火地赶来球场。

我去学车的事情，一下子让他们给决定了。

想仔细考虑考虑，自己那点日语够不够应付都来不及了。

福山的丈夫以前是警察，退休后，在驾驶执照中心工作，给违章减点或吊销执照的人，上交通安全课。

他们的一位朋友，是一所叫“寺原汽车学校”的校长，在学费上给了不少优惠。

为了表示谢意，他们买了礼物，带我去拜访校长。虽然我不想去陌生人家里，但不能拂了福山夫妇的好意，只好跟着他们摸黑去了一趟校长家。

在学校里忙乎了几个月，把实际操作和学科都过了关，拿到了汽车学校的毕业证书。

最后就是到福山丈夫的执照中心去考试。

100 道选择题，在规定时间内答对 95 题就可以拿到正式执照。

考试前，紧张得不停地嚼口香糖，老师在上面说些什么都没有听见。

突然，见他恶狠狠地盯着我，叫我站起来，一副要撵我出考场的架式！接着，他凶了一句：“你不懂日语吗？”这回我听懂了，老老实实地答了声，

是的。

对方才反应过来，把态度缓和了一点，命我出去把嘴里的口香糖吐了。

考试结束，马上宣布合格与否，居然让我蒙混过关了！

看到几个日语绝对没问题的日本人，没有合格，面无表情地离开考场时，心里乐坏了，还有比我更不中用的呢?

福山夫妇见我顺利通过考试，比我更高兴，更骄傲。

请川原和我们出去吃饭、唱卡拉 OK，以示庆祝。

那时他们住在熊本有名的公园，水前寺公园附近，就叫我们称他们为“水前寺的爸爸妈妈”。

福山妈妈的歌唱得很好，她经常参加合唱团的活动，拿起麦克风来，有模有样、声情并茂。

福山爸爸好像没有唱歌。他没有那么活跃，但很和气，极有绅士风度，彬彬有礼地配合着太太的言行。

日记摘选（１９９２年１０月）

盼望以久的汽车执照终于到手。花了两个多月时间，２０万日元，总算是顺利通过了那几轮考试。昨天晴光正好休息，陪我一起到执照中心，从上午 8 点半，直到下午 4 点，看到我能通过，他也挺高兴的。

17 日，俱乐部开野元的送别会和乒乓队忘年会。和生田讲起工作的事，又谈崩了。他永远是不相信、不理解、不愿意为我安排。说不上我有多大能耐，但就凭他寿屋乒乓球队的水平，我有什么不能干的？一再地拒绝，让我觉得大受伤害。而晴光永远让我孤军奋战，自己在一边吃得红光满面。气愤之余，更多的是失望。

我们买了一辆中古的、粉红色的奥拓小车。

93 年的新年前，开着这辆马力不足的女人车，跟在福山夫妇的车子后面，吃力地爬过阿苏附近的外轮山，到福山妈妈的娘家，阿苏郡小国镇过元旦。

阿苏的气温比熊本低好几度。

熊本很像桂林，冬天里下不了几场雪，更难有几天都不化的时候。

阿苏就不一样，每年下雪，道路冻结，人们要给汽车轮胎加上铁链，以免跑路时车子打滑。

我仍旧吃不惯日本料理。冷冷的饭团、冷冷的煮蔬菜和冷冷的腌菜，加上室外天气寒冷，当晚居然胃疼起来，折腾得大家都起来帮着找药。

我从心里喜欢上“小国的哥哥”一家人。

福山妈妈这样称呼他们，我也跟着叫。从辈分来讲，好像不大对头，但显得亲切。

他们比市内的人更朴实、忠厚。

福山妈妈话很多，尤其是恭维话，讲起来一串一串的，让人招架不住；而“小国哥哥”显然没有这么会说话，反让我自在许多。

无论在中国，还是在日本，每逢遇上这种类型的人，心里就觉得温和，安全和一种很奇怪的心疼感。

晴光，其实也属于这一类。

我的小车子暖气设备坏了，小国哥哥的儿子在冰天雪地里，帮我捣腾了好半天。

他爱去玩扒金宫，我们就称他为“扒金宫哥哥”。

一趟小国之行，俨然成了福山家族中的一员。

福山妈妈热情得不由分说，就像我去学开车、去拜访校长家，甚至去那里吃一顿饭，全都在她的安排之下。

球友俱乐部的妈妈们经常带着我外出郊游

刚到熊本时的寿屋乒乓球队成员

04 新米妈妈

晴光说："执照考得了，车也买了，下面就是生孩子了。"

居然让他说中了。

从小国回来，就确定已怀孕近三个月。难怪在小国时，我会觉得身体不舒服。

福山妈妈说，她女儿在熊本红十字医院生的孩子，你也去那儿吧。

她陪我去了几回，以后我就自己开车去作检查什么的。

来熊本已有一年多，大概的日语能说一些了。

但头一回上医院，又是妇产科，心里一紧张，话就更听不明白。

护士给我一个纸杯，半天没有弄清楚她说了句什么。

直到她用笔写了个"尿"，才明白是叫我去验尿！

原来，日语口语中，习惯用幼儿语的"尿尿"来说撒尿这回事！

我从中国带去的日汉词典里，根本没有收录这个单词！

我希望福山妈妈能次次陪着我去医院，但觉得她尽管很高兴地祝贺我们，却并不乐意去医院。

这个时候，寿屋公司换了新社长。

从西日本银行过来的石井大一社长，接替了米川丰社长。寿屋是寿崎社长的母亲那一代开始的，从九州的大分县，一家小店做起，发展成一个上市的大超级市场公司。

我们来到熊本时，寿崎社长改任会长，米川丰社长主持具体工作。

我们去米川社长家过过一次新年。

日本的住宅和日本的人一样，平淡不张扬，显得谦虚和恰到好处。

社长的家也是如此，绝不豪华夸张，但很安静舒适。

温文而雅的社长夫人，在玄关跪迎客人。令我想起母亲，在来信中特

别关照：你在日本一定要保持中华儿女的尊严，绝对不得下跪！

可她没有交代，如果反过来，是日本人，而且是位社长夫人行跪礼时，我是不是得落荒而逃呢?

米川社长是位知识丰富、极有涵养的人。

我们一边吃些新年料理，一边听他解释，在新年里吃的东西的含义。

就像中国人过新年，吃年糕求步步高升；吃鱼取年年有余一样，日本人在元旦新年，为图个吉利，也准备一些与快乐吉祥、多子多孙谐音的食物，摆放在新年专用的漆器里，非常的漂亮。

米川社长的外孙女那时还很小，大约是3岁左右吧，非常可爱。穿一身质地和做工极好的毛料红格子裙装，不是那种枪眼的大红大黄，而是一种柔和的带点玫瑰色的红，与米川社长一家给我们的印象一样，温和、舒服又极有教养和品位。

我为自己的知识贫乏、举止粗鲁以及玄关前那双廉价的红绒鞋而觉得惭愧。

几年后，我在体育中心的游泳场，干过几天出租游泳圈的工作。

有一天，一个小学3、4年级模样的小姑娘跟我说，想借用电话，叫外公来接她回家。我让她用了办公室的电话。

晴光告诉我，那是米川社长的外孙女。让我猛然发觉，时光在一转眼间，已流走许多。

此后，我有时会见到已经退休的米川社长，安静温和地坐在看台上，看着外孙女戏水。

我告诉一起工作的同事，那是寿屋以前的社长。

“谁?不知道。”

毫无兴趣的回答，人走茶凉之感，原来在哪里都有。

我绝对谈不上十分熟悉和了解他，但很自然地敬重他。

无论是当社长，还是做个普普通通的外公，或者仅仅是一个来菊阳店购物的客人，他都做得如此得体自然，恰到好处。

日本人爱用印章，去银行、市役所办事都要用印章。

印泥就成了必备品。

我们从石井社长那儿，得到了好多个同样的印泥盒。

不大但非常沉重，盒上有“蜕变”两字，代表石井社长管理寿屋的基本指导思想。

每回去拜访他，他就送一个。

我们就极有礼貌地道谢，双手接过。

寿屋的竞争对手，熊本的另一家超级市场“微笑堂”，是华侨林康治先生创立的，在中国开了好几家酒店，并在熊本的友好城市桂林筹建分店。

石井社长认为，为了开展更多的日中贸易，寿屋本部的干部和职员，都应该学习一点中文，由我来当他们的老师。

每周一次，我挺着越来越大的肚子，站在讲台前胡扯一气，用卷舌音刁难一群嘻嘻哈哈、舌头僵硬的日本人。

一般来说，从“我是日本人”这句抑扬顿挫、卷舌不已的话开始，起码有一大半的日本人就放弃了学习中文的念头。

非常愉快的一段时光，既轻松又似乎有点事情可做，还挺满足出出风头的虚荣心，尽管孕妇的形象其实令人难以恭维。

中文课一直上到快临产。听说后来有人接任，再后来就不了了之，与我们当年在运动队里学英文一样。

宝宝在盛夏7月出生。

早上晴光陪我到医院。

到中午时，他说去吃饭，竟一去不见人影。

日记摘选（1995年7月）

下午两点左右，阵痛变得越来越令人难受，间隔也越来越短。

晴光还是不见回来。连助产妇都觉得奇怪，出去看了好几趟。

放心不下，往体育中心、往福山家、往自己家里打电话，都没有找到人。

一边疼得喘不过气来，一边又担心得不行，想不出在这一带，他有什么可去的地方。最后，连广播找人都用上了。

到三点多，我已上了分娩台，他才赶回来。

问他到那里去了，回答说，昨晚你没有睡好，就想让你睡一阵。

而他，只是在周围转了转，哪儿都没去。

我气得直想骂他，没有常识，愚蠢。

（后来，向母亲告状，她胳膊肘往外拐，竟说，当年生你的时候，我就睡着了！到最近这几年，我突然想通了，其实一定是他自己，躲在什么地方睡大觉！）

护士将我的宝宝举给我看，并叫我摸摸他那只小得不可思议的、让我不敢使劲触摸的小脚丫。

就连说声谢谢的力气，都几乎没有。

一切都显得那么的不真实。

在旁边的房间里，护士们忙着为小宝宝洗净、量身高体重。

他就是那个昨天还在我的腹中的小东西吗?

他的出生，意味着我已成为母亲，而那个光顾着惊喜是个男孩，却连抱都不敢抱一下的晴光，这会儿也成了父亲?

不可思议的小生命，带来的感动和全新的意义，令我头脑清醒兴奋极了。

我感到体内涌出一股新的、简直可以马上飞腾的力量。

福山夫妇来，看看刚刚生下来的宝宝，还送了花。

晴光一直陪着我，看着我吃晚饭，又到外面的便利店买来一大堆零食和饮料，“光吃医院清淡的伙食怎么行？”给产妇吃零食进补?

7 点多，说要到竹本那里喝酒去，高高兴兴地走了。

宝宝的名字，是爷爷通过国际电话命名的。

据说在家谱上属展字辈，所以决定叫展嘉。

嘉嘉是个漂亮的小宝宝，但很不好哄，我们常常对着半夜不睡，大声嚎哭的小不点一筹莫展。

晴光请了十几天假，在家帮忙。

但他不会做菜，连买菜都没有经验，头一回买菜回来，大声地惊呼：“才

买了这么一点点东西，就花了4千日元！”

我无法忍受他的笨手笨脚。

在享受了几顿他做的黄瓜鸡汤、黄瓜炒鸡和黄瓜炒肉以后，只好自己趁嘉嘉睡着时，溜出去买菜，做给自己当然也做给他吃。

什么月子里不吹风，不碰水，中国的传统，统统地无法通用。

我的眼前，总是浮现着中国的月婆子。

头上包一块布，捂在被子里，不下地，不碰水，每天吃一只老母鸡。除了喂奶就是睡觉，体重足足重它个一二十斤。

“这哪里是坐月子嘛！”心里的委屈，无法形容。

一直认为他是个嘴很笨的家伙。

此时，却回我一句绝的，令我此生不忘：“你这不是坐着吗？”

的确，当时我正是坐着发的牢骚！

日记摘选（1993年8月）

漫长的几十天，却又似乎是转眼即过。嘉嘉快满月了。

昨晚几乎未得睡，嘉嘉不停地哭。

做晚饭时，两人开始吵架。

原因是炒菜时，怕油溅起来烫到手，他居然戴起一只大棉手套。

我说用不着这样，他说不能烫坏了他赚钱的手。

我受不了他这副德性，于是争吵起来。吃过饭，他就跑到外面去了。

也许世上真找不到我期望的人，他当然也就不是期望中的了。

以往他不用做事，似乎少了许多矛盾。

而现在，他得做事，便多了许多吵架的机会。

我开始意识到，孩子将会成为彼此关系更加恶化的起因。

我不知他在每回不快之后，会想点什么，而我却总是想，有一天，我要离他而去。

这个念头盘旋在脑里，无法消失。

嘉嘉百日，与爷爷奶奶一起

福山夫妇下午来，能有人来指点一下，并称赞几句孩子养得不错，旋即安心许多。

晴光今天又是扫地擦地，又是除草什么的。

想想近一个月来，他的表现还是相当积极的，也许总达不到我所要求的那样，但确实是在做事。

我也是太过分地要求，让人觉得难以接受。

检讨之余，希望自己能学会对他人宽容一点。

或许对自己的丈夫，也不能抱完美标准来衡量，只要他能有心地做，有心地在改变，我应该允许他有做得不合我意，或与我有不同的做法才行。

爷爷、奶奶的签证，在嘉嘉满月后，终于是批了下来。

他们来熊本后，我们总算可以松一口气了。

05 韦+石=伟关

前田夫妻，在熊本北部经营一个新旧汽车贩卖的小会社，兼营汽车修理等业务。

前田社长五十出头，极高的个子，不苟言笑，爱吃甜食，业余爱好打乒乓球。他自己在车篷边搭了个乒乓球室，放两张旧球台，生意空闲时就兼顾一下业余爱好。

前田奥桑刚好相反，个头不高，丰满、热情，与任何人都能一见如故，谈笑风生。刚认识他们时，我简直无法弄懂她的熊本方言。

他们的事务所杂乱、热闹得像个家庭厨房。她和一位叫今井的事务员，不停地弄吃的喝的来招呼我们。

去前田会社，成了极大的享受。

那时嘉嘉六七个月大，到处乱爬，极折腾人。

陪社长打球的时候，照顾孩子的事情就由她们代劳，奥桑帮我抱嘉嘉，逗他玩耍。

过去我总觉得打球很累很难。当母亲后，才发现与育儿相比，打球还算是比较得心应手的事了。

练完球，就吃东西聊天。

回家时，奥桑还塞给我一些吃的或用的。

几个月后，一起练球的人不练了，只剩下前田一人，看样子，这儿是去不了了。

谁知前田居然主动打电话来，叫我照旧去，就陪他一个人练！

天气越来越热，简陋的乒乓球室里没有空调，他一个人练两个钟头，明显地体力不足。

我们练一会，就溜到事务所的空调下避一下暑，如此往复，勉强捱过

两小时。

我心里很过意不去，知道他是有意在帮我。

后来，陆陆续续地，又有些人来找我练球，他才又改练一个钟头。

前田奥桑的父母，年轻时，曾去加拿大谋生，她是在那儿出生的。

他们照顾我，或许与此有些关系吧。

但我一直没有问过他们。其实，是否真是如此，并不是太重要的。

人的缘分的确说不清，有缘认识他们，是我的幸运。我的心中充满感激，对他们，对命运中的这个安排。

夏天里，他们放一大盆水到太阳下，等水晒得暖暖的，又搬到阴凉的地方，嘉嘉泡在水里，乐得手舞足蹈，乱拍一气。

我看着他们搬水，帮嘉嘉脱衣服，逗他开心，孤单、疲倦暂时远离。

我向他们请教过办理加入日本国籍的规定和手续，他们帮我去了解，并表示如果有需要，会帮助和支持我们的。

后来，我开始着手准备有关材料，上交法务局时，觉得需要做的事情，比想像的容易，用不着太麻烦他们，我自己去办就行了。

材料递上去后，就是很长的审查阶段，我打算等事情有些眉目时，再告诉他们。

未料他们从别的地方听到了我们已经提出申请的消息，十分不悦，说了请我们帮忙的，怎么又一声不吭地自己弄了起来？

正好当时又有些别的误会，他们便更觉得我做事不周全。

而我却觉得自己并没有做错什么，更没有对不起他们的地方，依然我行我素。

彼此间的不快，终于爆发。

又臭又硬的脾气又冒了上来，我带着委屈的眼泪，甩手离开了他们的会社。

回到家里，还以为彼此的火气消了，便会重归于好。

第二天，收到前田奥桑寄来的东西，里面是我的饭盒。

我每次去，都带便当，和他们一起吃午饭。

奥桑或者是今井会帮我洗干净，晾在碗架上。我回家时就已经是干干

爽爽的了。

那天生气，忘了拿回来。

饭盒上附一张便笺："如果你不觉得错，以后就别来了。前田鲤荣"

我这才意识到事情弄得比我想像的更糟。

真的无法理解，在我最为难的时候，那样亲切相助的人，却在我渐入顺境时，会这样误会我。

除了热情随和，他们竟然还有如此严厉的一面！

那几天，我处在震惊、不安和委屈中，精神有些恍惚。

我强迫自己去权衡利弊，是要自尊、不低头，还是乖乖地去认个错，尽管我真的觉得自己没有一点冒犯他们的意思。

我选择了后者，除了有切身利益，更重要的是，我的确非常地依赖和感激他们，真的不希望我们的关系，以莫名其妙的误会而结束。

我硬着头皮，支撑着自己，去完成这件无比困难的事情。

这场误会的产生，是因为语言上的障碍和民族习惯不同而造成的。

至于我仗着他们的宠爱，甩手而去，则带了些做晚辈的，撒娇任性的成分。

日记摘选（1997 年 5 月 18 日）

我在心中说，这不公平！眼泪又忍不住地流，但我决不服输，因为我没有错。无论对方如何地看待我，我都要坚持的。

上午去练球，１２点结束，准备吃自己带去的便当。

今井说，今天有寿司，社长的孙女佳奈一家从东京回来了。

一点都不想留下来吃寿司，但那样做了的话，又觉得不好，还是跟以前一样吧。

可是，一切都不可能再和以往一样了，除非我真的是毫无自尊地厚脸皮。

于是，在离开那里时，眼泪似无来由，又有来由地偷偷掉落下来。

偏偏又发现把装电话和钱包的小包给忘在那儿了！

赶回去去取。

奥桑不在，前田和今井在，拿了包，逃也似地告辞。

前田阴沉着脸。从前的亲切、宽厚，与现在的冷淡、严厉，究竟哪一个更真实？

我不知道，但我决不出恶声，无论对方怎样看待我。这是我的原则，再难过我也决不反击。

反正是够伤心的了，倒也就不害怕什么了。

从始至终，我一点也不内疚什么。

这样一想，便安心来接受今天以及以后的一切。

日记摘选（1997年5月21日）

昨天去练球，我的车刚到，前田的车就开出去，今井说是去汽车拍卖场。

上周有会议，这周又出去，我想躲他们，他们也在躲我呢。

彼此都伤了感情，像一场急病后的恢复期，大家都有点不知该怎么做更合适。如果恶意的中伤，我都忍受得了，那这回的误解，我为什么不可以忍受呢？

心中有了决定，感觉也轻松些了。

觉得自己好像又长大了一点，这样下来，居然有些要成圣人的感觉。

所谓圣人，不是没有五情六欲，无血无肉，而是感情丰富，有喜有怒，但在痛苦挣扎之后，却能无怨无恨，宽容一切，终于成圣。

我真的有一种纯净的感觉，走出以往的种种苦痛经历，真心诚意地面对现在的实际。

一场风波，给我的教训极深。

倔强的性格，带来了莫大的痛苦。

而身处异国，不得不低头委屈，哪怕是在待我最亲的人那里，我都会感觉得到。

从他们的角度来看，也许正因为处处照顾我，待一个素味平生的中国人，如同自己的亲生女儿，当觉得对方不听话，做事不周全时，便十分失望、恼火了。

我非常庆幸当时能鼓起勇气，低头认错，避免了更多的误会和不快。

他们值得我这样去做。

多年来，异国他乡之处、因为有了一个可以开怀，可以流泪，可以诉苦的避风港，才得以坚持住，并一步步朝前。

在法务局办理入日本籍的手续时，其中有一件事情是改名换姓。

首先，是姓氏。法务局的人说，最好是入乡随俗，选择大多数日本人都用的双字。

日本有新的规定，能作姓名之用的汉字，限制在3千个左右。我们得到一张印有这些汉字的纸片，以便参考。

韦字不在其中，加上单人旁，成伟大的“伟”，石字虽有，都放在伟的后面，显得不相称，便取日语中与石同音的“关”字。

1 + 1 = 1，于是便有了一个叫“伟关”的姓氏。中国自然没有，其实日本也是独此一家。说好听点，是独特，不好听点，就是不伦不类了。

“晴光”和“展嘉”都可以不变；而我的娟字，日语中没有，又取其同音的“绢”再加个“子”字。

拼字游戏便玩好了。

当我向前田他们郑重宣布：我们成了“伟关”一家时，竟惹来好一阵取笑，说我们成拖拉机了！

因为日本有一家叫“井关”的拖拉机厂，与“伟关”发音一样。

那时，我一心想得到安定的生活，不想每年去入国管理局更新签证，我要工作，要买房子，要给嘉嘉和周围小朋友同样的身份，甚至仅仅是为了方便去其它国家旅游，都必须选择加入日本国籍。

我渴望能顺利地通过申请，就像当年渴望出国那样，心情既紧张又迫切。

我们到中国领事馆办理退出中国国籍的手续，直担心会不会被卡住。

但事情却意外地顺利！不到十分钟，我们就走出了领事馆。

突然意识到，自己的人生，在此刻，又经历了一次改变。

有得必然有失，可人在渴望得到某种新的东西时，往往会忽略了同时在失去原来拥有。

这回，在不经意间，放弃的，是无形的却生来俱有的一个标志。

晴光和我一时无语……

随后的大半年，我们处于无国籍状态，两头不着岸地漫游在中日之间。

如果日本国籍批不下来，是不是应该再回中国领事馆，申请重归中国国籍？怪怪的感觉。

应该是很庄重的一件事，居然会想起儿时玩的什么游戏。

正式获得批准，是在夏天里。

正好是晴光的生日，仅仅是个巧合，还是前世有缘，谁知道呢？

接下来，就是改晴光的工作契约。

一年一签的合同，本身还算不上太麻烦，但最令人厌烦的，是那只桌上用电子计算器。

它属于我们的第二任乒乓部部长，是他与我们交流时的必备用具。

每次，都产生又在和菜贩子打交道的错觉，而且还是卖青菜的，胜负以几毛几分计算。

希望从契约社员改成正式社员，除了想得到周围认同的愿望十分强烈以外，彻底摆脱这只计算器，也不能不算作一个原因。

胖胖的部长来了，边走边掏手帕出来擦汗，总是很热很忙很麻烦的样子。

果然，还有那只令人发疯的计算器！

老天，我希望这是最后一次见到它！

谈判进行得颇为艰难，双方的计算器各持己见，相持不下。

我告诉他们，晴光与一般社员不一样，你们的规定，像一件现成的衣服，套到一个特殊身材的人身上，自然是不合适的，要量体裁衣。

他们则告诉我，规定就是规定，你们只能穿和大家一样的现成衣服，而且已经是尽量找了件合身的了，你怎么还不满意？

我显得既顽固又挑剔，既想穿件和大家一样款式的衣服，又要他们量好尺寸，专门另做一件。

而他们则既古板又僵硬，一副没有主张的为难样子。

正式社员的制服，最终还是穿上了。

不大合身，有些滑稽，但因为和别人一样，竟很可笑地觉得安心了。

06 生日快乐

10 月的最后一天是我的生日。

在熊本度过的生日，一年比一年寂寞。

嘉嘉出生前，我和球队的女孩子们，每月积一千日元，每个人生日时，就可以收到一份礼物。晴光也会送一样东西，手套、香粉之类的，全都显得不得要领，派不上用场。

嘉嘉出生后，队里又换了几批队员，当年的做法不再时兴，晴光则会在那天，买来一只给嘉嘉用的空气加湿器充数。

一年容易又秋天，除了紧张忙碌，越发平淡无味的日子，好像只剩下生日、结婚日，能带来一点期待和喜悦。

晴光问我，想要什么？我说，没有特别需要的，买点花回来吧。

我决定休息一天，慰劳自己。在一年难去一回的、熊本最好的一家百货店“鹤屋”里转了半天，给自己买了只路易斯·威登的钱包，因为价钱太贵，一直想要，又舍不得买。

接着，又挑选了一只玻璃花瓶，缺乏色彩的生活，有时会需要一只精致的花瓶和一点点鲜花来点缀。

二十岁前后的一段时间，我有好几个洋娃娃，其中最爱的，是一个穿着粉红衣服，梳着毛线辫子，扁扁的脸上有几颗雀斑的，又丑又乖的椰菜娃娃，晴光专门从国外带回来的。

那个年纪，对洋娃娃的钟情，显得有点娇柔做作，大概是对没有玩具的童年的补偿吧。

而步入三十的女人，花瓶和鲜花，是不是一锅无味的汤里，硬加进去的，一点点味精？

晚上，晴光回来，花呢？

太忙了，没有时间买。

他的工作岗位，运动用品销售区，到卖花的地方不到一分钟，是他下午去练球时的必经之路。他那天一定是忙得火烧眉毛了。

我生气，却又宁愿相信他真的是太忙，尽管勉强得很，但比承认更为真正的现实，要令人好受一些。

餐桌上，可怜的花瓶空空的，倒有点像我们盛放感情的内心深处，空洞干枯。

日记摘选（1996 年 11 月 1 日）

昨天三十一岁生日，过得好寂寞。

我觉得他已经不是无心无意，而是存心存意地在对付我。这样的日子不能多想，我要结束。

日记摘选（1996 年 11 月 29 日）

淡淡地度过了结婚八周年。

没有庆祝。可能对我们来说，本来就不值一提。这样，比假惺惺地祝贺一番要好。

不再强求，为什么他不能与我同样地看待和思考事物。就像打球，为什么我就打不了那么好?

人与人，总是不同的。能力、思考力、感受以及长相、身材，都不能相同，也无法相同。无法改变，那就在能够相容的范围内相处吧。

在这冷冷的异国清晨，他又何尝不感寂寞。

日记摘选（1996 年 12 月 22 日）

到了年底，因扁桃腺发炎，发了两回烧。

今天下午又觉喉咙痛，赶快把剩下的药又吃了下去。我知道应该遵医嘱，再到医院去打几回吊针，就会完全好。但每天家里家外忙，实在难有空闲跑医院。

这是忙碌充实却又常常寂寞的一年，挺有意义的一年。做人做事，自觉

问心无愧，以后会怎么样，我不知道。

但不泄气、不放弃，却是一年来，深深的体会。

不再祈求更多，就凭自己的这点本事。不再指望有什么惊天动地的业绩，默默地做我能做的一点事。不去害人，也不去求人、依赖人，更不轻出恶言。

好好地过我的每一天。

再轮过来，到他的生日了。

我送他劳力士手表。他喜欢各种手表。当年冒冒失失地要送给我，却又被我退回去了的第一份礼物，就是一块带日历的女式手表。

他好像根本没有感觉到我的别有用心似的。生日的早上，因为这份价格不菲的礼物而显得颇为高兴。

我在考验他，也在提醒他，要将心比心，别太伤人心了。

三个月后，一大早，他对我说："生日快乐！"

这一天，秋高气爽、天空晴朗无比。

他不会太令我失望，去年的事情，我可以不去追究。

晚上，我多做了一两个菜。他一如往常，胃口不错、说话不多地吃着，根本没有给我生日礼物的迹象。

也许，是嫌嘉嘉太吵，要等他睡了再给我吧。

电话响了，一个借了钱的朋友，说今天没有空来还钱了。借钱时就像箭一样地飞来的。我嘟囔了一句，没有人答腔。

传真来了，姐姐的。"生日快乐！帮父母装修房子，你出钱，我出力，拿３０万来！"连空气都变得沉闷，无话可说。

嘉嘉睡着了。

他保持着沉默，在另一张床上睡下，并很快地入睡，呼吸平稳得简直不合常理。

一定又是我太苛求，一定是又要发火的我不好，让我也睡着吧，停止思想，更停止生气。

寂静的夜晚，愤怒和怨恨一点点膨胀，爆发！"你给我起来！"

在我的吼叫中惊醒，他无辜地问："又怎么了？"

“生日礼物呢？”

“没有。”

“为什么？”

“没有钱。”

“去年没有空，今年没有钱，你是没有心！我跟你即使有一亿，也是没有用的！”

眼前的他，陌生、冷漠，不可理喻。

那时，我们正在计划买房子，刚刚和建筑会社签下合同。

我把车开到属于我们的那块空地前。这里是熊本市中心，但房子都还没有开始盖，周围很黑很静，远处有一道白冷的激光，在秋天的夜空中，不停地划着寂寞的圆圈。

大学时，教口语的美国老师，一天心血来潮，让大家写短文，题目是“理想的丈夫”。美国老师在修改了我那为数极多的错病句后，居然破天荒地赏了我一个大大的“GOOD!"

短文大意是，一个理想的丈夫，不必十分英俊、十分富有，但必须爱我和我的家人，必须记住我的生日，并送我生日礼物，但不必是十分贵重的；在我哭泣时，能够为我擦干眼泪。

也许在潜意识中，理想的丈夫并不仅仅如此即够，但起码是必须具备以上条件。我曾连同中文一起寄给晴光。他说我可能做得不够，但会尽力让你满意的。

然后，我们一起出国、买车、生子、入籍、改当正式社员、盖房子，一个又一个目标的达到，生活变得越来越忙，快乐却越离越远。

这一定不是我也不是他的初衷，真正可以让我们感到满足和幸福的东西是什么？在哪儿？该如何寻觅？

黑暗中，没有想要的答案。

在熊本已经生活了六年。便利安静的环境中，遇到的日本人个个有礼有节，亲切和气，从不大声争执，人际关系上保持适当得过分的距离，在平和的同时感觉到冷。

记忆中热情与烦杂共存的中国，由于长年离开，正在一点点变得遥远。我们自己也在改变，生活习惯、思考方式，就连言谈举止都开始和在国内时不同。

国籍上已成日本人，为被认同而努力着。可无形的线难以逾越，或者在潜意识中并不想越过。我们依然没有着地，漫游的空间反变得更广更寂寥。

我们是什么？为何正在此地？

晴光一定和我有相似的感觉和疑问，上班训练，不算忙的工作不算难打的比赛，赢了好输了也不坏，日子过得既忙碌又平庸，似乎满足却总有那么一点不满。

可一切都无法用语言明确地表达，于是就变本加厉地在他那里寻求安慰，失望了。那么，他是否也同样，其实并不希望得到一个用高额的劳力士表设计的圈套。

愤怒的潮水逐渐地退去。我有点后悔，仅仅因为太看好这块地的立地条件，便急急忙忙地决定了下来。

心，变得平静下来，身体便觉得疲倦。

回到我唯一的归处。门外的灯亮着，是他专门留的，好像早早料到，我除了回来，别无去处。

沉默的灯光里，没有体贴和温暖，却闪耀着怪异的冷静和嘲讽。

今后的生日，令人恐惧，不能细想。

97 年建房前的地镇祭，祈祷诸事安好

左二起：当时的熊本知事福岛让二、日本有名的奶奶级选手内田雪江、熊本乒协田中副会长

07 成二鬼子了

我们的入藉，给熊本乒协很大的喜悦和期待。

晴光因此可以参加全日本乒乓球锦标赛。这个代表全日本最高权威的大会，规定外国籍选手不能参加。

对乒协来说，更重要的是，两年后的1999年，日本国民体育大会轮到在熊本举行。日本四十三县，一都，一道，二府，一年换一个地方。对于主办县来说，是四十多年一回的盛事，上上下下几年前开始动员起来，集中人力物力从各方面作准备。

作为东道主，最大的任务是迎接天皇、皇后、皇太子、皇太妃等皇室人员的到来，而最大的荣誉就是获得全部项目的总分第一，从天皇手中接过代表团体总分冠军的天皇杯。

于是，各个项目的协会，早早开始着手培养年轻选手，来不及的，就通过各种途径，从外地引进人才，增加本县的实力。

国体成年组的比赛，同样有国籍规定，所以前几年，晴光一直不能代表熊本县参加国体大会。

乒协乐坏了，还有另一个原因：想让我也重当选手，帮成年女子一把。当时，熊本的成年女子，没有特别拔尖的选手，国体成绩一直欠佳。

他们想到我，实在也是没有办法的办法了。

我的确不是十分喜欢打球。但当初遭到的拒绝，以及掩藏在彬彬有礼中的、隐隐约约、有意无意的冷淡和无视，我不能一点也不在意。

三十二岁的中国女人，婆婆妈妈的，拖个流鼻涕的小屁孩，虽然连自己都觉得窝囊，却受不了别人的漠视。

我一直在教球，陪人练球，球并不生疏。虽然没有练主动进攻的机会，可我觉得自己还是可以试一试的。

1997 年 12 月的那天，离开“北部汽车贩卖”时，前田奥桑和今井说:“明天好好加油啊。”冬日的阳光透过大大的汽车展示窗，在太阳和奥桑的温暖包围中，我战战兢兢地试着向新的明天迈步。明天，生活又要起转折了。

这是 97 年度熊本县选手权的前一天。距离在中国时参加的最后一次正式比赛，已经相隔至少有十年的光阴了吧，我背上的号码布上写着“伟关绢子 自由”。一个有点陌生的名字和一个有点孤独的无所属标志。

在教别人打球时，自己的练习是无法进行的，但观察对方，控制回球落点以及防守技术，反而比过去提高了。无法像年轻时那样奔跑进攻，可左手握拍的发球优势和击球落点控制得好的话，与寿屋队以及 NEC 九州队的年轻选手交手，还是占有胜算的。当然，我已经三十二岁，身边的嘉嘉还只有四岁，是我的不利因素。

我的感觉没有错。尽管在场上显得心有余而力不足，而且一边比赛一边还要去把到处乱跑的嘉嘉揪回来，别别扭扭地，我赢得了熊本县的女子单打冠军。

其实，这一天也是晴光初次出场参赛的全日本选手权大会的最后一天。他先后以 3 比 0 战胜涩谷浩、仓岛洋介，3 比 1 战胜松下浩二，顺利地进入了决赛。决赛在下午三点开始，通过 NHK（日本国家放送）的教育频道进行实况转播，对手是原中国北京队队员高志亮，他代表日产汽车。

我刚刚打完比赛，就在熊本县民体育馆小商店前，观看实况转播，比赛以超过预计的艰苦拉开了战幕。

高志亮比我们先加入日本国籍，曾在 1993 年拿过这个比赛的混双冠军，并因此获得代表日本参加世界锦标赛的资格。高志亮对全日本锦标赛特殊气氛的把握要比晴光好，作为日本名队日产球队的队员，平时的训练条件也要比晴光优越许多，能够打上决赛又说明他当天的竞技状况极佳。果然，比赛一开始，高志亮就一路领先，掌握了比赛的主动权。

左手对左手的比赛，互相都比较难打出刁钻的线路，球比较容易集中在双方的反手半台。如果前三板的优势发挥不出，直拍选手就要比横拍选手吃亏了。

晴光的发球抢攻机会比以往少，而对手的反手攻球鲜有失误，并且采

用打直线压正手空挡的战术，十分奏效。在内容上不占优势，小比分始终被压住，大比分 0 比 1，1 比 1，1 比 2，看着悬乎，坐立不安，干脆带着嘉嘉回家了。

回到家里，录音电话里已经有了许多祝贺的电话！然后，有朋友把录好的决赛录像带送来，我继续看比赛。

虽然大比分扳成了 2 比 2 平，第五局仍然是开局落后，中间交换场地后，比分更加被对方拉开，9 ：15 ！然后，却是难以置信的翻盘，晴光获得了初次的胜利！

激烈艰苦的搏斗过去了，他仍旧无法抑止住兴奋情绪，在电视镜头前，泪眼汪汪，语无伦次。

当年拿奥运会冠军时，都没有流泪，也许那时年轻气盛，思想也比较单纯一些。而十年的沧桑、异国的经历，在三十五岁时，初次在以获得日本国籍为前提获得参赛资格，而胜利则意味着自动成为日本代表，这样一个代表全日本最高权威的，意义特别的男子单打冠军奖杯前，竟然令心情如此复杂，以至落泪。

我是头一回看到他的眼泪。

他从来不哭，不为比赛的胜负而哭，更不会因为恋爱、因为我而哭……所以，我有点震惊：似乎要从电视屏幕上飞溅而出的大颗大颗的眼泪，传达的，是怎样的心声……

第二天，他回到家里，我们一边说话，一边再次看了比赛录像。胜利者采访的图像出现时，晴光“啪”地把电视机关掉了。

回忆 1997 年第一次获得全日本选手权冠军（韦晴光）

头一次获得全日本选手权的参赛资格，老实说目标就是冠军，至少也要打进决赛，在 NHK 电视台上露露脸吧。

赛前的训练和平时一样，工作结束后的傍晚开始。在技术和体力上是有意识地调整了一下，但也没有做什么特别的事情。周围的“冠军候补”一类的呼声，带来程度恰当的压力，正好使我保持了一定的紧张感来迎接比赛。然后，在决赛开始前，因为是实况转播，如果伟关赢得太快的话，播放时间

空出一大截的话就麻烦了，不知是谁还跟我开了个事后差点成为笑话的玩笑。

第五局，9 ：15 时，再输一个球，我就准备放弃，打点来回或者放几个高球，弄点气氛给观众乐和一下算了。

可是，高志在这时出现无谓失误！他开始有胜负杂念了！这一瞬间的漏洞，扭转了一切。10 ：15，换发球，他拿到发球权，但没有组织进攻，他在采取保险策略，然而，在细小的地方又出现失误。连续的出错，他的表情开始焦虑。我趁机采取了加快比赛节奏的战术，几乎是以小跑的速度去捡球，继续比赛，不让高志有冷静一下的空隙，十分有效，15 ：15。换发球，19 ：15，转眼之间，我连得 10 分，反而超出了 4 分！

于是，到我开始考虑胜利在望了。而高志其实还没有放弃，趁我走神，扳回 3 分。

到了这个地步，除了强硬别无他法，20 ：18，下一个球我应该打哪里呢？终究我还是要先上手才行。快速果断地把身体移动到击球位置，脚、腰、手以及球拍一边拉开，一边观测着对手的动向，他似乎要往正手位移动，我拉了一个并不太快但加足旋转的弧圈球，球摇晃着，飞向对面的球台，瞄准了高志的中路，高志的身体已经越过中线，回球不及，21 ：18，决斗终于结束了。

这场决赛没有比太多的大路球，细微的控制球能力、坚强的意志和在中国国家队时体验到的严峻考验，为我引导出一条胜利之路。我不过是凭借了曾经在世界的大舞台上，面对险恶场面都必须保持冷静的经验，才在最后关头以微弱的优势胜出。

我已经没有任何一点余力，在胜利的瞬间整个人倒在了地板上。激战后一时难以消退的兴奋，关于过去、现在和将来的想法，与激动的情感混杂着一起涌上心头，堵塞喉咙，我不知道该如何表达才好，只能流泪和发出颤抖的声音。当时的采访场面，太让我不好意思了。

我那时不属于任何俱乐部，以自由人的身份登录参赛。

赛后不久，寿屋方面有反应了，先是邀我参加全九州的比赛，我和寿屋队的队员配合，又勉勉强强地混了个女双冠军。

于是，胖部长和气地找我商量，来本部体育运动后援会工作吧，再代

表公司打打球。

我早几年就对本部工作抱有兴趣，他们能主动找我，令我喜出望外，答应回去考虑一下再作答复。

嘉嘉要送保育院，我还有家务，有教球的事情，需要整理清楚。

几天后，我再去本部时，情形却完全地变了。本部工作的承诺无影无踪。

一种被捉弄了的感觉。先说好听的，让你上钩，然后出尔反尔，另来一套。

我的态度越来越坏，部长的圆脸也是越来越长，就差彼此破口大骂了。他是涵养好，再生气也保持风度；而我，仅仅是因为日语还没有达到能开口骂人的水平。

９８年４月，我们从菊阳搬到熊本市内。

两层楼的小洋房，深咖啡和浅灰两色的外壁，门前是停车场，北面有一条养水路，一年中，大半的时间从上游流水下来，去灌溉不知在何处的水田。

朝南处，留了一条窄窄的空地。勉强可称为花园。

怀着一种顽固不化的怀旧情绪，种下了两颗桂花树。我出生在桂林，桂花飘香的季节。

与此同时，我正式加入寿屋球队，教练兼运动员。

而晴光按照日本乒乓协会的习惯做法，作为本年度的全日本冠军，可以自然成为日本代表，获得参加国际比赛的资格。

９８年９月，亚洲乒乓球锦标赛在大阪举行。晴光头一回代表日本参赛。

赛前见到中国队的教练和运动员，份外亲切，彼此寒喧交谈。

来日以来，已远离国际乒坛，没想到，五六年后，还会以这种形式参加国际比赛。

晴光的抽签很强，一路都是中国选手。

我在熊本陪嘉嘉参加保育院的运动会。

亚洲锦标赛，没有儿子的运动会重要。我只在电话里，不抱多大希望地对晴光说：“打吧，打成什么样就什么样好了。”

没料到，一会儿来个电话，说赢了马琳，一会儿又在全场的“日本，喳喳！”的声援中，赢了刘国梁，打进决赛，一家伙，为日本队赢得了十几

年末得的男单银牌。

很久没有打国际比赛的晴光，大概是因为憋得太久，难得又可以和高手较量，打得十分兴奋过瘾。而中国选手本身对洲际赛的重视程度，可能会不如世界大赛，况且对手又是个老得牙都不知掉了多少颗的叔叔辈选手，在心理上难免有点轻敌。可没想到打起来还怪别扭的，那个左撇子特长的高抛发球愣一接，真有点不大适应。加上作为主场，承蒙日本观众的帮忙，老树竟出人意料地发出新芽了。

回家后，既高兴又困惑地说，刚开始时，和中国队还挺亲热的，可一场一场地赢下来，弄得大家见面都不知道该说什么了。

再后来，听说国内的一些报道，对当年的韦晴光，摇身一变成了伟关晴光，表示惊讶和不快。我们有点尴尬，并感觉到一种压力和无从解释的无奈……

可打球归打球，球场外大家还是朋友。我们一定要注意礼貌，主动地打招呼，对此，在许多事情上充满分歧的夫妻俩倒是很快地达成了共识。

亚洲锦标赛后，日本队的瑞典总教练索连 · 阿连不得不重新考虑阵容，在同年１０月的曼谷亚运会名单上，加进了这位年已三十六岁的原中国队队员。其实在年初国家队组队时，新官上任的阿连打破惯例，要建立一支年轻有望的日本乒乓球队，根本没有把现任的伟关老冠军列入名单内。历史总是惊人地相似，当年晴光获得了全中国单打冠军之后，同样没有入选中国国家队。没想到，在日本也获得了同样礼遇！

直到 9 月，在日本本土举行的亚洲锦标赛时，才给了冠军一次出场机会，更令人惊异的是，晴光又抓住了这次机会，折服了阿连。以后，这两个外国人，为了提高日本的乒乓球实力，并肩工作，直到在 1999 年荷兰世界锦标赛后，阿连辞去日本队总教练的职务为止，他们已经相处得十分融洽。

亚运会和奥运会一样，规定运动员代表新的国家或地区参赛，必须获得代表国家或地区的身份三年以上，否则，要向原代表协会申请批准。

中国乒协迟迟没有回答。我们从报纸上看到，日本队替换了别的选手，晴光看来多少有点不安。

但既然是我们无法控制的事情，就顺其自然吧。无论结果如何，我们都准备心平气和地接受。

在正式报名截止的前一天，我们得知，中国乒协同意伟关晴光代表日本参加亚运会。

我们从心里感激祖国，感激当年培养了晴光的中国乒乓球队。

这完全是一种发自内心的自然情感。

与当年对现状的不满、抱怨一样，真实存在。

北京体育馆路上，陈旧却群星汇聚的宿舍楼、乒乓球训练馆；挥洒在那儿的汗水、笑语；记录在那儿的奋斗、辉煌，连同大门外的鸡蛋煎饼、馄饨摊子一道，走遍天涯海角，永志不忘。

申请国籍时，我比晴光积极许多，跑来跑去，一心想拿到日本护照，才好买房、旅游、工作。可就是没有料到会扯出国际问题。

我们和许多在日华人一样，努力奋斗，站稳脚跟后，选择加入日本国籍。

可怎么会弄得，突然像成了个二鬼子似的。

亚洲锦标赛没有儿子的运动会重要

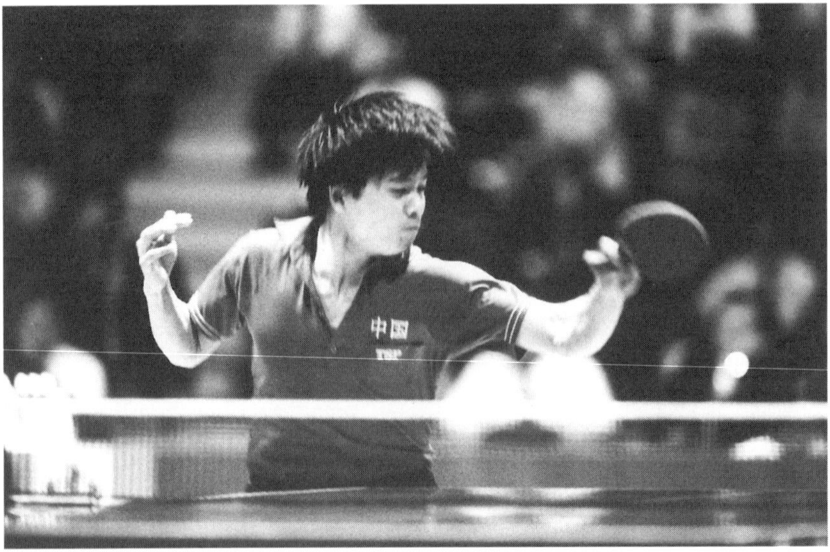

祖国永在我心

异国立足同样需要顽强奋斗（97 年全日本锦标赛苦战高志亮夺冠）

08 范进中举

10 月亚运会以后，晴光又随日本队去瑞典比赛。12 月赶回东京，与从熊本来的寿屋球队汇合，参加全日本乒乓球锦标赛。

我带着嘉嘉随队来东京，参加女单和混双两个项目。我的比赛日程排在前面，他就先负责看着嘉嘉，堂堂上一届的冠军，和儿子在东京武道馆的后排位置上，摆开了玩具地摊。

我和川岛崇弘选手的混双，虽然练习时间不长，但两个人的双打技术都不错，加上拼劲十足，一路冲杀，在艰难战胜了第一号种子配对之后，又跌跌撞撞连滚带爬地，连续把劲旅健胜苑的增田秀文 / 坂田伦子和安藤正胜 / 西饭由香淘汰出局，最后在先失一局的情况下，2 比 1 战胜了乒乓球名校大正大学的学生配对川原裕二 / 松富心，居然得了冠军！

虽说日本的乒乓球水平比不上中国，但全国冠军绝对不是容易到手的，除了实力，运气也很重要。

老天总算是照顾了我一回！中国的范进，终于在日本中举了！

我陶醉在胜利的喜悦中，整个世界似乎都在围绕着我旋转；暗淡的人生也显得光明灿烂，成功的滋味太美妙了！

从 4 月正式加入寿屋球队，大半年的时间，付出的艰苦努力，自己最清楚。

3 岁多的嘉嘉放在保育院，傍晚连去接他的时间都没有。

保育院到球场，开车不到十分钟，但阿姨们让他跟着接送巴士兜一个大圈，等其他小朋友都回到了家，才将最后剩下的他带来，亏得他们想得周到，一直送到三楼的乒乓球场。

我每回都担心，嘉嘉呆在车里的那一个多钟头，冷气开足了，他会不会着凉？会不会觉得无聊？对幼小的他，充满了内疚，觉得自己为了找回自尊，就顾不上善待他了。

他一上球场，我就热好准备好的饭菜，让他一个人在社员吃饭休息的房间里，边看电视边吃饭。

他从小就不好好吃饭，所以极瘦极弱，而忙着练球的我，更没有时间去盯着他了。

放弃照顾孩子换来的训练时间，令我无比珍惜。孤单、寂寞和以往所遭遇到的冷漠、轻视，在飞舞的汗水和生理上极度的疲劳中，得到暂时的缓和和忘却。

我不再失眠，无暇回顾过去、担忧未来，连感情上的失败也不去深究。在实实在在的每一天里，忙得喘不过气来。

两个人的关系反而得到了平衡，你忙我也忙，你冷淡我也冷淡，既然得不到对方的关怀，我也学着视而不见。

刚开始恢复训练时，我对他说："给我一年时间，我要为自己活一下。"他笑笑："好啊。"像任何时候一样，不把我的话太当一回事。

而他绝对没有料到，我当真调整了彼此的位置。

我将家务尽量地压缩，不花太多时间购物、不打扫卫生，更不再看电视，连书也不看了。

忙过一天倒头便睡，不再像以前那样冲他发牢骚，却变得废话一句也不多说。

我以年轻时从未有过的热情和干劲，集中精力不放过每一天的练习和每一次比赛，心里只有一个念头：好好地干，别让人永远地看扁了。

姗姗来迟的胜利，多少带了点辛酸……

混双比赛结束后，晴光的男单进入后几轮的激烈竞争。赛前，生田把他叫到隔壁，两个人嘀咕了半天。

我们的混双优胜，也许对他产生了一些压力，我希望他不要受此影响，打好明天的比赛。

日记摘选（1998 年 12 月 25 日）

晴光战胜涩谷、田崎等好手，进入决赛。

对手是今年的全日本社会人比赛中曾输过一回的德村智彦。

从９月在亚洲锦标赛上出人意料的上乘表现之后，晴光又参加了曼谷亚运会和瑞典公开赛，身体虽然疲劳，可技术状况和自信心都已进入上佳，加上去年历尽艰难拿下了本次比赛的男单冠军，在今年的决赛场上，晴光表现得十分镇定自如。

在前两局的比赛中，牢牢地控制住了对方，第三局也一直保持着领先四五分的优势，可德村在快要丢掉整场比赛的情况下，开始博杀，将比分追了回来。

一直非常紧张地为他加油，当被对方搏到２０平以后，晴光没有给对方再战一局的机会，３比０，战胜德村，晴光连续两年夺冠。

我的眼泪又忍不住地掉了下来。

嘉嘉从他的背包里，拿出小毛巾，递给我。

我的好儿子，妈妈在这世上唯一的温暖，妈妈永远不忘你今天的可爱模样。

川岛和坂本急急忙忙地跑来，抱嘉嘉到场地去祝贺他爸爸。晴光高兴地接过嘉嘉，亲他的小脸，嘉嘉又开心又有点害羞地笑着……

接着是记者见面会。我们在变得空旷的场地等他。因为除了他和生田明天回熊本以外，剩下的川岛、坂本还有我和嘉嘉，都得按计划坐当天下午的飞机回去。而其他早输球的队员，更被早早“撵”回熊本上班了。

这次全日本，加上坂田爱在决赛中战胜小山智丽，拿到的女子单打冠军，小小的熊本，拿走了五块金牌中的三块，我们夫妇占了两块，多么了不起的事情！在赶去机场之前，至少该向他祝贺一声，并在这值得纪念的地方留几张影。

记者会终于开完了。我迎向他，跟他握手。他的眼光散漫，越过我，投向我模糊的身后，没有要与我分享的喜悦。

我有点扫兴、无趣，勉强照了几张相，便离开了东京武道馆。

一路上，几个人都在发牢骚。时间安排得这么紧，赢了球，应该留下来一起庆祝嘛。

第二天，应该是回家的时间了，不见人影。打电话过去，回答说正和生田捧着奖杯，到菊阳店报告去了。

不满一下爆发："你和生田两个去报告？我和川岛也是冠军，要去就一起去嘛。"

当晚，我写了辞职书，准备明天去本部，向社长和常务们汇报成绩时，递上去。

为自己争口气的目的已经达到，我不用再干下去了。对我，对嘉嘉包括晴光，都是不坏的选择。

但我重回球场，县乒协和寿屋，都是希望我为明年的熊本国体出力，这个时候不干了，一定会让他们为难的。

我这样做了，合不合适呢？

在去见社长前，我要生田和晴光向我和川岛道歉。

他们胆小怕事，果然假笑着，无可奈何地向我们表示，做事考虑不周了，以后注意。

辞职书留在了包里……

其实，撇开怄气和对乒协、会社的顾虑，我确实应该放弃这第二次选手生活，多为嘉嘉着想一点。

我自责，我的母爱，没有能达到无私的程度。

98 年全日本选手权混双夺冠后开心瞬间

09 熊本未来国体

原以为夫妇双双夺得全日本冠军，可喜可贺。如此折腾一番，反弄得极不痛快。我有些后悔，本来有所好转的关系，一下又僵住了。

忙了一年，终于有了几天休息。我开始打扫屋子、写贺年片、准备元旦的食物。晴光却开始发高烧，一会发冷，一会发热。

我陪他到医院排长队、拿药打针，照顾他吃饭、换衣，忙得眼冒金星。他却一边打哆嗦一边说："身体最重要，身体最重要。"对我充满仇恨。

新年刚过，就要打日本顶级１２强赛，他大病初愈，手软脚软，第一场就输给了新秀三田村，气不打一处出，便更加迁怒于我。

好在接下来，一个接一个的国际国内比赛，让我们缺少争吵的时间。

熊本国体越来越近，全县上下气氛热烈。

除了代表公司外出比赛，乒协的集训次数也越来越多，并准备到广州进行一周时间的训练和比赛。

在出发的两天前，嘉嘉又开始高烧不退！

原来说好，让他到女队教练大石家去住几天的，这下行不通了。

我左思右想，决定让他住院。把他安顿好，吊上点滴，我才通知大石。第二天，他和太太来医院，一脸为难。

叫我重新当运动员的，有他一份，我没少为他出力，也没少给他添麻烦。他的太太也被动员起来，帮着照顾嘉嘉。

但这回却不干了，开头一句就是叫我别去广州，留下来看孩子。

我争辩说嘉嘉病得并不重，让他住院，是为了不给她，也不给乒协添麻烦，同时我也能好好地练练球。

她说我太狠心，孩子生病，是轻是重，当母亲的都得守在他身边。

直到医生过来解围，我们才不再吱声。

当晚，看着嘉嘉香甜地睡着，我回到家里，收拾行装。

给正在欧洲比赛的晴光留了张条，他要比我早一两天回熊本，让他去接嘉嘉回家。

再回到医院，已是凌晨。

在嘉嘉的枕头边，放好他要的玩具和写给他的信以及一些相片，他睡得很安稳。

这次生病，全是我们照顾不周而起。

他在宫崎的体育馆里，满头大汗地疯玩了三、四天。我们忙着打全九州锦标赛，顾不上照料他的吃喝起居。

从长崎一回到家，当晚就病了。

类似的情况时有发生。拖着幼儿四处奔波的选手生活，令我非常地消瘦苍老，而孩子的体力更是无法支持得住。

无法挥去的内疚和担心，使我心情沉重、沮丧，一遍遍地问自己，这样做值不值得?

为了打好一个并不能带来具体利益的比赛，牺牲自己的时间、爱好，无视感情生活上的困惑，这回，连生病的孩子都置之不顾，我是不是疯了?

这一年来，对于乒乓球的热爱和痴迷，竟达到了前所未有的程度。

在广州的一周时间，除了埋头练球，就是想嘉嘉。

我是个自私、不称职的母亲，我无法原谅自己。

大石太太的话是对的，留在嘉嘉身边，才合情理。

我无法对周围的人说起，害怕他们的责怪或者嘲笑。而他们的不知情，又令我生气，我是为了你们，为了国体才这样做的，你们居然浑然不觉！

费时一个月的家信

姐姐：

你好！刚从宫崎回来。

今天早上6点起床，8点从旅馆出发到体育馆，一直比赛。

今天是单打，淘汰制，赢了就不停地往下打。我和晴光都打进决赛，结

果他得冠军，我得女单亚军。

比完赛，收拾东西，拿起行李，坐上公司的巴士，先送他到宫崎机场。他直飞大阪，去欧洲，然后我们回熊本，到家是晚上 7 点左右。

本来我是计划你和小宝也一起去的，旅馆都定好了。这样的日程你们可能吃不消，但我还是希望你体验一下。

尽管我理解你的心情，但却无法控制自己的情绪，对于自己的粗暴态度，再次向你道歉。

你走之前，我的腿在训练中拉伤了，开始还不觉得什么，以为过几天就会好的。那天送你们，大包小包的。我看着你们的飞机起飞，觉得我的最后一点亲情，正在离我而去。

回来后，嘉嘉发烧又背他去医院。看完病，想再背他上楼，脚就开始痛得迈不上楼梯了。后来就一直没办法练球，天天跑医院。

去宫崎前，我表示这回是不能上场比赛了。团体赛就让她们自己去打，双打开始前，我对配对说，实在动不了了，我们就只有弃权。然后就单腿上去比赛，一场一场地，还打了个冠军。接着的单打，也得了个亚军。决赛时，熊本出来的各个队，都在为瘸着腿的我鼓掌加油。

我很少和你谈球。

你不是问我，进公司打球，没有什么收入，你为什么还要打呢？

我不觉得自己有什么天赋或是具备什么了不得的能力，但我有我的自尊和所谓的事业心，希望自己能下一点功夫在同一件事情上，吃点苦，受点累也无所谓。

讲这些，你会以为我在教育你。

不是的，人各有各的活法，我尊重不同的生活方式，完全没有要求你应该和我一样才行。

我不过是想，让你来看看，想让你知道我的活法，不要凭想像来猜测我的生活，以至心中总有那么多的不平衡。这种不平衡和猜测心理，我在国内时，也曾有过。如今回过头来，才发现有好多误测在其中！我们不可能向所有国人都公开我们现在的生活，可我以为起码应该让你看懂！

我非常希望你也能走出国门，去体验一些新的东西。这样，或许才能对

国内、国外都有个更切实的看法。

不管是美国，还是加拿大，你都应该去。实在待不住，再打道回府。

如今，我们远的，不是地理上的距离，而是心理上的距离。

三十多年来，不敢期望过亲人的太多依靠，无论是感情上，还是物质上。

我带一顶打满补丁的蚊帐和一只漏了的瓷碗，离开桂林，走到今天。跌跌撞撞，满身伤痕，却发现自己因此而坚强起来。

发生过的事情就无法抹消，人有时想逃避，不去正视，但最终发现记忆犹在。经过了许多，我终于感到一点心灵上的自由，可以比较心平气和、客观地谈起过去。

从中国回来后，嘉嘉又发烧一次。我带着他，又去了一趟广岛。

晴光也回到熊本，他表示太累了，得休息一下。上回吵了一架，最近似乎好一点了。我尽量少动怒。

今天已是４月１３日，一封信拖了一个月，都没有结尾，以至犹豫得不知是否该发出去？会不会，又一次地伤害到你了？

代问姐夫好。并且希望他以后别称我们为伟关一家，更别叫我绢子夫人之类的。就像以后，我不会叫你玛丽或者叫他大卫什么的。

祝

好！　　　　　　　　　　　　　　　　　　　　小娟

１９９９年4月１３日

日记（1999年6月14日）上海

回以前的大学训练。

早上６点起床。下楼时，正好是新闻联播时间。

早晨的太阳十分耀眼，让我稍稍地眯细了眼睛，皮肤感到一些寒意。

校园还跟以前差不多，教学楼和办公楼都是以前那几幢。从教学区转到宿舍区再转回来，亦不过三十分不到的时间。

校园里比过去多了许多老人，在打太极拳、做气功之类的。学生们和过去一样，有晨读的、有跑步的，当然，绝对不是十年前的那些面孔了。而那些不知几时开始聚集在校园里的老人，十年前，说不准还是在这里工作或者

教书的教职员工。

再过个十年二十年，或许该轮到我去打太极拳练气功了呢。

回到房间，嘉嘉还在睡觉。

十年前，他当然还没有出生，昨天，他自己这样说的。

而重回此地，居然用了我十年的光阴。岁月催人老，面容老了，心也老了。曾经有过的心痛，却仍旧和年轻时一样。

十年一次的回首，似乎了却一桩心事。

十年前，心中曾有过一个声音：不知几时，这个懦弱的人，是否还能重回此地，并稍稍地变得坚强一点?

这个人回来了，她用了十年的时间。

再等一会，她又将背起行囊，在身后，有一片灿烂的阳光，以及一些开始褪色的暗淡往事……

她不只是来怀恋往昔，更是为了归还旧事，然后，更加努力地向前。

身边的世界在变，变得让人感到有些陌生。

阳光下，人们的眼睛都向着前方，充满渴望。

在即便是夜半梦中，都向往着富裕舒适的这个时代里，在明媚阳光下多愁善感的人，显得是多么地可笑和过时。

但我只能容忍自己这样地傻下去，三十几年人生，改不掉的本性。

十年的忙碌挣扎，用两天来旧地重游，再提往事，并算不得太奢侈。

写到天亮的家信

10 月 23 日－10 月 28 日，熊本国民体育大会无事成功地结束了。

这是日本一年一度的体育盛会，天皇和皇后出席了开幕式并致辞。

所有项目的总分得第一的县获天皇杯，女子的综合得分第一得皇后杯。熊本县通过努力，获得了天皇杯和皇后杯，全县上下欢喜万分，

我们乒乓球也同样，获得了五十年来头一回的团体总分第一和女子综合第二。各个项目的成绩是少年男女、成年男子分获第三，我所参加的成年女子得第二。大家齐心协力，让这次大会办得非常成功。

我们虽然在决赛时输给了京都府，但大家都尽心尽力地努力了，所以没

有后悔和遗憾。

体育是残酷的，非赢则输，结果毫无含糊；体育又是令人感动的，不屈不挠地拼搏，这拼搏的过程惊心动魄，催人泪下。

胜负的记录留在纸上，感动的记忆却深深地印在人们的心中。这是我现在对体育的理解。

我不会吹嘘自己，只认为做人要争气，给自己一个生活目标，并朝着这个目标奋斗。

当感情十分脆弱，想哭想怒，想自暴自弃的时候，因为有一个目标不能放弃，所以必须打起精神，振作并坚强起来。

当繁杂的世界，各种诱惑伸出别有用心的手时，我们这些有情有欲的人，难免会有迷糊的时候，但因为心中有一个目标，所以必须明白看似甜美时髦的诱惑，有令人误入歧途的危险。

我们做人做事，无论是在何时何地，都要走正道。

超级市场寿屋的最后一任社长，须藤社长自称不喜欢体育，乒乓球就更加不热心。我们决赛的那天，却抽空悄悄地来看我们打球。直到我打完双打，他才满脸兴奋地站起来和我握手，令我大感意外，一时没有反应过来，还以为是哪一位球迷大叔。

这次比赛，我们成年女子队已完全具备了夺冠的实力，坂田伦子是一位横拍全攻全削型选手。我们刚到熊本时，她还是个熊本信爱高中的学生，拿过全日本高中大赛的单打冠军，她爸爸时常带着她和妹妹坂田爱，来菊阳的寿屋训练场练球。她和爱研究出来的正手低抛反动作发球，对手很难判断其旋转，一冒高了，就是一个机会球；退台转削时，伦子的反手正胶削球旋转的变化又不大好适应，而正手还会削中反攻，常打得人措手不及。大学毕业之后，她一直在京都的健胜苑队打球，当时已经开始代表日本参加国际比赛，2000 年，伦子参加了悉尼奥运会的单打和双打两项比赛。为了国体，熊本乒协专程请她回来，并在熊本县立体育馆给她安排了工作。她是负责两场单打的第一主力，伦子不负众望，在决赛前的所有场次中，一分未丢，保证我们顺利地进入了决赛。

和我一样负责一场双打和一场单打的石桥智子，是一位福冈姑娘。之前，在大阪的池田银行打球，与小山智丽配双打，在国内的比赛中，一直成绩不错。她是右手直板正胶快攻型打法，娇小可爱，头脑冷静，接发球技术很好。也是因为国体，她加入了同在熊本的寿屋女队的竞争对头 NEC 九州队。

成年男子的选手和教练都来自寿屋球队，可我们女队三个上场选手，一个候补选手谷口直子（2004 年多哈世界锦标赛团体第三的日本女队成员之一），竟来自四个不同的母体。我们一直在彼此的工作学习中寻找合适的时间一起训练，尤其是我和智子的双打，平常代表着两个敌对队，拼得死去活来，为了国体却必须尽快让这对速成的双打配合默契。结果，在国体的比赛中，我们的双打战胜了所有对手。

团体决赛，碰到了我们最不希望碰的京都队，她们不愧为去年的冠军队，几经波折，再次打进了决赛。京都队是由伦子原来的健胜苑队友西饭姐妹所代表的，她们俩也是日本代表，而且是全日本锦标赛女子双打、混双冠军的好几届获得者了，她们对伦子的球路实在太熟悉，给我们造成了极大的困难。而且还排出了出乎我们预料的险阵：把姐妹俩打遍日本无敌的双打拆开，让妹妹由香排第一主力，打两场单打，在第四场双方第一主力相遇时对阵伦子；姐姐美幸排一场上半场的单打，也冲着伦子来，然后和原来一直都在负责两场单打的松村紫香组合，打第三场的双打，松村则放在最后一场单打。

相比之下，我们的排阵由于伦子是削球，难以变动，仍旧按照伦子打两场单打的基本框架来排，把年轻的智子放到上半场的单打中，由我来守最后一场单打。

京都队的排阵，目的在于先发制人，完全是舍弃最后一场，搏 3 比 0 或者 3 比 1 的架势，结果他们的排阵奏效了，我们的布局倒显得太保守求稳。比赛从一开始就打得难分难解，可伦子的发球西饭姐妹不吃，削球的变化又十分适应，愣从我们的单打主力身上拿走了两分。我们只在第三场双打中拿到了艰难的一分，只要伦子在第四场中顶住西饭由香妹妹的快攻，从实力和状况分析，我们的第五场肯定有拿下的希望。我在场下准备着决胜场的比赛，努力地让自己保持着集中和适度的紧张，可是，决赛结束了。我

的国体结束了。我们排着队，先是双方教练握手，然后是一起互相鞠躬致礼，然后是一起走出场地，然后我们都开始哭……

我们都知道走到决赛的不容易，熊本的父老乡亲也都知道我们的不容易。赛前，看着我们紧张得几近变形的表情，没有人随便地上来打扰；赛后，没有责怪的声音，只有一双双伸向我们的慰问的手。我们队员和工作人员之间也除了互相道歉、致谢之外，毫无抱怨。日本民族在团队活动中的顾全大局、齐心协作、相互体谅等良好素养，通过与他们合作参赛的过程，给予我极大教育和启发。

当一切结束之后，我开车送伦子回家，车开得很慢，我们有很多感触想告诉对方。当车子开到了她的家门前，那里有一间她爸爸亲自盖的，并曾经在那里用球拍砸她们三姐妹的脑袋，以至把球拍把都弄断了的恐怖球房。我知道我们必须道再见了，并且不会再有第二次的合作了。

体育是残酷的，非赢则输，结果毫无含糊；体育又是令人感动的，不屈不挠地拼搏，这拼搏的过程惊心动魄，催人泪下。

胜负的记录留在纸上，感动的记忆却深深地印在人们的心中。这是我现在对体育的理解。

感动了自己再感动了周围，我却又开始患得患失，实在是气不过这几年来所受的委屈。于是，去本部汇报成绩时，将那份在我看来，是充满了屈辱的契约，当着所有公司要人的面，恭恭敬敬地递给了须藤社长。

一社之长，应该了解，为公司争得荣誉和良好宣传的难得人才，是享受着什么样的待遇。真不愧是见多识广的社长，他以极快的速度掩盖了惊奇，接过我手中的信封，说："不是给我的情书吧？"周围的人，赶紧跟着笑出点声音来。

其实，在日本人的拘谨礼貌下，并不缺少幽默的一面。

我知道，等我们一离开会议室，笑声马上就会变成询问声。

对熊本、对寿屋的责任，完成了。他们终于承认、容纳了伟关绢子，而不仅仅因为她是伟关晴光的奥桑。

我一直在和晴光暗中竞争，认为这回总算赢了他唯一的一次，虽然还借了伦子和智子的力量，仍然窃窃自喜。

为自己，活过了。

该做的，都做了。心，变得平静。

“花园”里，桂花开了，香气沁人，带着淡淡的乡愁。

三十四岁的生日，晴光送我一块劳力士女式手表，与我去年送他的，是一对。

他终于觉得我配得上他了？

99 年一腔热情来熊本帮忙的姐姐和阿宝

为了打好熊本国体，带着幼儿与队友一起到东京训练

在熊本国体激战中拼搏

10 体育无国境

2000 年，悉尼奥运年。

2000 年 2 月 25 日，马来西亚首都吉隆坡。

第四十五届世界乒乓球锦标赛，男子团体半决赛。

中国对日本，场上比分 2 比 0，中国队领先。第三场，中国刘国正对日本伟关晴光。

脸上画着五星红旗的鼓手，声势浩大的中国啦啦队。

他们在唱在笑：“常回家看看，回家看看……”我欣赏他们善意的幽默，也跟着笑了。在心里说，放心，我们这就回家看看去，并一定会帮妈妈刷刷筷子洗洗碗的。

这场比赛完全是一边倒的局面，中国队太强了，尤其是在本届世乒赛上，状况非常的好，一路打得十分顺手，谁都认为他们又要拿冠军了。

日本队根本无法抗衡。在年轻气壮、步伐灵活、19 岁的刘国正面前，37 岁的伟关晴光总显得慢了半拍，既攻不上又防不住。第二局打到后半，有人唱起了《铁道游击队》里的插曲：“西边的太阳就要落山了，鬼子的末日就要来到……”

鬼子们虽然被打得魂飞胆丧，但他们在季军争夺战中，团结奋斗，三位上场队员晴光、松下浩二、田﨑俊雄各争得一分，以 3 比 2 的接近比分战胜了中国台北队，获得了久违 19 年的世乒赛团体铜牌，晴光高兴地冲入场地一把抱住拿下最后一分的年轻队员田﨑！

2 月 27 日清晨，吉隆坡机场。

正好遇上中国乒乓球队。昨天的男子团体决赛惊心动魄，难分难解，结果中国队 2 比 3 输给了瑞典队，佩尔森打疯了，一人独拿两分，战胜了孔令辉、刘国梁；瓦尔德内尔则在第一场比赛中先声夺人，从他从未赢过的刘国

梁那里抢下一分。

一夜过去，走过背负着无数先辈的传统和荣誉、无数国人的金色期待的中国乒乓明星身边，仍然可以感受到曾经熟悉的太多太浓的凝重……

尽管许多人，包括我，依旧认为中国队是最强的，如果比赛规则是五人对五人，如果吉隆坡的天气没有这么潮湿……

决定胜负的，并不仅仅是技术实力。其实，未知和意外，正是竞技体育中的魅力所在。

回到细雨蒙蒙的南宁，又冷又湿，让人提不起精神。

展嘉的奶奶早就站在湿冷的黑影中，等着我们。

推开家门，爷爷坐在客厅边的小矮凳上，戴一顶看上去挺暖和的帽子，凑在一只小电炉上取暖。

他说，因为脚痛、血压低，已经一个多月没有出门了。与大半年前相比，似乎精神差了一些。

十七、八年前，头一回去他家。刚一坐下，便不得不和他儿子一起聆听教导，你看人家，“一举成名天下知”，你们也要争气，也要“一举成名天下知”。

那是一个星期天的下午，天气暖暖的，在他老人家（其实他那时一点也不老）精神抖擞、一发不可收的诤诤教训中，昏昏欲睡。

而奶奶在上班之间，还匆匆赶回家来，做东西给我们吃，可能也想趁机看看她儿子带回家来的女孩子。

十几年过去，在这冷冷的早春，我觉得好想停下总是匆匆的脚步，回首过去的岁月。

世乒赛后，晴光和田﨑的双打，通过了在香港举行的亚洲预选，加上早先获得的单打资格，他可以参加悉尼奥运乒乓球项目的两项比赛。

距汉城奥运会，已经相隔 12 年。

12 年前，是中国选手，12 年后，却代表日本。

这样的例子，有是有，但不会太多。

需要几十年的努力、运气和缘分。

寿屋运动部，当然是头一个奥运选手。尽管在经营方面已出现许多问题，但还是表示全力支持，创造最佳条件，让他准备比赛。

新年一过，他又开始满世界地比赛、训练，难得在家。

我已十分习惯他不常在家的生活，各忙各的。满以为大家都年富力强，各有忙碌的世界，倒也相安无事。

日记摘选（2000年1月15日）

晴光昨天下午飞大阪，今天飞英国，和老生田（不知是从几时起，我们在生田的前面，加了个老字）一起，在英国练两周。

为了奥运会，必须从现在开始作准备。首先是体重和体力问题。这个月要把体重降下来。

选手生活一下子离我遥远了许多。回想起来，真亏得两年来，能放下一切，重上球场。

队里乱成一团。女队解散了。

大石、堤辞职，田尻、取舫元留下来工作，而我的去留则悬而不决。

“树倒猢猴散”，没有办法，只好一走了之。

一群无权无势的穷猴，弄了半天，谁也没得个好，真是又可怜又可悲，还有点可笑。还剩下男队那颗树，上面的猴子们，又将会怎样？但愿他们继续得有果子吃。

今年的目标：

爸爸，打好奥运会。

妈妈，料理好一家的起居作息，保持身材，做好美容。

（这几年，已经忘了自己还是个女人。）

嘉嘉，练好乒乓球，学好中文，学校里学习愉快。

奥运会前，寿屋专门开了壮行会。

乒乓部部长早换了。原来的部长已以早期退职的形式离开寿屋。

这几年，公司一直在精简人员，早期退职可以得到较多的退职金，符合条件的40岁后半以上的社员，有不少人选择早期退职。

日本企业的正社员制服，已不再是件终身保险的救生衣。

寿屋乒乓部的第三任，阪本部长，年轻时是划船运动员，大学时代拿过日本冠军。每次喝过酒，当年拿全日本第一的话题必然出现。

他虽然年近五十，但显得十分年轻，又健谈，卡拉ＯＫ又唱得极好。他是和队员混得最熟的一位部长。

我说，部长你这样能说会道，懂得哄人开心，年轻时一定骗女孩。他听了，并不生气，反还津津有味地，讲一点过去的感情经历给大家听。

寿屋的壮行会，在他的张罗下，隆重举行。

熊本县、市官员，日本乒协，他都一一请到，并亲自主持，声情并茂，整个宴会内容丰富、有声有色。

寿屋的体育后援会，从前几个月开始招募社员，组织啦啦队到悉尼，为晴光加油。在会上，披露啦啦队的统一服装，大讲到悉尼后的雄伟计划。

广报部赶制了晴光 88 年奥运会以来，12 年足迹的录像，在宴会接近尾声时放映。

晴光则表示，努力打好比赛，争取取得好成绩，到时再举行一次盛大的庆功宴。

这次盛宴，是寿屋最后的一次荣光。

我们对会社经营一窍不通，只能在回过头来看时，才知道，寿屋其实早不是承担得了奥运选手的企业，就连一般的运动部，都已成为负担。

日本在泡沫经济的时代，公司建立运动部，为提高企业知名度发挥积极的作用。

随着泡沫经济的崩溃，企业本身的经营状况出现严峻局面，各方面的开支紧缩，运动部每年的活动经费自然是首当其冲，属于割爱一类。

我们刚来到日本时，日本的乒乓球实业团联赛，男女各有 30 多队，分三个部来进行，如果预选打不好，连三部的比赛都无法参加。而这十年里，各个企业纷纷脱离联赛团体，剩下已不到当年一半的队伍。

寿屋的运动部，一直摇摇欲坠，几时宣布“休部”都不足为奇。

可是，因为有 99 年的熊本国体，乒乓球成年男子、女子的一部分和成年女子弓道、相扑，都需要寿屋运动部出力。熊本县和相关项目的协会，都

需要寿屋的支持。

到了 99 年的年底，国体一结束，寿屋乒乓球女队就“休部”了，像一张用过被弃的手纸。

2000 年，又遇上奥运年，彼此都有些碍于情面，迫于情势。所以，公司不宣布“休掉”运动部，我们更不能一走了之。

也许是因为奥运年，因为晴光再次成为奥运选手的缘故，2000 年，令我不断地思索，我们干了二、三十年的体育，它究竟意味着什么?

和世上所有的事情一样，体育总不能单纯地、仅仅体现它强身健体的目的。

有时，它被披上极浓的政治色彩。当年中国十分成功的“乒乓外交”；悉尼奥运上，南北朝鲜的共同入场 ......

有时，它又被商业利用。当它的商业价值被提出疑问时，便面临着被废弃的危机。

我们从小从事乒乓球专业运动，教练天天教导要有事业心，肯吃苦，为国、为本地区争光。父母们，就像晴光的父亲，望子成龙，期待着“一举成名天下知”。

几十年过去，无论在中国，还是在日本，晴光努力奋斗，依靠体育成名、养家，获得荣誉和收入。

我的能力和努力不够，在中国过于严峻的竞争环境中，没能留下令人满意的体育成绩。但现在，还是通过体育，通过乒乓球运动，在异国他乡，为自己赢回自尊，找回自我。

2000 年，令我感慨：艺无止境，艺无国境。

同样，体育无止境，体育也应该无国境。

代表他国参赛，并不表示不爱祖国。

日记摘选

9 月中，去悉尼参观奥运会。

晴光的男单和男双都进入了决赛阶段的淘汰赛，但抽签实在太差，单打

对瓦尔德内尔，双打对王励勤、阎森，一个拿了亚军，一个拿了冠军的对手。先后败下阵来。

其实前不久的巡回赛中，老韦赢过老瓦。

老瓦是个可以在较小比赛中趁机赢一把的选手，因为他在这些赛事中比较容易犯玩球的毛病。可是一到重大比赛，老瓦总会把技术状态调整到最佳状态，也不轻易放松，这时就很难找到他技术和心理上的漏洞了。

王励勤和阎森的双打，是目前世界上最具实力的一对，王励勤的全面实力球加上阎森刁钻的发球、发球抢攻，中国乒乓球队中又一对一左一右的天然绝佳组合。当年的龙灿、晴光,后来的王涛、吕林都是配合默契的左右搭档。

晴光田崎组合虽然和晴光龙灿打法同样，可是田崎尽管能打出一些十分高级的意外球，但太喜欢退台，把正胶的快速风格给弄没了，而且和龙灿出神入化的接发球技术相比，还是有着一定的距离；而晴光的步伐、中台对拉实力跟十二年相比，无疑是打过折扣的了。

跟王励勤和阎森打，无论从技术实力和配合默契度上分析，晴光他们没戏。除非是运气好，对方紧张失常，或者抽签能够好一点，对上其他对手。

相隔了十二年的奥运会，在和王励勤阎森握手时结束了。

辛苦了一年，没有得到或许能好一点的结果，他似乎有些难过。但到了这把年纪，总算能看得淡一点了。神经好像重新搭配了一下，对我颇为热情。

真是怪了，人的确是一时一变，当年先是暗恋、苦恋，接着是不恋、逃避，接着是伤害和冷战。十几年过去，现在居然好像好回一点。

反正这夫妻真的不是说能当好，就能当好的活儿。这种感叹绝对不是仅我一人而发，大家都努力吧。（当时怎么也没想到，这居然是我一厢情愿的感觉！）

悉尼的风景确实不错，蓝天白云红屋顶，再有蔚蓝的大海。奥运期间聚集了世界各地的游客，悉尼当地人反而都放假跑去外地了，这里成了外国人的天下。

我们和多年未见的几位广西球队的老友，在明媚的悉尼阳光下，度过了快乐的几天。

最早时，华人离开家乡，远渡重洋，手中拿着中华菜刀、裁缝剪刀和剃头刀，那是老一辈中国人赖以生存的三件宝物。

在奥运乒乓球会场，看到有那么多原中国乒乓球运动员，代表着不同的国家或地区，作为选手、教练出场或从事有关工作，再联想到自己在熊本打球教球的经历，便不由自主地感叹，除了传统的三件宝，新华侨的手中之宝，真的可以再加上一块乒乓球拍了！

没人统计过，在海外依靠乒乓球生活的华人有多少，光是我们当年在广西乒乓球队一起共过事的，就有多数散布在世界的各处，美国、法国、意大利、日本、加拿大、澳大利亚、新西兰、智利、马来西亚……

而在日本企业、大学、高校、民间俱乐部打球教球的中国人，不成千也上百，这绝对是中国其它体育项目无法相比的人数。

靠着一块乒乓球拍，众多的新华侨顽强地生活在世界的各个角落。

能够在奥运会场出现的，是其中的出类拔萃者。

更多的，是不能够打到奥运会份上的。

但从根本上讲，并没有多少不同。

我们，都凭着一块小小的球拍浪迹天涯。

2000年寿屋公司为晴光召开了盛大的悉尼奥运壮行会

悉尼奥运赛场上的原中国籍选手们

熊本乒协也要为两名熊本籍奥运选手壮行

11 在废墟中重建

2000 年底的全日本锦标赛，晴光 3 比 1 胜松下浩二，第 3 次获得全日本男子单打冠军。一年的辛苦，在奥运会上没有得到的收获，在日本赛场上，总算得到了一点安慰。

2001 年元旦我们再次回到南宁。

晴光的父亲健康每况愈下，疾病一点点侵吞着肉体，侵吞着精神。

我做了一本相册，放在他的躺椅旁边，里面有韦家六人的合影：爷爷、奶奶、大哥、晴光及孙子辈的坚坚姐姐和嘉嘉弟弟。

我们三人还用大半天的时间，去补照了结婚照兼全家福，并特意放大一张中式服装红色调的三人照，挂在爷爷的房间里。我说是给他冲冲喜，或许病情会有好转。

他已经无力评说更多，随由我张罗，连表示喜怒都会令他疲惫。

因为疼痛，他让人不断为他按摩手脚，奶奶被弄得很辛苦。晴光也加入，为他按摩，没几天就开始叫苦连天。上街买东西，硬是扛了一张按摩椅回来，但爷爷还是喜欢人工。

儿子和孙子回来，大概是高兴，所以还撑着。元旦大家一起吃了一顿丰盛的晚饭，又一起等到新年的钟声敲响……

离开南宁时，晴光拉着父亲的手哭，我赶紧走开……

日记摘选

我给姐姐打电话，没人接。

不知该怎么办才好。

刚才，一直在发抖。现在有暖暖的火炉，我觉得能控制住自己的身体了。

好像又要走入生命中的黑暗通道里了。这回不光是黑，而且还似乎有一

大片石壁，有一种走上绝路又无法回头的无助。我在和自己商量，该怎么办？想哭，想发抖，只是刚才的极度软弱，好像已经过去了。上帝啊，请给我一点勇气吧！

我的世界被摧毁，而破坏者却将我一个人遗留在废墟中。

我把特地从中国带回来的结婚相片都烧了。

我们没有结婚照，没有举行过仪式，年轻时，以为是超凡脱俗。不再年轻时，却可怜自己，这一辈子过亏了。

在悉尼时，满以为我们开始平稳和好转，终于下了决心，主动向他提出建议，人生不能重来，可结婚照总还可以重拍，我让姐姐预先安排好了一切。

昨天，气极了，在客厅烧，连塑料桶也一起烧了起来。

看着火绵延到地板上，有点怕。好像并不想烧掉房子，如果房子烧了，能解决问题的话，倒也烧掉算了。

去拿水来。水浇了下去，反而让火苗一下子窜高了，听到自己的头发被烧得吱吱地响。火被浇灭了，房间里一片狼藉，充满黑烟。

今天又将剩下的拿来烧。今天，好像人很清醒。

在院子里烧。

那一本精致的相册烧得很慢。我坐在那里，看着那堆慢慢变成灰的东西。

今天不是冲动，而是觉得应该烧，如果是假的，留它又有何用？我把它放进火里时，真的没有感到可惜。

有几张嘉嘉一个人的照片，很可爱的小帅哥，照相那天，他是那样的兴高采烈，积极配合摄影师的设计。

我的手一软，把它们留了下来。

二十一世纪的第一个冬天并不很冷，生命中，最冷的冬天不是今年。

不喜欢冬天，甚至害怕冬天。

可能因为我属蛇，会在冬天里冻僵。

2001 年蛇年的冬天，痛苦来得突然猛烈，我感觉得到自己在发抖，我听得到自己的喘息。

随后的日子，我会在白天里觉得笼罩在一束详和的光芒中；又会在黑夜

里觉得消沉到一个暗无天日的黑洞里。

感情的浪潮平静时，仍旧无法入睡，纷乱思绪缠绕着我。

这个世界上，生生死死、哭哭笑笑，随时都在发生。有些可以预知，有些却是无法预知。

尽管是不情愿发生的，仍旧是不可避免地发生了，再不想接受，还是得硬着头皮去接受。

一个个人，实在是太无力太无奈，我们无法控制他人他事，哪怕一直以为这个人是自己生命中最近最关注的人，也无法控制他的思想、行动和感情。

曾经有位在日中国教练当面叹服：你们该算是中国运动员在日本最成功的了吧！

也许，我们都属于非常努力做事情的人，我们的精神和成绩让周围已难以漠视。

可是，感情上的失落，让成功时的喜悦都蒙上了灰。

而或多或少的钱，可以避免不幸，却不能带来幸福。

总想给孩子一个健全的家，却省悟那绝对不应该是一个互相欺骗的虚伪的家。

我哭着要他从国外回来，再不能用他是在打球来说服自己迁就他。虽然觉得自己很没有用，却已无法坚持下来。他可能才觉得不妙，在把老瓦打败之后，赶紧提前回到熊本家中。

这样的婚姻，还有没有必要再维持下去？真的不希望，到我们死去的那一天，会非常地后悔这段姻缘。

相识二十年，似乎是头一回正视彼此的感情和感受，没有了伪饰，回味到的，便是一段真实的，充满了青涩和分歧的心路历程。

我们反反复复地交谈，对彼此给对方的伤害耿耿于怀。

两个多么不同的人。

家庭生活，于我，或许是在酿制一杯酒，于他，却犹如一杯茶。一个是愈酿愈醇，一个是越喝越淡。

可彼此又如此地相象。

表面上谦让和气，骨子里却是输不得。

球场上如此，感情上也一样。明明从一开始就感觉到不是很和谐的一对，却不愿承认，也不懂如何解决出现的问题，只会拼命地给对方和周围的人，相亲相爱的假相。

到了真的认真谈到分手时，才发现浪费了多少的时光。我们其实有过许多美好的片刻，就像也曾有过许多不堪回首的往事。

可惜，人总是放不下那些不愉快的记忆，忽略了更应该记住曾经的快乐。这样愚蠢的做法，害苦了自己和别人，令彼此的关系充满紧张和不快。

他仍旧是国内国外地跑，但以从未有过的诚意来关心我，与我保持联系，听我诉说。回到熊本时，就一本一本地读我的日记。

我没有瞒着他记日记，这么多年了，他却从来也不曾好奇地来看看我写了些什么，可这回，我发现他很自觉很认真地在看。

他若有心，怎会一点都不领会？我又并不是十分地高深难懂。

摧毁了的信念，应该重新建立。

可我有点站不起来，思绪和心情一时不再向外向前。

翻开过去的日记，翻开过去的相册，我还特别地想回南宁去，翻开那里的日记和相册。我在往事中徘徊，隔开现实，让心缩成一团，关闭在深处。

遥远的过去和眼前的现实交织一起，种种爱和挂念、恨和不解交替出现。有时觉得一片详和和超脱，有时又完全被愤怒和屈辱占据，有时好像可以原谅世上的凡人凡事，有时却发现自己恨所有的人和背着我发生的事情。

忽冷忽热，备受煎熬。

晴光也感触万分地说，的确是该总结一下人生了。

我和寿屋的合同，在这时满期，收到本部来的一张单据，没有人对此出声，好像大家都与此事无关。

连送别会，也还是晴光，以前所未有的积极主动，给部长打了电话，才

在送别一位叫大崎的男队员的会上，临时把我加上。我对寿屋已不再留恋，人数越来越少的送别会，更没有多少吸引力，这不过是在较最后一次劲。

轮到我说话时，提起当年老生田不要我进队的事情。

告诉他，那时我是怎样地失意，以至为了出一口气，当然不仅仅是因为此事，我才选择了再当一回运动员。

因为我无法忍受别人的轻视和拒绝。

我一直放不下来的往事，他早已忘记。经我提醒，才含含糊糊地表示，还有这事？怎么已不大记得？

这就是人性，铭记着别人对自己的伤害，却想不起自己对别人的伤害。

我也绝不例外。

在寿屋球队的最后一次比较正式的集会上，说出了憋了十年的话，不是为了要对方道什么歉，只为了自己，终于可以卸下又一个心中的负荷。

我发现自己总算懂得，原谅他人，等于放自己一条生路。

人生真的无法重来，但起码还有今天和明天应该好好把握。正因为决定了，来世不再做夫妻，那么至少在今生，更要善待彼此。

2000 年悉尼奥运会之后的全日本锦标赛上，晴光第三次获得冠军

快乐贴心的嘉嘉

12 再见，熊本

日记摘选 2001 年 8 月

带嘉嘉回了一趟南宁，探望爷爷。他住了两个多月的院，不见好转，受不了各种痛苦的治疗，自己要求出了院。

待在家里，也不好受。在我们离开南宁时，迫不得已，又住进医院，已经非常虚弱。

精神好时，还硬撑着，难受起来，竟在我们姐妹俩前流泪！

可是，我们能做的，毕竟太有限，医学的进步，同样是太有限了。

日记摘选 2001 年 9 月

姐姐打电话来，嘉嘉的爷爷已经很危险，胸腹积水，发烧、无法进食。问晴光是否要回来一趟？

我认为应该回去，在他还能讲一点点话，头脑清醒的时候，再见上一面，重要过身后之事。

晴光一个人经武汉、桂林回南宁。与奶奶、大哥轮流守在床边。

两周后，返回日本。

日记摘选 2001 年 10 月

爷爷在凌晨去世。

跑福冈中国领事馆，办理紧急签证、联系机票。

半夜到达南宁。

开追悼会，过头七，返回熊本。

我们一直想叫爷爷和奶奶再来一次熊本，让他们看看我们新盖的房子，再带他们到各处去看看、走走。比起刚来日本时，我们的语言和对周围的环

境都已适应许多，一心想再尽一回孝道，可如今已无法实现了。

晴光说，有一次父亲骑自行车带他去打球，到了才发现球拍忘在家里了，父亲马上又踩了半小时的自行车，回家把球拍拿了，再飞奔到打球的地方。

“那时，他真的很年轻。”

好像，都还是并不太遥远的过去……

几乎在不久，福山妈妈告诉我们，小国的“扒金宫”哥哥四十刚过，早早去世，病因和爷爷一样！

在地球的每一个地方，生老病死，时时发生。

日记摘选 2001 年 11 月

熊本日日新闻体育版：寿屋运动部废部！

报纸快过社内。

我们刚回到日本，尚未从爷爷的去世中回过神来。

晴光在广岛比赛，老生田怕影响他的赛前情绪，没有告诉他。

结果在赛场，被以为他已得到消息的记者问，对此报道有何感想？

一下愣住了。

可好像这事迟早都要发生。

如此一来，我们全家的生活就要发生很大的变动。

经过了几十年人生，早明白不可能有永远的安定。生活总会有变化，根本由不得一个个体的力量来阻止。我们只有顺应时代和命运的变迁，尽量地安排好下一步的生活。

日记摘选 2001 年 12 月

各家报纸报道“伟关移籍健胜苑”。因为是没有完全定下的事，不希望过早见报。这下只有赶紧加快步伐，叫健胜苑快寄契约来签。

在寿屋的工作到今年为止。

最后一次穿着寿屋球衣参加的比赛，是 2001 的最后，也是最重要的一个国内比赛—全日本锦标赛。

球队刚刚到达东京。

12 月 19 日下午，电台首先广播：九州最大的超级市场寿屋倒闭，负债额两千九百亿日元。

熊日新闻头版头条，须藤社长和河野专务的大相片，经济版、社会版都有有关报道。

本地报纸天天在报道寿屋的各种情况，东京的选手们在各种目光的注视下，完成他们的最后一次比赛。

晴光连续五年打进决赛，但最后输给了去年的亚军松下浩二，没能成为“悲剧中的英雄”。

松下浩二自传《职业球员》摘选

决赛对伟关，去年的决赛还是输给了他。这回，我特别想和伟关比赛。和他交战，会打出精彩的比赛。从各种意义上讲，我希望伟关能够打进决赛。

全日本选手权对伟关的成绩是二战二败。一年前的决赛打到决胜局后输掉，这次肯定又会打满七局，我预想到了。做场外的高岛教练在我上场前，说了一句：“打到倒下来为止！”

全日本选手权的男子单打决赛在 12 月 23 日下午 3 点时，“0:0”开始进入比赛。

平成 13 年度全日本选手权决赛 伟关晴光（寿屋）战 (2001 年 12 月 23 日）

11:6、10:12、9:11、12:10、11:7、6:11、11:7

决赛的第四局，从 8:10 扳了回来，这是最关键的时候，第四局丢掉了的话，可能就是 2 比 4 输了。出现 8:10 的比分时，从好的意义上，我变得放开了，打得积极主动起来。

一边比赛，一边觉得伟关的威力正在减弱。技巧还在，但以前那样的压倒感没有了，以往的活力没有传达出来。第五局我赢了下来，3 比 2，被追成 3 比 3 平，打到了决胜局。一开局，伟关打空了一个机会球，他也在着急，着急的心情造成了失误。不管如何，他的发球抢攻要拼了命地顶回去，过了这一关，下面的来回球各占五成，有机会时，就积极地组织进攻。

10:7 时，才觉得可以赢下来了。确信自己可以成为全日本冠军，下面一个球要决定胜利。不拿出比对方更大的气力的话，马上又会给扳回去的。最后的决胜，既不是技术也不是战术，而是精神上的较量，谁精神上占上风，谁就获胜。

2001 年从头至尾都在跨越人生坎坷，疲于奔命的结果，是晴光这一年来的比赛，似乎总在决赛时差了一口气，

企业的倒闭，真有点像运动场上相持后的崩溃，一泻千里，带着种不可抵挡的力量。

公司社员是何心情，正在外地比赛的队员是何心情？

可惜到了此时此刻，个体的力量显得是那样的微不足道；个体的喜怒哀乐更是无足挂齿。

人生的一个大浪袭来，不知要淹没多少个人的渺小叹息和种种变迁。

那一阵，我的脑中常常浮现着电影《泰坦尼克号》里的镜头：可怜、可悲的人们正在逃难，手中提着他们视为珍宝的皮箱、皮包之类东西。

曾经载着我们的生活、我们的梦想的大船就要沉没了。我们拎着球拍逃离，不知命运的波浪，将把这片伟关号轻舟推向何方。

一个月的商量结果：全家搬到东京。

晴光除了要参加健胜苑的超级巡回赛以外，还担任日本国家队的教练工作，并要作一些讲习等工作。

我到健胜苑的子公司“王和王后”工作；嘉嘉转学，离开好不容易才考进去的熊大附属小学。

要做的事情千头万绪，脑子里充满了想法。

这一年，是巨变的一年。

日记摘选　2002 年 1 月

寿屋的情况越来越糟，最坏的结果出现：一万多社员全部解雇、所有的店铺关门。

熊本有史以来，一次最大规模的失业人数。

菊阳店的关店大甩卖的最后一天，没有去道别更没有去购物的勇气，只听说到后来，店里再没有商品可卖，连挂衣服的衣架之类都拿来贩卖。

男队在部长家吃烧肉开“解散会”。

老生田特意穿上熊本县的国体服，左胸有“监督”一小横幅，大概想自嘲一番吧。

年轻队员们就不停地叫他“原监督”。

反正这回是一起完蛋，再不攻击调侃一下，以后就没有机会了。

即便是前途未卜、一片茫然，即便是已经走到了世界的末日，大家都没有眼泪、没有悲伤、没有抱怨，或者说是没有让泪流下、没有让悲伤蔓延、没有让抱怨出口。

这里只有缭缭的烟雾肉香，和低度的酒精饮料。

日本的九州人，温和善良的性格、接受失败时的豁达和坦对人世变迁的透彻，在成千上万的当事人，都面临着同样的生存危机时，竟如此美丽从容地展现在我的眼前，衬现出我性格中所有的偏执和丑陋。

日记本成了记事本。

需要解决的问题：

1. 租住房、2 出租住房、3 税金、4 健康保险、5 年金、6 嘉嘉的转学、7 我的乒乓球教室……

各类家具、电器的长、高、宽……

需要买的、需要扔的和可以送人的东西……

搬家费，房屋清洁费、租房子的押金……

东京房子的尺寸………

人在不知不觉中，越活越复杂，越活越累！

忙得昏了头，居然一头撞到路上的铁杆上，一瞬间，撞懵了过去。回过神来时，才发现眼镜飞了起来，额头、鼻子出血。

前田奥桑连夜开车带我去看急诊。

车在寂静的山路上盘旋，她埋怨我事事一个人担着，才搞成这样。头

很疼，眼泪在黑暗中终于流了下来。

这是一段连哭泣都成奢侈的日子。

只有在奥桑面前，好像才发现自己还会哭泣。

日记摘选　2002 年 2 月

晴光今天动手术

1 月底，在千叶参加健胜苑的比赛中，脚跟腱断裂。

当场无法站起，让人扶着，用救护车抬到医院。

那天的黄昏，头一回怀疑起当年离开北京的选择。

头一回听见有个声音清晰在耳边，“我要回家！”

“天边飘过故乡的云，它深情地向我招手。

当身边的微风轻轻吹过，吹来故乡泥土的芬芳。

归来吧，归来哟，浪迹天涯的游子，

归来吧，归来哟，我已厌倦漂泊。”

“我曾经豪情万丈，归来却空空的行囊，

那故乡的风，故乡的云，为我抹平伤痕。”

外面的世界很精采，外面的世界很无奈，可故乡的风和故乡的云，只允在梦中萦绕。

现实，是逃避不过的，有时连喘口气都来不及。

第二天，他是坐轮椅出的机场，一只脚用纱布和绷带之类固定着。在残冬暖懒的午后阳光下，没有多少表情地看了我一眼。渐变稀疏的头发，因为坐着而越发清晰地映入眼帘。

到熊本机场接过他不知有多少次，这一次应该最难忘。

直接送他进了熊本机能医院。

当年无所事事、闲得无聊，天天流鼻涕看电视的日子，竟显得是那样地令人怀恋无比！

人总是在得到中叹息失去。

但活着，就必须背负的责任，在还没到卸下的时候，我们只有扛在肩上，

再沉重，也要一步一步向前。

无论脚踏在地球上的哪一块土地。

我已觉悟，所以不再怨天尤人。只当是生命中的，又一个经历。

晴光一拆线，就出院回家。

回家过年，回家，看像一锅热热闹闹大杂烩一样的春节联欢晚会。

我们几时还能在熊本，自己的家里，度过农历春节呢?

再见了，我的桂花树！待到秋高气爽时，一定一定别忘了，绽开金黄的点点花瓣，送给人间温馨花香。

福山爸爸和福山妈妈，送我们一本厚厚的剪报册，是近几年来，有关我们的报道，整整齐齐的，等我们再老一点时，肯定会重新翻阅。而我，竟一直认为，他们只会花钱买礼物和说客气话。

他们是典型的传统日本人，男主外女主内，讲礼貌讲客气，待人热情却带着些狭隘的大和民族优越感。我接受他们的关怀，感激他们，却无法摆脱自己似乎成了乞丐的心理错觉，只有用逃避他们的恩惠，来维持我那微不足道的自尊和骄傲。

对面家的中山，分手时抱着我的肩膀说，一定要再回来啊！春天里，我们一起带着一大群孩子，到阿苏山下看樱花，差点弄丢了她家的小女儿；夏天里，我们做国际友好交流的义工，和从中国北京来的中学生一起，在家门前的空地上，开过热闹的烟花大会。

再见了，所有不忍说再见的友人、邻居！得到了你们太多的照顾和关注。

米川社长来信，表示有机会时，要到爷爷墓前烧支香；并对公司今天的状况深感痛心、对熊本没能留住我们一家而抱歉。

再见了，已经不复存在的超级市场寿屋公司！再看不到那个大大的“k”字标志，让人有些寂寞。

晴光柱著拐杖，去参加历代寿屋男队的最后一次大集会。已离队的老队员们都回来相聚。胖部长也来了，对晴光说，算服了中国女人，那样凶，那样拼命为丈夫的事情出力。可以笑提当年事，甚觉欣慰。

再见了，已经四处分散、各奔前程的球队队员们！好好珍重，努力加油吧。

嘉嘉是穿着附小的制服来到东京的，手里捧着老师和同学们送的鲜花。

2001 年元旦。晴光父亲度过的最后一个新年

离开熊本前，菊阳町公寓时的邻居朋友一家都来送行

他们依依不舍，一直相送到学校的大门口。

可是，可是，天下没有不散的宴席，到了曲终人离时，就微笑着道别吧。

再见了，十年的熊本！熊本的十年！

再见，熊本！

《熊本十年》后记 人生处处桂花香

十月的东京，每天上班的路上，忽然飘来阵阵清香。

桂花开了，

芝浦运河边的桂花，比熊本家里的，要早开花。

丰收的季节到了，

花香似在催促我，是否该收获一点回忆的果实？

于是，我穿梭在时间的隧道中。

白天，东京的花香，伴我新的一天；夜晚，回到熊本，院中的桂花树，向我招手。

东京塔的灯光，在这个季节里，是暖暖的橙色，从暮色降临到旭日初升，一直闪耀在大都市的楼山之中。十年前，头一回来东京，叫着要去的地方，就是东京塔。现在，无论我何时入睡，它总温暖、坚定地屹立在远处。

东京湾的点点灯火彻夜不灭。

彩虹桥闪耀着银光，台场公园的大风车变幻出各种图案的霓虹；

富士电视台的巨大屏幕，显示着人世间的繁华贫困、欢乐悲伤。

首都高速上飞驰的车辆，像流向远方的星火；

再近眼前的，是从滨松町开往羽田机场的单轨空中电车，回熊本，甚至是回中国，亦不过是半天的功夫。

地球，已经变得很小。

国境也开始变得模糊……

十年熊本，往事像点点星光，散布在宁静的夜空，散布在宁静的我心深处，它们静静地闪烁着，诱我一点点捕捉，留在字里行间。

生命中遭遇的磨难，再回首时，不必满怀怨恨。

有意无意之间，我们都在受伤或伤人。

也许，生命的成熟，本需要经历人生的四季。

于是，到达今天的心境，平淡却不软弱；知足但依然向前。

对努力工作、与我同舟共济的晴光，心怀感激。

他仍然国内国外地奔波，在一起时，我们时有摩擦，但我们有过约定，出现问题时，及时讨论解决，不许再轻言分手。

对因为打不好球，几乎天天挨骂，却仍然贴心可爱的嘉嘉，怀着感激。

嘉嘉天天叫着要回熊本。中国，只是他父母亲的故乡，而熊本，是他出生和度过幼儿期的地方，是他的故乡。

原以为，他至少要在那儿生活到高中毕业左右。离开他熟悉的地方和伙伴，我心有歉意。

感激上苍给予的一切。或者仅仅是为了能够忙碌却快乐生活着的每一天，都如此地令人感激。

爱周围的凡人和美好的事物，却不再因为付出了，便一定期望得到回报。

往日的咒语不可思议般地消失，我不再热切地期待生日礼物，甚至想不起去年我的生日是怎样度过。

我也不再懊恼，当年我们连一张像样的结婚照都没有，而后来又亲手烧掉了那本精致的相册。

如果是一锅本身鲜美的汤，不放味精同样津津有味。

如果内心充满美丽的思想，没有鲜花同样赏心悦目。

十年熊本走过的旅程，连接着今天，在东京，向前延伸的路。

“不要问我从那里来，我的故乡在远方，为什么流浪，流浪远方，流浪。

为了天空飞翔的小鸟，为了山间轻流的小溪，为了宽阔的草原，

流浪远方，流浪。还有，还有，

为了梦中的桂花树，

流浪远方，流浪……”

下篇

往事如烟

13 好婆的温暖

嘉嘉问妈妈，“我是在哪儿出生的？”

妈妈答：“你是在熊本的红十字医院出生的。”

嘉嘉又问：“那我是怎样生下来的？”

妈妈答：“你原来是在妈妈的肚子里的，后来想出来看外面的世界，妈妈的肚子就痛了起来，赶紧到红十字医院去，你就生了下来。”

嘉嘉记住了。

一天，红着脸，兴冲冲地告诉妈妈：“我现在肚子很痛，是不是要生宝宝了？”

妈妈笑了：“不是的，你快去洗手间吧。”

嘉嘉的妈妈是外婆在桂林生下来的。

但记事时，身边只有嘉嘉的曾奶奶。江苏乡下称奶奶为“好婆”。

生后八个月，好婆就带着我从桂林回到老家江苏，常熟唐市镇。

外公外婆后来解释说，桂林开始武斗，越斗越激烈，全家人各处疏散，他们和妈妈的姐姐，你的大姨回了母亲的家乡湖南沅陵。

我的记忆是从一间破旧的屋子开始的：有两间房，外间有一个烧稻草的灶台，和一张方桌；里间有一张床和一两个柜子，里间外还有一个阴沉潮湿、长满青苔的小小天井，在那里玩耍过的记忆似乎没有。

家里只有好婆和我，隔壁类似的屋子里，住了一个很和气的“右派”和他的女儿。我还知道我们家是“四类分子”，但“四类分子”爷爷几乎从不在家，大概是被关在了别的什么地方。

到他病得快死的前几天，才回到这间屋里，躺在里间，奄奄一息。

我在外间的方桌上玩，他嫌吵，说了几句。我于是大哭耍性子，好婆闻声，

便帮我进去骂他。

我住到大伯子家，没几天，好公就死了。

我从此后悔。在他临去世前，还要耍小孩子脾气，尽管那时我的确是个刚刚上学的小孩子。

对好公，既没有印象也没有感情。

我只是十分地敏感，好公临终前的凄凉，让我感到他很可怜、很无奈，而我还让他挨好婆骂了一顿。

儿时的内疚一直未能忘却。

在上海读书时，曾带母亲去看过好婆一回。船在半夜到唐市，我在那几条自以为还记得清楚的石板路上绕来绕去，就是找不到家门。

偏在这时，母亲来一句："莫不是你好公来摸你的脑壳了？"我冷了一下，恼羞成怒的同时，又觉得此话不无道理。

好婆快九十岁时，脑溢血倒下。我一打完在大分举行的全日本实业团赛，就带着嘉嘉赶去探病。石家的儿孙、重孙们汇聚唐市。

在老家，有一本新编唐市镇史。听父亲说，有名的革命样板戏《沙家浜》，讲的就是这一带的故事。剧中阿庆嫂提到的镇长，便是好公。我早记不得戏中的台词了，但镇史上倒是记有：好公当过一天镇长。

他主张抗日。

新四军撤离时，却舍不得一家大小和一些小买卖，没有跟着一起走。

接着，被日本人抓住，写了不再抗日的自白，免去一死。

好公由此而成"四类分子"，没收家产、关押受审。

我和好婆就搬住在那旧屋里。

每逢下雨，旧屋会漏水。屋顶漏下来的用盆来接；从地下渗进来的，我和好婆就只能一点点往天井里淘。这个工作即便是半夜，也要做到雨停为止。一盏油灯、泼到屋外的雨水，是我儿时记忆中的一个定格。

那个时候乡下没有电，屋里只点一盏煤油灯。每回进里间睡觉的一刻，总让我害怕，不知该走在那昏暗灯光的前面，还是后面。走在前面的话，害怕前面的黑暗；走在后面的话，身后又是一片恐怖！

儿时只有过几本连环画，像宝贝一样，放在床下的木箱里。

好婆是填房，好公的原配生下大伯子以后去世。好婆生了上海姑妈、父亲、太仓叔叔和唐市小叔叔。她的牙非常结实，到老年时仍能吃很硬的东西。两颗门牙极大，传给了父亲，又传给了我。嘉嘉换牙时，妈妈发现他的门牙也异常地大！

好婆不大让我出去玩。通常我们四点就吃晚饭，且多是稀饭。我一直以为好婆爱吃稀饭，长大后回去看她，却发现她顿顿吃干饭！

天未黑，在屋外同龄人的追逐吵闹声中，不情愿地入睡。天未亮，又随好婆起床，到河边去倒马桶。江苏乡下至今仍用这种有盖子的木桶，作为“室内厕所”。

在小河边洗好马桶，好婆开始擦那几个一尘不染的柜子。

我说身上好痒，她让我在柜角上蹭蹭。每年冬天如此，终于在手臂和背上蹭出许多脓疮，脓结在衣服上，怕痛就死活不许好婆为我换衣服，她只好随我。

父亲来唐市接我那年，拖我到医院，排脓上药，我被大人们按住，痛得大哭大叫，从此治好了。

好婆晚上睡觉前要念经，从不与邻居吵嘴，有点好吃的，就分给大家。

她总是一声声地叫我：“心肝，宝贝，好婆的乖囝”。在那破屋里，我随心所欲、说一不二。

长年在外做水泥工的小叔叔回家了，带回来一只铅笔盒，准备送给朋友的孩子。我闹着要，好婆就帮着我，硬是用我的旧铅笔盒换了这个新的！我称心如意后，又觉得后悔，想到叔叔送旧东西给人家的尴尬和那个用我的旧铅笔盒的女孩，我有些不忍心。

好婆不大让我随便乱走。有一回大概是跑去别人家玩，她到处寻不到我，便在河边拍着大腿、嚎啕大哭，嘴里还一边诉说，若有了什么差错，可怎么向我的父母交代！

因为姐姐三岁前后，也曾在唐市住过一阵。挤在河边的人群里看船，一不小心掉进河里，差点淹死。所以好婆可能怕再出意外，经常神经紧张。

好想在小河里游泳，可好婆在这件事情上，竟一点也不迁就，我只有看别人戏水的份。

我的童年里，有着对一起孤独度日的好婆的无比依赖。

放学回家，好婆不在，我便莫名地恐慌，于是放声大哭，直到惊天动地的哭声，把好婆从邻家唤回来。

好婆像一只护短的老母鸡，在她温暖的翅膀下，有无限的宠爱和善良，也孕育了我无法无天的任性和神经兮兮的胆小两个极端特质。

我经常问好婆有关父母的问题。

她告诉我，你的好爸爸、好妈妈在一个叫桂林的地方，他们是学校的老师，很有学问的。

桂林有很多唐市没有的东西。有奇丽的山和碧绿的水，还有一种像粉丝的食物，叫米粉，非常好吃，你小小的时候就极爱吃。

凭着片断的了解，加上自己的想像，我在心中无数次地制造父母的形象。

黄昏时分，我想念着他们。

有一天他们会来接我，到那个有山有水有米粉的桂林，那里的一切都令我向往。

好婆说，亲戚邻居们也这样对我说，我只是暂时寄养在唐市而已。

我在企盼中一点点长大，多么想见到我的好爸爸、好妈妈和好姐姐，虽然在想像中已见过多次，但事实上我一次都还没有见过他们，似乎连相片也没有。

大约在我九岁时，小叔叔结婚了。

父亲回唐市吃喜酒，我终于见到了朝思暮想的好爸爸！他很高很和气，我开心极了。

父亲在唐市住了几天，就要带我回桂林了！

好婆和小叔叔他们都替我惋惜，刚刚搬回老屋，还没住上几天呢。

我也舍不得他们。

小叔叔送我们上的船，船开动了，穿过了石拱桥，两岸的房屋一点点地后退，小叔叔的身影越来越小。

好婆大概正在家里揩眼泪，我虽然想去桂林，但真的不想离开好婆。

小小的我，记住了那一刻的伤感。

好像也明白，这一走，就再回不到跟好婆一起的日子里了。

我们在上海姑妈家住了几天。她家里也寄养着一个叫小虹的小女孩，是姑爹那边的亲戚。她的父母在四川，把她留在上海，以便将来能有理由回到上海来。

如果当年我也寄养到上海姑妈家的话，父母就不打算接我回桂林了。可惜姑妈家太小了，再也无法多容纳一个人了。

唐市毕竟是乡下。

我穿着臃肿的棉裤和好婆做的大头棉鞋，只会讲唐市乡下话，在我失之交臂的大都市，在一口软糯上海话的小虹面前，显得土里土气、傻里傻气……

我喂已半身不遂、骨瘦如柴的好婆喝乳鸽汤，汤里有我止不住的泪。

我是她一口一口喂大的，却只反哺了她一回，就那么几口。

她喝得很香，还说："小娟，给我吃点肉。"

在离开唐市的车中，眼泪又像断了线的珠子，模糊了我的视线，模糊了老家门前的青石板路和江南小镇上那条温柔的小河、还有一座座弯弯的石拱桥，也模糊了童年里和好婆一起度过的时日。

父亲沉默着，让我的泪流了一路……

好婆去世时，我没有再回去。

"小娟，好囝，好婆苦恼……"

好婆说此话时，总要揩眼睛……

她的泪眼，不需回忆，便浮现脑海，恍若昨日……

表妹石敏（右）和我

在唐市与父亲、两位叔叔、姐姐等

在上海与表哥一家和小虹（左二）

14 乒乓小子

我家小儿要上小学了，当妈妈的闲来无事，突发奇想，要培养个“乒乓天才少年”，与天才少女福原爱齐齐名。

于是让儿子从基本手法开始练起，雄心勃勃地，满以为日本的小学生乒乓球水平，不会高到何处，让儿子跟他老爸老妈学几招，肯定足够对付他们的了。

母子俩一板一眼地练了快半年，就到了全日本选手权县预选的时候。要报名了，该给这个教练一名、队员一名的队起个名才行。教练自作主张，就叫它“乒乓小子”吧。“乒乓小子”顺利通过了县预选，但对队名十分不满，很生气地问:“为什么叫‘乒乓小子’？应该叫‘红色力量’！”教练只好答应他，不就是个队名吗，我们明年改叫这个莫明其妙的“红色力量”好了。

“乒乓小子”来到全国比赛场地，顿时傻了眼：众多的乒乓小子、小姑娘们挤在有限的球台前练得热火朝天，其中有些特别出众的，无论基本动作，还是综合技术，都让人难以相信他们仅仅是一、二年级的小学生！日本没有中国那样的国营业余体校，孩子们加入各个私人组织的俱乐部，由家长自掏腰包，支付指导、用具、服装以及外出比赛的一切费用。也有不少像我们这样的乒乓爸爸乒乓妈妈，自己教自己的后代。

有些要求严格的俱乐部，每天练四、五个钟头，学校放假时，就全天训练，一点也不输给中国的业余体校。加上这几年来，不少俱乐部里，都有优秀的中国乒乓球选手当教练、当陪练，日本的少年儿童乒乓球水平，与中国、韩国不相上下。

体育馆的观众席，被小选手们的热心爸爸、热心妈妈，甚至爷爷奶奶们满满地占领了，连行走都变得困难。妈妈教练这才醒悟，半年前的想法，完全是井底青蛙妈妈的白日梦而已。果然，第二天的正式比赛，第一场一

眨眼的功夫，“乒乓小子”就0比3哭着被淘汰出局了！剩下来长长的时间，青蛙妈妈只好用来观摩学习他人的优秀之处，准备回去后脚踏实地地从头干起。

转眼一年，又到了全日本乒乓球选手权小学生部比赛的时候。“乒乓小子”忘了把名字改成“红色力量”，小子他妈也就装糊涂蒙混过关。去年尝到了厉害的，今年就不敢存太多的痴心妄想，小组能出线就行。

仍旧是一张张很紧张、很拼命的小脸，仍旧是坐得满满的看台。赛场上是又叫又哭，看台上更是气氛热烈，尤其是乒乓妈妈们的尖锐呼叫，完全是旁若无人、发自内心，根本不会照顾到旁人的耳膜能否经受。

我不知道她们平常是否会斯文一点，反正这一年来，“乒乓小子”的妈妈是每天用这种高音来迫害小子选手和小子爸爸以及一切有关人员。“乒乓小子”经过一年的努力，成长了一点，预定目标小组出线终于达到，进入淘汰赛后又勉强再胜一场，最后还是被一名明显比他结实许多的东北小子打哭了。而做场外指导的妈妈，则被正正头顶的看台上，那位东北爸爸中气十足的呐喊震得头昏脑胀，出不得声。

“且着呢，回去再练吧！”另一个乒乓妈妈的话，好无奈好悲壮。

人都说“虎父无犬子”，但我家小儿既非虎亦非犬，他不过是个爱哭爱玩的小鸡，每天在妈妈的强迫下，学一点“家传功夫”。趁着吼叫和强迫还能起作用时，多给他一点能够给他的东西。小子妈妈的一番苦心，等他长大，成虎成龙，或者只是普普通通、快快乐乐地生活着时，是否会理解得到呢？

赛后，“乒乓小子”得准休息三天不用握拍，兴奋得不知所以；小子妈也趁机发点感慨、休整酸痛的腰腿。三天后，“乒乓小子”将从基本步伐开始，进行下一轮的训练。

嘉嘉的爷爷和奶奶不会打球。

但聪明的爷爷当时觉得，打好乒乓球，将来工作和生活可以得到保障，不用像大伯那样，高中一毕业，就得去农村插队落户。

所以，爸爸也在小学低年级时，就开始学打球。

爸爸左手握直拍，打过一下正胶，后来就改打反胶拉弧圈了。

妈妈也是左撇子，而嘉嘉居然什么都用右手！

刚开始打球时，爷爷带着爸爸四处求教和寻找对手。

爷爷在世时常说的故事是，有一回，找到铁路局的一个小男孩比赛，开始时对方的家长态度很傲慢，结果晴光把对方打得落花流水，哭鼻子，家长也马上改变了态度。他每回讲到此处，都会高兴得笑出声来。

“哼，看不起我们，还以为他家的孩子很了不起呢。”对从小争气的小儿子充满了自豪。

比爸爸长 7 岁的大伯最爱讲的，则是再小一点的时候，厂里的小孩抢了晴光的东西，看见哭着回来的弟弟，大哥就去伸张正义。

不料出手太重，把对方的眼睛都打坏了，弄得人家父母至今还咬牙切齿、耿耿于怀。

他下乡插过队，又在桂林的宾馆工作多年，然后调回南宁的宾馆当副总经理。见多识广，能说会道。桂林的日本游客多，他为此去进修日语，当过导游。回南宁后，多年不用，居然还能和嘉嘉用日语沟通。

只要有他在，家里就热闹很多。

爸爸的球越打越好，被选去广西队参加集训。

同一批的集训队员中，有谢赛克、周宏、陈伟何等人，后来他们都先后入选过中国乒乓球队。这是一批水平很高、极有希望的苗子。

爸爸在省集训队里刻苦练习，成绩也还不错，和另外几名队员互有胜负。但到决定去留，检查身体时，发现肝功能不正常，可能是练得太辛苦，身体出现的一时反应。队里决定把他退回南宁市队。

爷爷不服，去找领导和教练，他们说，还是先回去，养好了身体后再说。

回到家里，球也不敢练了。

为了让爸爸补好身体，爷爷把家里不多的存款都取了出来。

那时，买肉需要肉票，爷爷奶奶就到处去找关系求人，以弄到贵重的肉票。

休息了近半年时间，恰逢广西体育运动学校筹备成立，乒乓球班开始招生，爸爸就成了那里的第一批学生。半天上课，半天训练，吃住都在体校里。

虽然无法像省队那样正规地训练，但终于又可以拿起球拍打球了！

为了防止肝病再发，奶奶常常骑上自行车，来回一个多小时坑坑洼洼

的路，赶到西郊外的区体校，给爸爸送些鸡汤肉粥之类的食物。他们担心光靠学校的伙食，营养会跟不上。

爸爸在和广西队的正式队员比赛时，仍然不呈下风，可以战胜好几个同龄对手。爷爷仍在努力，一定要让爸爸进入省队。

因为那一次体检的结果，广西队一直不答应要人。

最后，在广西体校教练的一再推荐下，加上爷爷写下了亲笔保证书：如果孩子身体出现异常，后果自负！

通过各方面的争取，爸爸在十四岁时，终于得进了省队。比起那次集训留下来的同龄队员，晚了三年，才开始接受乒乓球专门训练。

体工队的门口，有几间小卖部，卖一些单调的日用杂品，店里有一排装着糖果的玻璃罐。

爸爸把那一排糖从头到尾吃了一遍。

爱吃肉、爱吃甜食的习惯，全由那一场肝病而起。

从费尽周折进省队起，似乎就注定了爸爸要走的，是一条充满了曲折和磨炼的道路。

小学一年级第一次参加全国比赛时的展嘉

15 天蓝的指甲油

母亲节到了，嘉嘉送妈妈一瓶指甲油。淡淡的蓝色，与凉爽的初夏十分相称。

他不断地催促妈妈，快点抹上嘛。

正好妈妈买了一双淡蓝的拖鞋，配上嘉嘉送的指甲油，漂亮极了。

妈妈高兴地谢了。

嘉嘉很满意，像个绅士般地点了点头。

我曾给母亲买过一个生日蛋糕。

可母亲瞧也没瞧："少来这些洋派。"

用奶油写着"祝妈妈生日快乐！"的蛋糕，被我邀来家里玩的队员们吃掉了。母亲始终没有从她的房里出来一步。

我问过她："为什么不给我们母爱？"

她嗤之以鼻："我还不是没有母爱！"

九岁那年，带着自卑和不安，火车到达了桂林北站。

半夜时分，母亲来接我们。推了一辆木板车，装行李也装了我。

母亲穿一件已经洗得发白的蓝布中山装，戴一副眼镜。

我不记得自己当时是何表情。

但她碰也没有碰我一下，不仅毫无笑容，厚厚镜片下的目光，和陌生的夜一样，都是冰冷。

从那时起，我们就彼此拒绝。

那时，学校里忙着搞政治运动，我慷慨激昂的"批林批孔"文章登在市的小学生作文选上。

接着又兴“白卷英雄”，平时不用读书，考试一律开卷。

学生们开心极了，日子过得悠闲，高兴时，再造造老师的反。

我开始打乒乓球，先是在学校室外的水泥台上，用没有贴胶皮的光板打着玩，随后在体育老师的推荐下，进了市业余体校乒乓球班，每天下午可以提前放学去打球。

我并不觉得自己真的是对乒乓球万分感兴趣。

但有了这个由头，我可以晚回家。

我害怕家。

母亲让我越来越觉得恐怖。不喜欢我是肯定的，一不顺心就挨打受骂，我已放弃了讨她欢心的无谓努力。

跟我同住一排平房，一起打球的伙伴告诉我：“门牙大，进门就挨骂。”我深信不疑。

有一回，放学不回家，跳橡皮筋跳到天黑。一进家门就知道不妙，吓得不由自主地说谎，在学校打扫卫生和做作业了。

母亲叫姐姐领我去学校，问问班主任是不是这样。

我领教过母亲的板子，撒谎不过是让板子上身晚一点而已，明知躲不过也要想办法，大概算是人的本能吧。

但这回让老师知道我撒谎，把姐姐也牵连了进来。

母亲像一只严厉的猫，无情地捉弄着她爪下毫无抵抗的小老鼠。

回家的路上，我无数次想求姐姐回去不要说真话，无数次想逃到无边无际的黑暗里，但话到嘴边又咽了回去。

我怕挨打怕痛，却无处可逃，更不能连累姐姐。

回到家，随着一声其实母亲早已料到的回答，已经准备好的棍子就打了过来。我尖叫着爬到床底，又被拖出来继续挨打。

不知几时，母亲才住了手。

命令我去提两桶自来水回家，并且没有给我吃晚饭。

被抽得红一道紫一道的痕迹好长一段时间后才消去。

而那天晚上，真正的猫来了！

母亲腌了一碗肉，大概是光顾着生气打人，忘了盖好，竟让隔壁闻着肉

香的猫，全部偷吃光了。

我在心里暗暗地高兴，觉得她活该。

至于我同样没了肉吃，根本就无所谓得很。

每天在体校打打球，还有一顿免费晚饭，虽然不大好吃，但我可以名正言顺地晚回家。

母亲从不问我打球的事。

回到家里，只有姐姐会问问，今天和谁打了，赢了没有？时间一长，也就不问了。

湖南怀化的姨妈没有小孩，想从亲戚家找个女儿接养。她来桂林，大概要接我去怀化。

我不跟她说话，决定不听任何人的话，坚决不跟她去怀化，看你们能把我怎样。

姨妈在桂林住了一段时间，没有办法，就一个人回去了。

到后来我很喜欢她，她对我和姐姐都很和气，买东西给我们，临走时给姐姐十块钱，给我五块钱，我头一回得到了一大笔钱，像个财主一样，开心不已。

姨妈在时，母亲不大对我们乱发脾气，日子好过许多。

我真有些舍不得她离开。

但她是我的姨妈，不是我妈妈，我当时一点都没有动摇。后来，她在姨爹的亲戚那边，接了一个女孩去怀化。

父亲长期到乡下蹲点，不大在家。

对父亲的感觉似乎更复杂些，但他同样让我本能地逃避。

我可能是在长个子，又黑又瘦，经常发烧，经常哭个不停，直到手脚抽筋。

心里不快活，却不知向谁诉说。

只有给唐市好婆写信。

她不识字，要请识字的邻居来念给她听，但我一直没有间断过。

我不可能向她抱怨好爸爸、好妈妈是多么令我失望，我还处于不懂诉苦的年纪，并且很自然地用报喜不报忧的方法，很自然地在想像和书面上逃避我还不能承受的现实。

母亲生了一场大病，大概是妇科病，接着又是肝炎，长期住在学校隔壁的医院。

父亲和姐姐负责送饭，我很少去看她。没有人打骂，我觉得高兴，希望她一直住院。

大约在这时候，发觉自己的语言中，没有“妈妈”这两个字。

初中一年级的暑假，广西乒乓球队集训，居然有我的名字。

我的球打得很一般。那年主要是想选一个打左手的女子选手，这才有了我的份。只要能离开家，去哪儿都行。

我带上一只已没有底边的水桶、一只找不到盖的肥皂盒、一只长了眼睛的搪瓷碗以及补丁连补丁的蚊帐离家，对母亲捂着胸口的反对充耳不闻。

我知道她想叫我好好读书，因为那时刚刚恢复高考制度，而我的学习成绩一直不错，尤其是无师自通的作文，母亲曾因为得分高得出奇，专门去找过老师表示，不要因为是同事的女儿，就过于照顾了。

可我仍然固执己见，拎着那一堆破烂，独自一人上了去南宁的火车。

86 年上半年的全国比赛，在湖南怀化举行。

姨妈和她后来从北方接来的养女住在怀化，他们的生活看起来很平静普通。姨妈在学校当老师，女儿正在读书，如果当年我跟了她来怀化，就是过这样的生活。

我仍旧觉得自己很喜欢这个姨妈，她和气好说话，非常为他人着想，一心一意照料着一大帮兄弟姐妹的家庭。

赛后，姨妈带我回了一趟沅凌。

曾和外公一起来过桂林的外婆，她是母亲和姨妈的继母，见了我便说，那时你妈脾气不好，总是对小孩子又打又骂，讲也讲不听。

我无言，那样的日子已经过去。

无论对错，在不满十三岁时，我就摆脱了那个痛苦的境况。对母亲的怨恨也因此没有达到不可收拾的地步，我觉得自己既可悲又伟大。

我只是总弄不明白，她为什么会对自己的女儿那样苛待，我很想找到一个答案。

外公前几年去世，母亲没有回老家给他送终，我算是代她去上了一次坟。

我只见过他那么一回，一个说话不多，身体不佳的干瘦老头。

姨妈和一大帮我仅仅见了那一回的亲戚们又带我去找亲外婆的坟，母亲说过，她是生孩子生死的。她的一辈子，除了生养孩子，什么都没有。

我们已经找不到她的坟头，只能在大概是这一带的地方，象征性地烧了一柱香。从未见过面的外婆和外孙女唯一的一次接点，还隔着阴阳，我知道她一点点，而她也许根本不知道我的存在。

母亲住过的老屋还在，我在那里住了一夜。

亲戚们讲起当年，日本军要来了，姑娘们都把脸抹黑躲起来。母亲躲到隔墙里，还捧着一本书苦读。

晚上，她总是凑着柴火的光亮看书，她的眼睛可能就是这样弄近视的，我一边听一边猜想着。

母亲说，她是大学里最穷的学生，我相信这是事实。

我被欺生的小虫咬得全身红肿，奇痒无比，整夜无法入睡。

那里的厕所与猪圈同在，又臭又恐怖。母亲的家乡，还比不上唐市乡下。

寻根之行，令我看到母亲年轻时刻苦奋发的一面，如果没有坚强的意志，那个年代的沅陵镇上，不会出她这样一个女研究生。

她可能是非常非常不想，像她的母亲那样终其一生，于是用自己的努力来改变命运。从这点来看，她的确很了不起，如果没有文革，没有“四类分子”，她也许会去留苏，也许会更加出色。

但我至今还是认为她既然如此，就应该不结婚，或者结婚不要孩子，将全部精力用来钻研学问，或者干脆去搞那个年代里的政治运动。

他们的老朋友就是这样，将独生女儿一直寄养在上海，夫妻俩认真拼命地工作，在广西教育界有着举足轻重的地位。女儿在上海结婚，他们带回结婚照片给我们看，我们说些恭维的话，绝不会问她女儿跟他们的感情如何。

母亲起码不应该生下我，或者把我永远放在唐市，但她没有做到。

母亲没有得到过母爱，所以不给我们母爱，也拒绝女儿要给她的爱。

他们勤勤恳恳、教了别人的儿女几十年，而大学里学来的儿童教育心

理专业，却根本没有实践到自己的女儿身上。

这几年，父母老了。

母亲本来近视的眼睛加上白内障，视力已相当地弱，她会把 1 米 7 儿的姐姐当成我，很奇怪地问：“石小娟怎么好像又长高了？”

但她拒绝手术，拒绝请保姆。每天摸索着做家务，把报纸贴到鼻子上来读。

我发现她几乎从不再动气和大声叫骂。整天笑口常开，送小礼物和自制的冰棒给学院里的孩子们。系里有请开会一律不去，春节的游园晚会却次次报到，专门猜灯谜拿奖。

父亲的一只眼睛，在好婆病床前尽了一个多月孝道后不久，因为内出血失明。两个人共用一只眼睛的日常生活，诸多不便，令我和姐姐不放心，几经劝说，却发现尊重他们的意愿和选择，要好过勉强去改变他们的生活方式和节奏。

最善良的好意，并不能保证最好的效果。

母亲、生活教我得此结论。

如今，已为人母，已不再伸手索求我的母爱，却希望能给儿子多一点，再多一点的关爱。

当嘉嘉发烧生病，半夜嚎哭时，

当一边喂他吃奶，一边还要陪练时，

才发现抚育孩子，是一件多么辛苦琐碎和困难的工作。

周围好多朋友把孩子放到爷爷奶奶外公外婆处，我也时常想逃避和轻松片刻。

可我的眼前，总会浮现儿时的我、上海的小虹表妹还有爸妈老朋友的独生女儿。

不忍给他和我一样的童年记忆……

母亲节，嘉嘉送给妈妈的指甲油，蓝得像没有一丝乌云的天空，是嘉嘉纯净透明的一片心意，融化妈妈复杂世故的心结。

16 青涩年华

嘉嘉神秘地说：“妈妈，要是不生气，就告诉你一个秘密。”

妈妈答应了。

“我和每天同路去学校的女同学，在巴士里接吻了。”

妈妈惊讶地眼睛都圆了。

“你喜欢她吗？喜欢她什么？”

嘉嘉说：“嗯……喜欢她……她很厉害的，会空手道呢。”

唉，有其父必有其子，温柔可爱的不要，偏要那泼辣的母老虎。

那年暑假的集训结束了，留了我一个下来。教练叹着气说，这批集训队员是历年来，水平最低的一批。我仍旧是沾了左手握拍的光。

除了专项水平极低，打不过队里任何一个人以外，身体素质也是最差的，既僵硬又没有力气。练力量时，别人轻松举起杠铃，我挪都挪不动，教练只好让我举一根木棒充数。

另外，最令教练头痛的是我的古怪脾气，拒绝回答问题，每次谈话都以沉默来对抗。

虽然心里明白教练没有恶意，也想说话，可总是不由自主地，用一种莫名其妙的敌意来掩盖自己的紧张。

教练当然很不高兴，于是我认为她讨厌我了，就更加不出声。

我甚至害怕和人打招呼，对面见人走过来，就绕道躲开，躲不及了，就把头扭到一边。

除了队里统一发给的运动服，所有的个人用品，都寒酸得令我抬不起头。

每天起床都飞快地把被子叠好，为了不让同室的看到补丁连补丁的被里。冬天来了，我总被冻醒，但不敢叫冷，怕别人提起我的“破被子”。

因为刚来的头一天，就被农村来的队员，用乡下土话恶狠狠地骂了一句："破蚊帐！！"

我讨厌练球。

每天排队去训练场时，全身发软，昏昏欲睡。训练时不是生气，就是懒洋洋的，教练发火骂人，我又是一副爱理不理的态度。罚我停止训练，就正中下怀，回宿舍里吃零食、看小说。过了几天自由自在的日子，写一份"认识深刻"的检讨，蒙混过关。

在刚刚过完十六岁生日不久，我发觉正在隆起的乳房上，有一块很硬的结，越来越大。每个晚上触摸到这个硬结，在不安中入睡。

我觉得不能让它再长下去了，只好硬着头皮告诉队里的女教练。

那时父母已调到南宁的大学工作。他们得知此事时，我已住在医院的病房里，准备动手术了。

母亲好像挺着急，弄得学院里几个当头头的都来医院看我，并找到主治医生，再三请求要好好为我治疗。

我想他们一定认为我是得了癌症。我自己倒觉得不大象，我这么年轻，怎么会得不治之症?

即便真是恶性肿瘤，也只好听天由命了。反正我从小运气就不好，什么都比别人差。命中注定要多点痛苦、多点折磨。

手术是半麻醉，医生的水平实在不敢恭维。可能是麻药打得不足，我疼得死去活来，手脚被固定住，只能流泪流汗。三公分左右的硬块取了出来，马上拿去检查，我像只任人宰割的羔羊，继续躺在手术台上等结果。

刚刚发育起来的乳房保住了，但忘不了这次痛苦的经历。

后来和姐姐谈起时，她说原因可能是内分泌失调所至。

我则一直称之为"郁结"，整个少女时代实在太忧郁，心有千千结，沉积成此物。

大概就是从那时起，便感叹自己是根草，一根得不到浇水施肥的草，微不足道、自生自灭。

住院期间，有些朋友来看我。

其中有几个乒乓球队的男孩，最早是几个人一起来，他们是称兄道弟

的友仔。后来就只有大哥一个人单独来了，他大我三岁，叫韦晴光，平时一直玩得不错。

我那时还在二队，在训练馆的二楼练习。对他几乎毫无印象。后来，从其他女队员的聊天中，才知道队里还有这个人。

大家都已是情窦初开的年纪，有几个女孩似乎对他颇有好感，总说他训练刻苦、人也踏实，训练结束后去找他一起加班练习。

我们所在的运动大队里，集中了各种运动项目的选手，共同的口号是专心刻苦地训练，提高专项运动水平，为国争光。

为此实行军队式管理，随起床铃六点起床，十分钟后集合出早操，迟到者罚；晚上十点再打铃，统统熄灯睡觉；平时不许外出；特别禁止男女间恋爱。

但满院的少男少女，朦朦胧胧的感情，再保守的时代再严厉的环境，还是自然地萌发着。我也开始对异性产生好奇，但从来没有把自己和韦晴光这个人联系在一起。刚开始和他说话时，还拿他来开玩笑。

他喜欢队里的一个女孩，但好像不大成功。

那是一个非常漂亮，温柔，引人注目的女孩。对她有好感的人数众多。

我们是好朋友。尽管一个是人见人爱，一个是极讨人厌的两个极端。

她给好吃零食的我，许多从家里带来的美味，还很仔细地读杂志，把里面的故事，尤其是有关男女爱情的，绘声绘色地讲给我听。

十七岁那年，她交了一个在剧团工作的男朋友，一表人材、能说会道，但遭到队里和家里的猛烈反对和批评。

在无数的海誓山盟和互述相思后，她自己决定结束了这场轰轰烈烈的恋爱。然后离开大队，与一位父母有个一官半职、本人英俊潇洒的青年相恋结婚。

当她兴致勃勃地告诉我，前几天去男朋友家，他妈妈又给了她一只收音机和一只老母鸡时，我在心里直替她惋惜。

结婚后，却一直分居。因为她不想离开自己的家乡，而对方也一样。

最终，他们只好分手了。

她对我说过，其实她很喜欢她的丈夫。

但我无法理解她，为什么不能为了爱，做出一点让步。

我又问她，会不会想起以前的男朋友?

我忘不了他们卿卿我我的情景，她本人却淡淡一句，早忘了。

她太现实，而我那时太虚无飘渺，觉得只要有爱，天涯海角都会跟着去。

韦晴光主动提出每天训练结束后，陪我练球。

我想早点上一队，能有资格到一楼来练球，能代表广西出去比赛，当然求之不得地答应了。晚上，几个要好的男男女女一起，悄悄约好，溜到大院外的小店里吃夜宵。

我那时绝对相信男女间有友谊，他们都是我的朋友，尤其是对年纪最大的他，我根本没有任何别的感觉。

所以当四周居然议论起他和我时，我觉得十分冤枉！

但我并不讨厌他。

他温和、说话不多，跟他在一起时很放松，大概是真的心里没有什么异样，才一点都不回避。

他来医院看我，我也很高兴，反正空闲得很，有人来关心一下，心里挺舒服的。他问我为什么住院，我不好意思，就说，是肩上长了一个东西。

他一点都不怀疑地信了，我发现他很好骗。

刚刚能跟队外出比赛时，轮到我上场的机会还不多，只有看球学习的份。

运动员中给我印象很深的，是后来成为乒乓王子的江嘉良选手。

他那时刚刚崭露头角，就已经显得与众不同，动作潇洒，风度翩翩；而且给人一种清洁感，每打一场球，都要换一件运动衣的习惯，在当时还是很少见的。

教练要我多看同样是正胶快攻型选手的比赛，但我觉得自己根本不可能成为像江嘉良那样的选手，他像是存在在离我十分遥远的另一个世界里。

我还很喜欢看韦晴光打球，他也是左手握拍，擅长发球抢攻。

我觉得他很了不起，每回拿到发球权时，都能得三、四分。他喜欢先要接发球，所以总是一路落后，但最后一轮发球权归他，往往是１７：１８，甚至是１６：１９，他都能赢回来。

广西队素以步伐灵活、作风顽强为特点，他就是凭着快速的步伐，全台走动展开攻击。

我不过是欣赏他们的球技，没有什么感情成分。

在广西队，每天下午都要练多球，当时的男队总教练陈协中和林康胜教练，都主张积极主动地用正手抢攻，多球训练也多以全台跑正手步伐和全台正手抢拉下旋为主要训练内容。日久天长的磨练，加上正是年轻有劲的时候，晴光的脚底功夫显得十分扎实，在比赛中奔跑起来虎虎有声，令人畏惧。

这样的单面进攻型打法，具有极大的威胁性，打得顺手时，对方很难招架。可同时又存在着很大的缺陷，如果让对方抓住了反手，致命的弱点就暴露出来了。

这几年回到广西队看队里的训练，感到在突出传统的正手优势的同时，对队员的反手技术要求比过去高了许多，这十分符合现代乒乓球对技术全面、特长突出的要求，也可能和现在队里横拍选手比较多，有一定的关系。可同时也感觉到年轻的队员们脚上功夫不如晴光他们那一代人。

练步伐是乒乓球训练中最辛苦最锻炼人意志的一个环节，陈协中教练在给他们喂多球时，经常“将自己的快乐寄托在队员的痛苦之中”，不停地念念有词：“马儿啊，你快点跑吧！”而早已经跑得气喘吁吁小马驹们，哪还有力气去接他的词！

在顺应乒乓球技术不断发展的同时，广西队的传统特色也许应该继续保留和发扬下去。谢赛克、韦晴光他们都有非常拿手的得分发球、发球抢攻和灵活快速的步伐，谢赛克的反手大力压下旋，谢超杰的直拍反手攻技术，在 80 年代时，都是获得中国乒坛一致肯首的超前技术。我们广西要重振乒乓雄风，必须找回属于自己的闪光之处。

82 年的夏天，我头一回参加全国乒乓球锦标赛，居然打得非常好，混合双打和单打都进入了前 16 名。

当时感到十分得意，我还不满十七，第一次参加大赛能有此成绩，看来我也能打点名堂出来。

对将来好像有了一点信心。

比赛后回南宁时途经桂林，我跟以往一样下车。父母虽然已经来南宁工作，姐姐还在桂林读卫校，我每回都下车去她那里。

韦晴光也下了车，他哥哥在桂林工作，也是每回都利用赛后的假期，去找他哥哥。

所有的教练、队员都如此，一年只有一回探亲假，大家都抓紧这样的机会多回几次家。

我们的确已经相当密切。我有比赛时，他会来看，因为他球打得比我好，我喜欢听他的意见。他已是团体赛主力，通过了运动健将，成绩也是一步步向上走的时候。 我们一起在桂林下了车，约好去七星岩公园玩了一趟。

回南宁前，他跟他哥哥去吃饭，好像是吃了些不大新鲜的东西，又发烧又拉肚子。一路上苦着一张脸，一副可怜巴巴的样子。

我觉得他很不中用，根本不是我心目中的理想。

但教练们就不这样认为，我很快就被找去问话，你们为什么在桂林一起下车？在桂林干了什么？就是不相信我们什么也没干。

平白无故地挨了一顿指责，把我的好心情全部弄没了。

你们越说我越不听，就是要和他在一起！

于是，又开始乱打球。

秋天的全国调赛打得一场未赢。我知道，除了实力不行外，情绪不稳定是个很大的原因。

年终发奖金的时候到了，队里为了处罚违反规定谈恋爱者，扣了四个人的奖金，其中有我和韦晴光。

我们没有谈恋爱，有的人的确在谈恋爱，却不扣他们的奖金！

我从心里痛恨这种粗暴的、不公平的处理。我们连手都没有碰过，他们简直是欺负人。我发誓绝不好好打球！

韦晴光对此事好像显得很平静，我觉得他反而有点高兴，可能是正希望别人把我们扯在一起。

我没有想像中的恋爱感觉。他不吸引我，尽管他长得并不算难看。和他的接触，一个是他比较主动，一个是我太寂寞，到后来就是犯倔赌气。

他那时更多的是看重外表，大概认为我还算能凑合过关。

模模糊糊地觉得，他不能真正地理解我的内心。

一直期望通过恋爱，排解忧郁和苦闷的心情，而他原本就嘴笨话少，见了我更是紧张，哪还能指望他来逗我开心。

我的直觉其实没有错，但周围的气氛和自身的软弱，令我无法摆脱。

我不懂得拒绝人，明确地告诉他不行；也不懂得讨好教练，保护自己。

没有什么人可以商量，又无心在事业上多作努力，无所事事、精神空虚。加上脾气太倔，受了一点冤枉就要反抗到底。

我们的家都在南宁，周末可以回家。

他就偷偷地约我去看电影，然后再送我回家。8 3 年的夏天，再也无法推脱他的一片诚心，我们真的开始恋爱了！我十八，他二十一岁。

发现他是个极有节制的人。我们每周回家，而他却总是隔一周约我一次。

恋爱后，到我希望能时常和他在一起，至少每个周末，我们应该一同度过。

每次从宿舍楼前走过，看见他在二楼的走廊上，笑笑地望过来，就希望他能跟我一起，暂时逃离此地。

但他没有跟过来（这几年，提起往事，他说，当时其实他一直站在那儿，等我走过，觉得能看上一眼，就很满足了）。

我也从不主动去约他。既不懂怎样开口，偏还要矜持着，不屑承认想和他在一起的心思。

在新陈代谢极快的体育队伍里，二十一岁还不能入选国家队，代表中国参加国际比赛，就意味着已到要考虑退路的时候了。

同年龄的谢赛克已是世界冠军，周宏、陈伟何等人也已上调国家队。

晴光已是广西男队最老的队员。

任国强从北京回来时，也对他说：“二十一岁了，是该想想办法了。”

现在想来觉得有点可笑，但当时的确觉得二十一岁，已经是很大年纪。加上大家都叫他“韦伯”，就更觉得他已老得不行。

可他还是坚持加班练习，和比他小好几岁的小队员打计分，因为平打对方成不了对手，就让他们 5 分、7 分、10 分地打。

一般来说，运动员都讨厌和害怕打队内计分，谁都不想输给近在眼前

的竞争对手，于是采取能不打尽量不打的消极逃避策略。结果练习比赛打得太少，一到正式比赛，就容易发虚发慌。

乒乓球练到一定的程度，基本功达到了相当水准之后，需要突出一个实用性，而实用性是需要在各种类型的大大小小的比赛中积累的。有很多队员练习非常漂亮，可惜就是在比赛中发挥不出来，往往就是因为太怕输，平时不敢多打比赛。

中国运动员在省队阶段，每年能得到的比赛机会很少，如果还当不了主力时，更难得出去参赛几回。光练不赛就和学生光学不考一样，很难找出不足之处。可是，比赛和考试都是需要勇气的，没有几个学生会主动要求考试，也没有几个队员会希望天天要比赛。

晴光他自己天天找对手比赛。

他父亲也仍旧每星期四来看训练，风雨无阻，这一天厂里休息。

现在，已经是英才教育的年代，许多家长为了下一代，毅然当上全陪读、全陪练。但在上世纪七八十年代，国人还为温饱努力时，有此先见先行的，确实可算是又一个超前，这对晴光的激励是显而易见的。

只要见到他父亲，大家便知道，今天又是星期四了。

我们称他父亲“韦伯”，但好像他不知道他儿子的外号也是“韦伯”，所以有时明明是在叫晴光，他也要很响亮地答应，弄得教练队员们偷偷地笑个不停。

他一点都不会打球，但极关心晴光的成长，对儿子充满了信心。每回来队里，必定要询问生活训练上的情况，和大家谈起乒乓球来竟然能头头是道、滔滔不绝。

1984 年的夏天，我从呼和浩特比赛回来，就接到晴光托小队员偷偷带上来的字条，说最近风声不对，我们要减少接触。

前一阵，有一个去澳大利亚的访问计划，他名列其中。

可就在我出去比赛期间，大队以违反规定谈恋爱为由，取消了他的名字。正好又是评功授奖的时期，又以同样的理由将他功降一级。

这回到他觉得受不了了。

他父亲来劝慰他，让他赶快写份检讨认错。

就在这种异样的气氛中，我们迎来了在南宁举行的全国锦标赛。

广西女队成绩平平，男队却越打越好，先是团体赛拿了冠军。

那是广西队的全盛时期，人才济济。

前有梁戈亮、任国强、任国杰、黄统生，现有神童谢赛克，其后的周宏、韦晴光、谢超杰也具有相当实力。

团体后的单项比赛，韦晴光像是打神了，混双和李春丽配对，获得冠军，接着男双又打进决赛。

我早早输了下来，空闲得很，在院子里晃来晃去。

天天见他一个人，晚晚地，坐在一辆空空的大巴士里回来，看到我就笑笑，做一个“V”的手势。

比赛的最后一天，他战胜了辽宁队的国手李勇，又获得了男子单打冠军！

在竞争十分激烈的国内锦标赛上，一次取得三金一银的成绩，中国乒乓球历史上的头一回，而创记录的，竟然是个无论从技术特点、还是身体条件，都并不被十分看好、已经二十二岁的省队运动员！

乒乓球界一时为之震动。

广西体育界更是惊喜万分！

一夜间，“黑人”就成了“紫人”。

各类报道评论赞叹不已，“大器晚成，大器晚成”；所有的人都展开笑脸，祝贺恭维纷纷而来。

领导们用热情的双手迎接新诞生的英雄，以飞快的速度发展他“火线入党”，那份检讨早已不知去向。

刚刚才发生过的事情，竟像是从来都没有发生过一样。

他也一样，得了健忘症似的，完全沉浸在巨大的成功后的喜悦和陶醉中，乐颠颠的整天找不到人影。

那是他事业上的一大转折点。

其实在此之前，他的成绩一直是在逐步向上的，全国锦标赛的团体，单打和混双都拿过名次。而且晴光在不同的年龄阶段，都获得过各种级别比赛的冠军，为这次的“一鸣惊人”打下了良好的基础。

但如果澳大利亚访问成行，他就不能参加那次全国锦标赛；如果他和

我一样，受点委屈就满腹不平，放弃努力……

后来的历史就要改写。

成败荣辱在偶然和必然之中已经决定。

人生好多事情回望时，总会感慨一番，如果当时……

但当时我们并没有太深地考虑过什么。

尤其是他，根本没有空闲去想这些不着边际的东西。

而我，则笼罩在莫名的失落之中。

昨天，我们还是在一起抗御外界的患难同伴，今天，他竟成了众人的宠儿，包围在灿烂的阳光下；让我一个人，被遗忘在昏暗的角落里，没有人提到我，也没有人对我说，你的男朋友真棒！

好几天以后，他终于像过去一样来找我，宿舍里的灯光，像我的心情一样暗淡，周围异常的安静。

我依旧在我的灰暗冷清里，而他却变得辉煌灿烂了。

我无法明确地告诉他自己的感觉，其实是我自己说不清楚，却觉得说了他也不会明白。

我们仍旧没有太多的话，尤其是有关我们之间将来的话题。

他从来不会说甜言蜜语，更不懂海誓山盟该从何立起。

对于那个晚上的记忆，我只有本该高兴却是郁闷的心情，只有那一盏昏黄的灯，还有他好像含含糊糊说过一句，你以后怎么办?

我不知道他话里的意思，却没有追问他，是因为我没有勇气，怕问出来的结果是失去。

现在若是问起,他一定早已记不得,那时是否说过,更不用问出于何意了。

从那天起，我和他就仿佛置身于不同的、相反的两个世界里。

其实，他和我本来就是很不相同。

他正常、理智、简单、实际；

而我，病态、情绪化、复杂、虚无。

17 心诚则神明应之

嘉嘉问妈妈："世界上真的有神灵吗？"

妈妈说："有的。"

"那，神灵在哪里？为什么我看不见呢？"

"神灵是看不见的，但他在觉得应该助你时，就会出现。"

嘉嘉半信半疑："哦……"

有了这样空前绝后的好成绩，进国家队应该不成问题了吧。

但调令迟迟未来，国家队的大门仍旧敲不开。

那年冬天，我到无锡参加全国青少年乒乓球集训。

从第一天开始训练时，就已泄了气。

全国各地汇聚而来的年轻选手里，有后来的世界冠军乔红、高军、陈子荷、乔云萍等等，她们都比我小，是教练们看好了的培养对象。

而我，则被编在二组，与比自己小四五岁的队员一起练习，既不服气，又不懂得拼着命争口气，凭实力打上一组去。

又冷又累的每一天，唯一的快乐时光，就是读他托女友偷偷寄来的书信。

那时没有钱，也不能外出打长途电话。

读他的信，给他写信，再等他的来信，是冬天里的一点点温暖，是照亮我迷茫黯然未来的微弱星火。

这样的日子，没有持续到冬训结束的时候。

他突然不再回信。我天天等到的，只有失望和不安。

没有写信去问他原因，因为自卑，因为倔强。

快回南宁了，他终于来信。

信中尽是沮丧。他说，国家队派他去参加英格兰公开赛，却因无法适

应欧洲的寒冷冬天、日夜颠倒的时差，打得一塌糊涂。

“这回，又没有希望进国家队了。”

对于突然的音讯不通，只字未提。

在稍前时候，刚从北京体育学院毕业回到广西体育专科学校任教的肖开宁老师，来到广西乒乓球队，给队里讲解运动心理学，并将晴光和谢超杰作为他的重点帮助对象。根据乒乓球运动的特点，肖老师特别提到的是如何在比赛中保持高度的集中，包括视力的集中等等在内的防干扰方法，为了使自己的运动成绩更上一层楼，晴光十分配合肖老师的指导，并从此成为十分要好的朋友。

肖老师好像还提出了“信息回避“这样一个调整心理，保持安定的方法，于是在事关是否能够进国家队的关键比赛——英格兰公开赛前，他毫无通知地单方面启用了肖老师的“信息回避”一招。

我知道在失败之后，他需要安慰，可他根本就没有意识到，因为他的疏忽和自私愚昧，让我一直在伤心难过中度日如年。

一边生气想到要与他分手，一边却在上海为他买了一件毛衣，和他爱吃的大白兔奶糖。

1985 年年底，由于这一年的国内成绩也相当稳定，晴光终于得到了调到国家队的通知。

据说，爷爷曾给国家体委副主任徐寅生写过信，反映情况。

后来，晴光进国家队后的主管教练郗恩庭回忆道：一次吃饭的时候，徐主任跟他说，广西队有个小左手，听说还不错，调上来试试吧，打不了主力，配配双打……

二十三岁，同队同龄的谢赛克已参加过三届世界比赛，退役去了法国。

南方的冬天，一下起雨来，异样地冰凉。

就是这样的一个冷冷午后，晴光离开南宁，离开我。

北上的列车，载着他的如愿以偿和新的梦想，也带走了我的依恋和期望。

从此，我将在原处，架起空洞虚荣的骄傲，守卫着我们青涩摇晃的爱情。

几个月后，总算盼来了他的第一封来信。

他不善于写信，为了藏拙就尽量地不动笔。我已经感觉到，所以在他

生日时，曾送他一本日记本，“祝你长进！”表示了我希望他能按我的意愿，在表达自己的想法和感情方面，改变和长进一点。

在我的影响，或者是逼迫下，以及从此离多聚少的日子里，他终于迫不得已地拿起了笔。

“小娟：

当我跨进训练局的大门时，眼睛都有点模糊了，实在是太感慨了。

国家队的门槛，对于我来说，太高了！”

这一写，一直写了近6年时间，到我们一起去了熊本为止。

我们一般都用带有红边的大号航空信封，来来往往，竟有上百之多。

我的信可能已经不知所在，而他的信，我都保存着，用红绸带一叠叠地系好，和我从十四岁开始写的日记一起放在小箱子里。

许多年后，他告诉我，那一年，北京的冬天非常地冷。

南方人不习惯北方的寒冷和干燥，手脚、嘴唇开裂出血。在室外跑长跑时，沙粒随着北风灌进口中、眼中。

更令人难过的是，在教练们的眼中，没有这个新来的老龄队员。

三层楼的训练馆，主力队员在一楼，其次在二楼，他在其次之次。除了训练前的集队，可在一楼立正一下外，接下来的训练时间，总是被安排在教练极难光顾的三楼。主力队员是怎样个练法，连见都没有见过。

实在练得没意思了，大家就在上面睡起觉来。

可是，我对此一无所知。

我在自己的想像中思念他，担心他到了北京，我们的关系就维持不下去了。

我们无法见面，唯一的希望，就是一年两次的全国比赛时，可以在赛区相聚几天。

可是，86年的怀化全国比赛前，广西男队临时得到去巴基斯坦的出访任务，不参加全国赛了。

等到下半年杭州全国比赛时，我们终于再次见面。整整一年时间，我们依靠书信和电话保持着联系。

“两情若是久长时，又岂在朝朝暮暮”，我轻信了此话，却又会想起另一

首歌，“小别相逢多韵味，长别无期那不悲”。

我在寂寞中守着这份感情，等待着重逢。

除了高兴，还有陌生。

甚至连他的模样都有点不大记得起来。

真的，我觉得自己是在和信中的、想像中的人恋爱，而不是现实中的晴光。

在杭州，我们除了比赛，尽量地待在一起。

我们都已经成了大队员，关系在不知不觉中确定下来。队里面也开始接受这一事实，不再表示明确反对。

晴光好像比在广西时显得大方自信一些了。我们一起出去吃过一次饭，比赛后，他甚至“明目张胆”地陪着我游了一趟西湖。因为是大会组织去的，所以在众目睽睽之下，他敢站在我的旁边，无疑已是个“壮举”。

有了一回虽然短暂却不错的见面，我安心许多。

他开始有一些参加国际比赛的机会，前途不敢说光明灿烂，但多少能隐隐约约，看得到一些希望了。

而我则费了不少力气，当了个广西主力，但全国锦标赛的成绩平平，再上一层已显得吃力。十七岁时的好势头没有一鼓作气地保持下去，是我作为一名运动员，最大的遗憾，我的倔强没有用到该用的地方，却也挺符合我性格中的叛逆。

晴光不一样，他坚忍不拔的同时，听话，温和，忍辱负重，坚持到底。

于是，决定安下心来等他，让他奋斗一番，给我们一个好的将来。

86年的亚洲杯赛，是一个转机，他敢打敢拼，发挥正常，获得了男子单打冠军。

正好，当年的汉城亚运会后，江嘉良和陈龙灿的双打，打算拆开来重新配对，形成了江嘉良和许增才、陈龙灿和韦晴光的新搭档。

九月份，中国队以新的配对迎战在深圳举行的亚洲锦标赛。

韦晴光参加男双和混双两项。结果男双决赛时输给队友滕义和惠钧，得第二；混双和李惠芬配合，进前八后也是输给了队友。

男双虽然是刚刚配对，但直板快攻的龙灿在前，全台拉弧圈的晴光在后，

一右一左，一个是冷静沉着，一个是拼劲十足，感觉特别好。

87年四月，晴光参加在印度新德里举行的第3 9届世界乒乓球锦标赛，只报了男双和混双两项，而且名字都在最后。

赛前各类报纸上的预测，都没有看好他们这对男双。

前两届中国队在七个项目中，唯一丢了金牌的就是男双。

一贯以来，中国队都偏重于团体和单打，所以双打成了外国队唯一有希望拿金牌的项目。

但如果这届世乒赛中国队男双再丢，就是连续三届让伊朗杯流落到外国人手上。为此，中国队和新闻报道都一反常态，开始重视起双打来了。

可惜没有人看好龙灿和晴光这一对，配对时间太短，还没有拿过任何比赛的冠军；龙灿还有团体、单打项目，任务很重，而晴光又是头一次参加世界锦标赛。

相信晴光他们能拿冠军的，可能只有我，和对儿子极有信心的爸爸，为数极少的几个人而已。

我仍旧爱看他打球，由于加了感情成分在内，每回都看得专注虔诚，一口气屏着为他加油，绝不乱喊乱叫，但在心里暗暗地用劲。

每逢此时，世上万物皆不存在，只剩一个在球场上拼搏的韦晴光、一个在看台上运气的石小娟，绝对比自己上场时要集中认真许多。

这种情形持续多年，我从不说，因为觉得一旦说了出来，就不灵了。

这个想法也许很可笑，但我相信曾经灵验过。

39届世乒赛时，我又进入了那种状态，天天看报看电视新闻，看着他们的双打一场一场地取胜，更加认为他们的状况极佳，一定会打赢所有的对手。

果然，在中国队的其他几对男双先后失利的危急时刻，龙灿晴光打进了决赛！

那天是星期天，中央电视台实况转播，我在家里看的电视。对手是南斯拉夫队的新秀普里莫拉茨和卢布莱斯库。

电视转播不知何故突然中断了，我抓紧时间从家里赶回体工大队，希望还能接着看下去。

宿舍二楼的会议室里，有许多人也在看比赛。电视转播已经恢复正常，但比赛结束了。

从屏幕上看到的，是他们手拿鲜花微笑致意的镜头。

我控制着欢快无比的心情，尽量表现得镇静和若无其事一些。

但我明白自己熬出头了，从现在起，没有人再敢对我轻易指责非难。

广西为了欢迎新的世界冠军荣归故里，区领导为首，体委、大队、乒乓球队和他的父母一班人马浩浩荡荡，汇集在南宁火车站迎接载着英雄、从北京开来的列车。当时的区党委书记高兴地赞道，晴光，晴光，你给广西的体育带来了晴天，带来了光明！

晴光的父母高兴得嘴都合不拢了。

妈妈是一个劲地说，感谢领导关心，感谢领导关心。

爸爸则反复引用上面那几句妙语，乐得脸上发光开花。

晴光请他的体校恩师罗二强吃饭，感慨了一句，终于有了出头之日！

我深有同感，并记住了他的话和如释重负的表情。

可惜现在，他居然连我们三人一起去吃过这么一次饭的事情，都已不记得了。

同样经历同一件事情，却因为各种原因，留下的记忆，竟然会有如此出入！

其实，每回看这场决赛的录像，我仍旧会出一身冷汗。

决胜局，晴光他们并没有太大优势，最后竟以18：20落后。大赛打到这个份上，彼此都紧张万分，对手虽然暂时领先，可也看不出夺冠的坚定自信。

22：20，龙灿晴光反败为胜！

对方在关键时刻连续出现的无谓失误，总令我相信，是冥冥之中，神在保佑了晴光，帮助了晴光。

中国队夺回了阔别六年的伊朗杯！

晴光又一次牢牢地抓住了来之不易的机会！

可是，嘉嘉，一定要记住，神只帮一心一意，努力奋斗着的人！

我们家里，有一个很大很气派的装饰柜，里面放满了爸爸在日本得到

的奖牌奖杯，后来又加进妈妈和嘉嘉的一些。

有一天，嘉嘉放学回家，顺便还带回一个老婆婆。

在路上刚认识的。

他邀人家来家里看那些宝贝。老人也居然老实不客气地跟着来了。

嘉嘉打开柜子，炫耀起来。神态和架式，与我们给来家的客人介绍时一摸一样！

小东西介绍完毕，就一个人玩别的去了。

而老婆婆看过后，竟一点也不急着告辞，不请自坐下来，一副要与我长聊的意思。我既不认识她，又没有时间奉陪，费了很大的力气，才请她出了门。

虽然明白嘉嘉是在模仿大人、学着长大，可还是十分生气他的冒失，狠狠地骂了他一顿。

不可否认，这只装饰柜，是我们家最自满的一角。

在柜子上，有一横匾，是嘉嘉的习字老师禾菜美先生送的。

“心诚则神明应之”，妈妈专门请她写了这几个字。

嘉嘉，除了骄傲那一堆灿烂辉煌，妈妈更希望你，能领会在它们上面的这句话。

晴光和我作为广西队的主力，到澳门进行友好交流时偷偷拍的

1986 年亚洲杯夺冠，晴光开始挑战世界高峰

1987年世乒赛夺冠后荣归广西

18 天堂和地狱

嘉嘉又问："有没有天堂和地狱？"

妈妈说："有的。好人将来进天堂，坏人就下地狱。"

"那爷爷现在在天堂里干什么呢？"

"爷爷累了，在天堂里休息。"

可是，妈妈没有告诉嘉嘉，凡世红尘，也会有美好天堂和悲惨地狱的变貌。

87年全国运动会后，我决定离开南宁，到上海去读书。

在去北京还是去上海的犹豫之中，选择了离好婆近一点、待遇不错、学习的专业听起来颇为响亮的上海。

日记摘选

离开运动队之际，心境颇为凄凉。

毕竟是度过了最美好的青春时光的地方，曾经在此奋斗拼搏过，辛苦烦恼过，一旦真的是要告别时，竟是如此伤感。

如果身边有人陪伴，情况或许会好些。

可如今，天各一方。我们何时才能稳定下来，在一起生活？

晴光说，其实我们根本还没有好好谈过恋爱。

我们之间多年交往、四年恋爱，彼此又真正有了多少时候，能心平气和、按我们的愿望来谈，来了解对方？

不是无休止的干涉，便是身不由己的分离，再就是一门心思地投入比赛中。

时间消耗着我的热情和耐性，同时，也发现彼此间越来越多的缺点和不和谐。

勉为其难、遮掩本性的温顺，逐渐被怨声载道、无理取闹般的索求代替。

而他以往那缺乏自信、不得要领的殷勤，也已改变成了心不在焉、可有可无的漠视。

我们开始原形毕露。

这就是我们的过去和现状。而将来的情况同样好不到那里，这不，又该到漫长别离的时候了。

爷爷很支持我，说："我们韦家终于出一个大学生了。"他已经意识到，我们这一代，在读书无用的时期长大，加上长年从事体育专业，没有接受过系统的文化教育，知识贫乏，对将来的发展十分不利。

这一年，国际奥委会正式决定，把乒乓球的男女单打、男女双打列入88年汉城奥运会的比赛项目中。

具有光辉传统历史的中国乒乓球队，开始接受一个全新的挑战，奥运史上的头四枚乒乓金牌，乒乓王国中国该拿到几块？该由谁去摘取？

作为1987年的世界男子双打冠军，晴光的面前，出现一个更大、更高的目标和机会。

日记摘选

晴光是20号回来，我是28号离开南宁，不过8天时间。可短短的临别时光，我们却不时地生气吵架、互相埋怨。

火车离柳州越来越近，不可避免的，将要把我一个人孤零零地扔在车上。

想到他就要离开我，让我一个人去闯荡，心中就茫然恐惧。

明知徒劳，却要一遍一遍地对他说："陪我一起到上海去吧。"

真希望永远不要到站。

快到柳州时，我又哭，晴光只好哄我："到了那边，好好地读书……"

老尹来接他了。他陪我去买面包，一直到车开了才走。

记得我最后朝他喊着："黄石见！"

我想他一定是听见的了，却不知他是否愿意我去黄石呢？

我是第一个，也是唯一一个按时到学校报到的运动员。

宿舍里，电灯都还没有装好，给积极的求学热情浇了一盆不大不小的冷水。

过了几天，陆续地有人来了。

我们是学校里的头一批特招生。

除了从各地招来的乒乓球队员，还有几个上海本地的田径队员，组成一个体育班，属于科技英语系。

我们根本跟不上普通大学生的学习进度，还比他们大好几岁，也不住在同一个宿舍，跟他们走不到一块。系里决定另外派老师给我们单独上课。

校园里，我不修边幅、戴一副眼镜，每天背书包去教室看书。

回到女生宿舍，总见乔治来串门，大家一起说说笑笑，谈天说地。他和我都有同是乒乓球选手的恋人，秀气的外表带着一点叛逆的微笑。

短短的一段时间里，不断地有人改变初衷，离开学校，出国或者回家。

本来人就不多的乒乓队，变得更加冷清。

剩下的人就睡懒觉，凑在一起，有钱时喝酒吃饭，没钱了就穷吹牛皮。学习、训练都松松散散，提不起精神。

冬训的时候到了，国家队为了专心备战汉城奥运会，把队伍拉到湖北黄石，进行封闭式训练。

学校就要放假，到我们约好见面的时候了。

他正在国外比赛。

今年的春节，得到两边父母亲的同意，我不回南宁，计划到黄石和他一起度过。

这一年的上海特别冷，朝北的宿舍，整日不见阳光，冻得人直往小小的棉被里躲。突然之间又流行起甲型肝炎，弄得人心惶惶，似乎全市人民都要成肝炎患者了。

希望能快点见到晴光。

乔治他们送我到学校门口，一直帮我拎着行李。

登上公共汽车，他把行李递给我，传递着一种微妙的感觉，预示着我们之间似乎会发生些什么。

日记摘选（1988 年 1 月 31 日）

明天的这个时候，如果一切正常，就可以见到晴光了。

我觉得船开得很慢。但愿明天早点到来。

船在长江上慢条斯里地运行了两天，黄石到了。

没有晴光的影子。

不明白是怎么回事?

自己找到基地，敲开他的房间。

写给姐姐，却留在日记里的信

姐姐：你好。

一切与我的估计的，真是相差太远，可以说是我怎么也料想不到的。

讲来也是阴错阳差，如果我按原计划先去唐市，再去黄石，事情也不会成现在这种局面。

离开上海时，打了两个晚上的电话，终于打通，但他还没有回来。

匆忙之中，与一个男队员讲了一声行期，请他转告并来接船。（从这一刻，我的灾难便开始了。）

正是午睡时间，他起来开门，一脸惶色，仿佛天已塌了一半！旁边，王浩“蒙头大睡”。

我心想不妙，可仍不知为何这么严重?

原来那天的电话坏了大事，弄得全队皆知。而集训队规定，今年特别禁止亲朋来访！加上欧亚对抗赛输球，教练的气正不打一处出。

他一回到黄石，便给劈头三十分钟臭骂，并勒令我一到，就立刻遣送回去！

他一边讲，一边是满怀歉意。

我懵了，自以为名堂不少的我，一时竟是满脑迷糊！

那边无人来接的火气未曾得发，这儿又是一记闷棍敲下来。我可真是个彻头彻尾的倒霉蛋！

我该往何处去呢？

武汉？南宁？上海？一点也不知道。

还是回上海，去唐市过春节吧。

于是，买了一张回上海的船票，这就回去。

人生嘛，就是这么回事。

可他来了，并带着家在黄石的童小武来，说不要走了，去他家住吧。

于是，又把票退了。

此时，我在小武家，给你写信，等他，却不知他能不能来。

尽管他是我最亲近的人，但不是最理解我的人。

或许，你算是最知我心，最知我实在是可怜得很。

本来很正常、很愉快的一件事，弄成这副扫兴的情景，我真是难过到哭都哭不出来的地步。

我真不明白，现实为何总是这样，阴沉着脸对我，让我一遍一遍地，饱尝失望和挫折。

这场恋爱把我谈得好累，再也不想坚持下去了。

他来了，可一点也不开心，看着我，像一团麻烦。

乔治在我的脑中闪过。

“如果我跟人跑了，怎么办？”

早已乱了方寸的他。

“那我也没有办法。”

好一句令人绝望的老实话。

日记摘选（1988 年 2 月 6 日，回上海的船上）

有些迷糊，在黄石，我究竟呆了几天？

我只觉得那是一场好长好长的恶梦。一会哭，一会笑，恍如个疯子。

现在，又置身在长江之中。

队里把他和龙灿的配对拆开了。

我再不走，他也可能够被开除了。

我还是决定回上海去。上午去买船票，没有。

中午，他来送我，听说我船票未买到，顿时一脸不高兴。

小武的父亲马上和他解释，现在船票不好买。已经找熟人想办法去了。

是的，我不希望买到票，这样，我又有借口，再和他共度一段时光。

尽管呆在这儿真是受罪，但依旧祈望下一次见面时，情况会不会变得好一点的。

可是，他也在赶我走！

他拉着我，去码头等退票，偏偏窗口又有票卖了！

他如释重负。我成了瘟神，真的，我笑了起来，可双眼却满是泪水。

匆匆地收拾行李，想向小武家人好好地道声再见，只觉鼻子一酸，赶紧止住……

与他们素味平生，却这样又吃又住，粗茶淡饭足令我无限感激……

此时的我，是多么羡慕小武一家，平凡安稳的普通人家生活！

晴光，我真不想再责怪你了，只想告诉你：你真不应该谈恋爱！至少，不应该选择了我！

在船中，给许绍发总教练写的信

许指导：您好！

我是石小娟，尽管您并未见过我，但相信对我一定是极为恼火，因为我在无意中，破坏了乒乓队的纪律。

我并不知道乒乓队在黄石集训期间，规定亲友不能来访。所以，学校放假后，便去了黄石。此事韦晴光也不清楚，我来之前，连他在哪儿都不知道。

不知者，不为罪。如果说我的错，那就在太欠考虑了一点。过去，乒乓队在北京集训时，春节前后，亲友来访并不少见。而我在省队打球时，从未去过。现在读书恰逢假期，便很自然地来了。到了黄石，才知道情况不同往年。

作为运动员，我也明白，一切当以事业为重。但人总归是有感情的，包

括您我。

自古人生伤离别，这几年，我和韦晴光忍受着无数次的分离。韦晴光在国家队这几年，我从未去看过他;86 年，我们几乎有一年没有见过面。今年，寒假过后，我将在上海继续读书，而他得参加一个又一个的比赛。

假如这回未来黄石，请您算算，我们是否又该有一年不能见面?

事业固然重要，今年，奥运会又迫在眉睫，容不得分心。但爱情并非洪水猛兽，不必这样对立尖锐。

只是，眼下的情形，的确是我在影响韦晴光训练，是我在无视乒乓队的规定。于是，决定走远一点，让您，让韦晴光放心。

写此信，无非是为自己辩护，因为我相信您是通情达理的。韦晴光太过内向，不善言辞，而如果我给您添了麻烦，就应该在此说一声道歉。

人微言轻，烦看了。祝愿中国乒乓球队在奥运会上，取得好成绩。

祝

春节快乐，龙年顺意!

石小娟

88 年 2 月

回到学校。

头一件事，就去把信发了，我怕自己一犹豫又发不走。

自以为把满心的屈辱也邮走了一些。

然后回到空荡荡的宿舍大楼，大声地唱歌，把录音机开得好大声好大声。没有声音，相信我会无可忍受。

再在日记上豪迈地写上：我很好！什么都不怕。

事情是不大好，但没关系，我现在不是满不错地活着?

去找臧老师和她丈夫董老师。

她家里放着一份电报，我刚离开上海，电报就来了。

晴光打来的，“不要来黄石了！”

我一直努力，要表现得轻松一点，却发现自己根本做不到，垂头丧气、情绪低沉得直想流泪。

他们见我这样，提议带我去崇明岛，董老师的表妹结婚，全家要去吃喜酒。

或许和他们在一起，我会觉得好一点。

董老师一家待我很好。

我就这样唐突地和他们一起，度过了 88 年大雪纷飞的春节。

没有告诉晴光，我人在何处，中断了和他的联系。

除夕的夜晚，油然想起家中的年夜饭。

父母的电报，十几年过去，仍静静地夹在日记本里：妈爸万分挂念你的身体希休息好学习好方便可去好婆处休养几日……

开学了，可是没有人回来。

空无一人的阴沉房间，已几乎把我从里到外地冻僵。

没有电炉、没有电热毯，没有电视，更没有人的声音、呼吸和热气。

终于又见到了乔治和其他同学，我又开始想哭。

日记摘选

我问乔治：我现在看起来是不是很可怜？

臧老师他们是同情我，他是不是也在同情我？

又酸又甜的情感，已在心中滋长……

乔治在桌上写着些什么。

我一贯以来写字马虎潦草，歪歪扭扭地不成样子，他潇洒的笔迹和神态令人迷惑。

“不知从哪一刻开始，我一直沐浴着你的温馨，享受着你的爱抚，你脉脉含情的呢喃一直萦绕在我的耳畔，你飘逸轻盈的倩影缠绵在我的身旁。是，我是幸福的，但我仍然怀恋那消逝了的日子。

……

要知道，一个男孩的心，不会停止流连，但流连的心也不能没有归宿。

……

请给我一个距离，有距离才有吸引。但千万不要太远，请别在我痛苦迷惘时，牵不到你的手。”

一个和晴光完全不同的男人。

看报纸,晴光又获得了什么体育运动荣誉奖章。他得到的荣誉够多的了，可并未给我带来多少幸福。

报纸上，有我男朋友的大名，过去我曾为此感到荣耀；现在，更多的，却是惆怅。为了这些，他和我有了多大的距离！

晴光的来信让我难过。

模拟比赛打得不好，和龙灿的双打仍旧被拆开。

奥运会的初步人选中，没有他的名字。

直到在武汉举行的全国比赛时，仍旧是龙灿和陈志斌，晴光和马文革配对，为了备战奥运会，通过国内比赛选定最后参赛选手，这次全国比赛打破惯例,允许这样的跨省配对参加比赛。结果龙灿和小斌的配对获得了冠军，晴光他们只得了第三名。尽力了，可大势已去。

4 月底，奥运会名单决定：男子单打：江嘉良，陈龙灿，许增才；男子双打：江嘉良和许增才，陈龙灿和韦晴光！本以为是没有希望了的，可没有想到，居然又把他和龙灿的双打调配回来了！这次决定奥运会男女参赛名单十分慎重，特意召开了全国主教练会议，中国乒乓球队内部会议等等大会小会，听取各种意见后，才做出最后决定。

据说，在最后的最后，考虑到龙灿和晴光是世界冠军，在世界锦标赛上经受住了考验；陈志斌是位右手横拍两面拉攻选手，具备了雄厚的实力，但晴光在比赛中更能放开，敢拼敢博，同时作为左手，在双打的跑位配合上，又占有了一定的优势。

奥运会乒乓球项目规定，一个国家或地区最多只能报三名单打和两对双打，在人才济济、竞争激烈的中国乒乓球队里，如果硬要挤入单打这条太窄太窄的胡同，也许会得到既走不出头，又回不了身的尴尬结果。选择走双打这条独木桥，虽然也很艰难，摇摇晃晃的，相比挤胡同，竟成一条“捷径”！

晴光总算又过了一个大关。

日记摘选（5月14日）

在去唐市的小船上。

头有点疼，像要生病的样子。

昨天上午去虹桥机场。

只因前晚与晴光通电话时，告诉我：第二天去东京，要在上海停留一两个钟头。于是，借了臧老师的自行车，一个人赶了一小时的路，又在机场转了三个多小时，失望而归。

或许，连失望都谈不上，因为，当我一到机场，便感觉不大可能见得到。他们已在北京过海关，上海的国际航班候机室是既不能进，又不能出的，叫我怎么去见？

真是不能多想，不然太让人受不了。明知他就在里面，他也知道我就在外面，可就是无法相见。

他在电话里终于说，等打完奥运会，我们就去登记，这回，他说得似乎挺明确的，而我却无更多欣喜。

结婚？好像应该是这样了。

很久没有和他通话了，却无更多话想讲，只是好想哭。想想我们恋爱至今，竟有这么多的可悲。

也许是为了给彼此一点希望，他竟说："明天见！"

明天？晴光，我们还会有什么样的明天？

在唐市乡下，写给乔治却留给了自己的信

是命运让我们相识的。

不能想像，没有你的陪伴，我如何度过凄清的时日。今后，无论我走到何处，都会记住这段让人留恋的时光。

那天，他在电话里说："也许让你去上海读书，是一个错误吧。"

我忍不住地哭。

我还是希望能专一地和一个人结婚，不想骗你，也不想骗他。

既然我们之间不会有结果，就不要去追求不该属于我们的东西，你能体谅我的处境吗？

以后，我们一起好好念书，一起度过课余时光。

但我希望我们相处得问心无愧，不是在意旁人要说什么，而是我的良心要我这样选择。

在这个我小时候生活过的小镇上，河水静静地，流过小户人家门前，感到生活是那样平淡安详，甚至想有朝一日，摆脱一切，回到这儿来，无欲无求。

活得好累，太敏感、脆弱了，总有种厌倦之感。

初夏，竟是猛暑。

偶然翻阅到的杂志，扉页上，好熟悉的文字：

“不知从哪一刻开始，我一直沐浴着你的温馨，享受着你的爱抚，你脉脉含情的呢喃一直萦绕在我的耳畔，你飘逸轻盈的倩影缠绵在我的身旁。是，我是幸福的，但我仍然怀恋那消逝了的日子。

……

要知道，一个男孩的心，不会停止流连，但流连的心也不能没有归宿。

……”

在自己曾经的感动里莫名失落。

突然觉得非常地想家。

离开上海、离开令人窒息、无处逃避的炎热和矛盾，再也不要回来。

晴光在山东威海，进行奥运会前的最后调整。在他一生中或许是唯一的一次机会前，我再不会也不敢提出，去北京、去威海见他的话题了。

家里真好，有电风扇、凉席，还有冷饮。我终于可以睡着。

并在烟雾缭绕纷乱的梦中，选择了一条最现实、最安全的前路。从无望的小径上，回到原来的轨道。

那里，有我的家人、有晴光和他的家人，还有我的学业，全都是我不忍失去的。

日记摘选（1988年9月）

奥运会很快就要开始了。我会为他祝福的。

特意去买了一扎香，过几天，就烧香、斋戒。相信一片诚心，上天会有

报答的。

晴光，无论怎样，我还是希望你好。

尽管我很辛酸、凄凉。

你似乎并不大在意我对你的好恶吧。

昨晚，晴光他们的双打已通过半决赛。当从电视中得知此消息时，不禁与好多学生一起叫了起来。

今晚是男女双打决赛，对手又是世界锦标赛决赛时的那队南斯拉夫选手，但愿晴光能再加一把劲。

9 月 30 日晚，先是女子双打决赛，中国的焦志敏 / 陈静对韩国梁英子 / 玄静和，汉城的奥运会决赛赛场上，声势浩大的韩国观众的助威呐喊声，足以摧毁对手的意志和在场上的冷静分析能力。龙灿和晴光在八进四的比赛中，遭遇韩国配对刘南奎 / 安宰亨时，也曾在这震耳欲聋声援中与主办国选手较量，并且战胜了自己，战胜了对手，也战胜了观众。可是，中国的女双没有，她们更多的是输给了自己。

在此之前，中国的男子单打已经失守，我们已经丢失了一块金牌，而女双的失利，对紧接着进行的男双决赛，无疑是增添了极大心理压力。

我一直不敢去看、去听比赛实况。她们帮我在房间里守着收音机，第一局，我还听了一下，16 : 20 落后了，追回来了，可惜，还是 20 : 22 输了！

感觉不妙，再不敢听，跑到招待所装模作样地看报纸，半天才又回宿舍，总觉得这回是不行了。但她们告诉我：赢了！

2 比 1，反败为胜。龙灿和晴光为中国夺得了奥运乒乓球项目的第一枚金牌，这也是中国在现代奥运会上夺得的第十九枚金牌。

一下子，高兴得跳了起来。

于是，请大家喝酒。

乔治也举起了酒杯。

一切都按着我的意愿、一切都在向好的方向进展，尽管这个夜晚，我隐隐地可怜起乔治……

奥运会上的龙灿和晴光，要比 39 届世界锦标赛时配合得更为默契，获

得了世界冠军后，晴光同时获得了在世界乒坛也能夺取胜利的自信。况且，从冬训开始，每天的训练内容都围绕着双打而定，在继续加强和突出第三板抢攻的威胁性、中近台相持实力的同时，针对接发球的薄弱环节，增加了训练时间，研究和熟练各种接发球技术，以保证在比赛中不随便出机会给对方。这一年来，晴光的目标简单明确，就奔这块金牌而来。

龙灿在单打失利之后，没有受太大的影响，反而是更加集中精力，在双打中背水一战。他是一位极有天分的选手，手上感觉非常好，在接发球和积极调动对方等前台细小技术上，经常会打出令人叹为观止的神来之球，正好弥补了晴光前台技术上存在的漏洞。而晴光越到大赛越兴奋，在场上握拳叫喊的积极赛风，又感染了有些冷静腼腆的龙灿。

虽然第一局失利，可他们俩越打越好，每打一个球就互相举拳鼓励，这对于龙灿来说，实在是极少见的场上表现。1 比 1 打平，第三局龙灿继续在前台打出令人叫绝的快攻和果断漂亮的接发球快挑、快点，得分！打成来回，晴光发挥中台优势，把一个一个大角度的弧圈球准确地击到对手难以跑位的地方，得分！交换场地后的下半场，中国组合遥遥领先对方 10 分，胜利在望！可在头一次经历的奥运赛场上，中国男队只剩下他们两人时，龙灿和晴光仍旧紧张到可以听到彼此的呼吸！他们一边握拳小跑，一边互相用相通的四川话和桂林话叮嘱对方：抓紧啊，抓紧！（这后来成了他们自己都觉得可笑的表现，都领先成那样了，还紧张成那副样子！）

21：9，中国队 2 比 1 胜利！

晴光的奥运金牌美梦成真！

他兴奋地抱住龙灿，然后跳出挡板，他太高兴了，太感激在场外为他们加油的教练和队员了，他要把自己的喜悦第一个与他们一起分享！

9 月 30 日，龙灿和晴光在汉城奥运村里度过了不眠之夜，他们拿着啤酒，找一个没人的地方喝，不忍心惊扰同室的队友……

10 月 1 日，我在上海街头买了一份《中国体育报》，晴光和龙灿在头版呐喊……

我仍旧见不到晴光。

这一届奥运会，是中国体育的滑铁卢。

金牌总数远远低于预计数字，只得到了跳水的许叶梅、高敏，体操的楼云，乒乓球的陈龙灿、韦晴光和陈静夺来的五块金牌。

可对于他个人来说，艰难的攀岩已经结束。

最高的山顶上，一片美好，阳光灿烂，群山欢呼。他被簇拥在他的人间天堂里，身不由己，无暇于我。

接到他从冲绳寄来的明信片：

小娟，我现在是在日本最南方的冲绳市。再过几天，就是你的生日，我在异国祝福你，希望快乐永远跟随你。

晴光和我，

在北京碰头，从黄石码头别过，又是快一年没有见面了。

江嘉良请我们一起去他住处吃饭。

从未与大名鼎鼎的乒乓王子说过话，美丽的吴玉芳也只曾在银幕上见过，像突然闯进了不是我呆的另一个世界，紧张拘束得根本不是吃饭的时候。

晴光视而不见，令我更加不知何从。

江嘉良笑着对晴光说，招呼一下你的女朋友嘛……

身边的晴光，离我好远好远……

回南宁，登记结婚。

我们来到婚姻登记处，却因为没有带相片，被告知回去拿了相片再来。

非常地累，非常地烦。

我们居然连一张两寸的合影都没有。只寻着了各自的单人相片，似乎只是为了那一句有些变质的承诺，拼凑着，去完成道义上的任务。

从小的梦想，只是拥有一个平凡温暖的家，

家里有松软厚厚的棉被和呵护疼爱着我的人。

而他，竟让我在有意无意之中，嫁给了一个奥运会冠军。

他 26 岁，我 23 岁。

却觉得已是饱经风霜、老气横秋。

尽管已是名声显赫的奥运冠军，换上便服的他仍然不吸引我，甚至讨厌他温和得近乎暧昧，与在球场上背水一战、拼杀博击时，判若两人。

可是有一点，从来就没有骗过自己：

从知道他那天起，我看着他光着膀子、默默练习、苦苦奋斗、不屈不挠，就从未停止过祝愿他成功，出人头地，甚至比期望自己的成功更虔诚。

好想拥有温暖厚棉被的我

中国体育报

1988年10月1日 农历戊辰年八月二十一 星期六 第3593期 本报代号 1—47

田径场又推出五项奥运新纪录

女子跳高加跳定胜负

长跑"皇后"因伤失皇冠

女子铅球及格赛筛出决战者

李梅素黄志红丛玉珍

一掷过关

中国乒将力保女单冠军

巴西苏联争夺足球金牌

陈龙灿和韦晴光获胜刹那间，忘情地叫了起来。

新华社记者 官天一摄（传真照片）

美国男子4×100米接力

犯规遭淘汰

奥运乒乓决赛悬着亿万颗心

女双：焦志敏陈静临阵拘谨夺魁失利

男双：陈龙灿韦晴光身系危难问鼎成功

决胜的转折

——奥运乒乓球男双决战评点

拿出四种方案对付中国

——女双决战后记者招待会录音

第二十四届奥运会金牌榜

国家和地区	金牌	银牌	铜牌	合计
苏联	44	26	40	110
民主德国	33	29	28	90
美国	27	22	21	70
联邦德国	10	11	12	33
匈牙利	10	5	5	20
保加利亚	9	11	10	30
罗马尼亚	6	10	6	22
南朝鲜	6	8	5	19
法国	6	3	6	15
中国	4	10	10	24

国家和地区	金牌	银牌	铜牌
英国	4	8	8
意大利	4	4	4
澳大利亚	3	4	4
日本	3	3	6
捷克斯洛伐克	3	3	3
新西兰	3	2	5
波兰	2	5	8
南斯拉夫	3	3	2
加拿大？	3	2	5
荷兰？	2	2	5

1988年10月1日，龙灿晴光用奥运乒乓头金向祖国献礼

19 梦中的蓝色小鸟

嘉嘉：妈妈为什么哭?

妈妈：没有哭，只是做恶梦了。

妈妈难过起来，又要流泪，赶紧闭上眼睛。

嘉嘉帮妈妈撑开眼，说：

“妈妈别睡，只要醒着，就不会做恶梦了。”

孩子的话，有时既简单，还带点哲理。

在那个特殊的年代和特殊的环境里，在我们年轻却又贫瘠的青春伊甸园中，怀着好奇的心情、纯洁的愿望、犯罪的感觉，去偷摘那幼稚清涩的禁果；

我们踉跄飘浮地去学着爱人，学着被爱，还天真地以为爱情中没有条件没有算计并且天长地久永恒不变。

那时候，在体工大队的院子里，孤独一人的散步路上，总会遇上一对老夫妻。丈夫是个瞎子，柱着拐棍，脚也已经不大好使，那个健壮、脸色红润的女人扶着他，在夕阳下走得飞快，简直不能算是散步，嘴里还含含糊糊地，不知在说些什么。

每回，我都会莫明地心动，觉得人生本应这样，相遇、相爱、相依、相伴，一直走到晚霞黄昏……

可人生的变迁，已让我们迷糊，不知所从，连自己都弄不明白，在确确实实的算计里，还有没有一点点爱情的立足之地?

当他忘情地为他的，也许其中也有我的未来而奋斗时，却在浑然不觉中，把忽略和冷漠送给了我。

自以为善解人意，通情达理的我，为何要处心积虑地用任性轻狂、出尔反尔狠狠地回赠于他?

我的翅膀，已被自作聪明的暴雨疾风淋湿、折断。

惟有牵住他，才能牵住我的将来。

让他的善良宽厚、他的优柔寡断驮着我，带我远走高飞。就连最最不舍的学业，我都准备放弃。

晴光已是国家队的老队员。

最高的山峰已经征服，寻不到更高的目标。

即便有，似乎也找不到那股冲劲了。

但年轻队员还不能完全独当一面，需要有老队员再带一阵。

90年的亚运会，在北京举行。

人民的期待、领导的意见、战士的使命，无法推却，也不能推却。

晴光参加了团体、单打、双打和混双全部项目的比赛，获得了一金两银一铜的好成绩。

中国乒乓球队正处于青黄不接的时候，还能在北京亚运会上取得令人满意的成绩，其中就有晴光的汗马功劳。

当时的香港教练，在报上赞誉：运动员都应该具有28岁老将“韦晴光的精神”一话，印象极为深刻。

我在看台上为他祈祷、加油，仍旧倾倒于他迅速果断的进攻能力和日渐圆熟的战术运用。

当他在单打比赛中，战胜了夺冠呼声极高的韩国选手金泽洙，与在团体赛中打败了中国队的朝鲜新秀一直拼到30平后，终于拿下时，博得了满场的欢呼，并为中国队最终确保男单金牌扫除了障碍，我为他的胜利而骄傲。

他没有江嘉良的翩翩风度，没有龙灿的冷静天分，可他凭着拼劲韧劲，在辛劳奔波的运动生涯中，回转起伏、不言放弃，几乎在所有国内国外的重大比赛中，拿过金牌，全国比赛、亚洲杯、亚洲锦标赛、世界锦标赛、奥运会，转回来，把落下的亚运会金牌，也补放到爷爷奶奶家中，那个罩有红绒布的奖牌柜里。

这些，已足够我敬佩，足够我为他喝彩鼓掌。

同一年，我参加了学校的毕业典礼，离开上海。

文凭交给母亲后，再没有看过一眼……

嘉嘉一定要问的：那后来呢？

后来，后来就像你作文中写的，

“我在话剧教室里，看了蓝鸟这部话剧。

切尔切尔和米切尔拿着爷爷奶奶给的蓝鸟，正要离开回忆之国时，不知什么时候，蓝鸟已不在鸟笼里了。真是不可思议呢，我想。

接着，从披着黑斗篷的国王那里借来了钥匙，用最后一把蓝色钥匙把门打开了。

这时候，我以为幸福的蓝鸟会飞出来。

可切尔切尔和米切尔却昏倒了！

我认为那一定是魔法。

最后，蓝鸟没有找到，回家去吧。就发现已经在家里了！

我就想，什么呀，原来是梦！”

后来，就是这样，爸爸带着妈妈到了远方，在蓬莱仙岛上，寻找传说中的蓝色小鸟。

却发现，家中的小鸟，就是一直在寻找的蓝鸟。

嘉嘉，你就是妈妈梦中的蓝色小鸟，

此刻，正依偎在妈妈的身边呢。

嘉嘉，你就是妈妈梦中的蓝色小鸟

20 给未来的地球人

嘉嘉：“妈妈，我是日本人吧？”

妈妈：“你原来是中国人，现在是日本人。”

“那妈妈呢？”

“妈妈是中国人，生活在日本的中国人。”

嘉嘉，你可以认为自己是日本人。

因为你生在日本，喝着日本的水，踏着日本的土。

但你不要忘记，你的体内，流动着中国的血液。

你应该爱日本的秀美洁净；爱你的日本老师、朋友；爱日本的酱汤、饭团。

可也要爱中国的宽广热烈；爱你的中国父母、亲人；爱中国的水饺、炒饭。

妈妈觉得，日本人、中国人，还有美国人，印度人，其实，我们都是地球人，生活在同一个星球上，都是无限宇宙中的一粒尘埃。

可我们地球人，用狭隘的黄色、白色、黑色，还有棕色的笔，在地球上和心理上，划上一道道人为的线条，并叫它们为国境。有时，还用炸弹刀枪，把美丽的星球轰出一个个黑暗的洞、挑出一条条血红的河，竟称它们是正义。

多站在高处望远处看，孩子，你就会拥有一颗仿佛可以包容整个宇宙万物的，博大、慈爱的心。

嘉嘉不大爱打球，尤其怕跟妈妈练习，因为妈妈总要生气，把他骂哭。

妈妈也自责，教育方式实在是太简单粗暴。

可每回，嘉嘉练球时的模样，总会与妈妈小的时候重叠：摇摇晃晃的身体、心不在焉的神态……

其实妈妈很矛盾，既希望嘉嘉能打得棒一点，又好像并不希望嘉嘉成为专业选手。

因为，这是一个残酷的世界。

人类争强好斗的天性，引发了无数大大小小的战争；而体育，是人类和平时代的另一类战争。

成者为王，败者为寇的战场铁则，永恒不变。

为国而战、为名誉而战、为生活而战，职业运动员们付出了体力、智慧和青春时光，背负着重压，去争取胜利。

最终，能攀上顶峰的，除了付出，还必须具备天生的才能、后天的时机和当时的运气。

成功率极低。

妈妈写到这里时，爸爸正在打2003年的头一个大比赛，“日本顶级12”，离他摔断后跟腱动手术，正好有一年时间了。

东京的代代木体育馆里，满场的观众。他们都在为爸爸的对手加油。明明是打了一个好球得一分，换来的，却是一片为对方惋惜的叹气声；竭尽全力地相持，几乎受伤地滑倒摔下，竟然能听得到高兴的掌声。

我为在场上拼全力奔跑的爸爸感到的悲壮和不公平，淹没在馆内异样的情绪中。

我无法要求他们和我一样，能够会在此时，想到这个从中国来的不惑选手，曾经为这个岛国的乒乓球历史，增添了不少属于这个国家的奖牌和荣誉，就是现在，也还是这个国家的代表队的教练。

这就是二鬼子的好下场。我不无悲哀愤怒地想着。

旁边球台的球飞过来了，被打得灰头灰脸的爸爸拾起球，用球拍把球极为准确地打到旁边球台的选手手中。这点雕虫小技，我也能做到，当然，或许会有点点偏差吧。可居然引来了热烈的掌声！带些错愕的爸爸，有点无奈有点自嘲地，也为自己鼓起掌来，然后手心朝上地抬了好几下手，请大家继续给予掌声。

全场观众笑了，鼓掌回应！

他让我们从狭隘偏执的爱国热情中走出，发现这不过是一场日本国内的超级比赛，不是国与国之间的争端。轻松下来，公平地欣赏两个男人的球艺和智慧吧。

我不得不佩服他煽动观众、化敌为友、吸引视线、扰乱对方的聪明和艺术。

对乒乓球的挚爱，对成功和胜利的渴望，不屈服于命运的拼搏，如今加上了岁月磨炼而成的圆滑和风趣，表现出成熟的魅力。

他赢了这场明显不利的比赛，最后获得冠军。

2003 年底，我们回南宁训练，备战全日本选手权。

爸爸原准备每天只练上午半天，妈妈没有同意，因为他已呈中年发福，必须回到他走向世界的起点上，重新起跑，在下午的多球训练中，再当一次“马儿”，才有可能再次取得胜利。

2004 年 1 月东京体育馆，爸爸第一场对整整小他二十岁的日本国家队员、早稻田大学学生中野祐介。妈妈坐在挡板之外，发现他的步伐移动十分轻快，自从跟腱动过手术之后，脚跟发硬加上心理害怕，很少看到他这样大范围地跑动，发对方反手位侧旋长球后侧身准备对拉的战术，最近已很少运用，因为这需要对脚下很有数，确信可以很快地让开位置时才行。

比赛比预想的要轻松，妈妈预感爸爸这回有戏！

比赛一场一场顺利地进行着，4 比 0 胜 1998 年的决赛对手德村智彦（协和发酵），4 比 2 胜加山兵伍（原中国国手华兵），4 比 0 胜仓岛洋介（协和发酵），每一场球都可能成为恶战，可都比预计的要轻松一些。

接下来的对手，是第一号种子，老对手削球高手松下浩二。这几年来，几乎在全日本的赛场上都要相遇。2000 年决赛晴光 3 比 1 胜，2001 年决赛浩二 4 比 3 胜，2002 年晴光八进四输木方慎之介（协和发酵），决赛浩二 4 比 2 胜木方。

在最近的健胜苑比赛中，也对阵过好几回，负多胜少。可是，我认为这次肯定能赢！晴光的状态极佳，而浩二从一开始就打得惊心动魄，对大野勇（原中国国手李勇）那场，是起死回生捡回来的，八进四时又被三田村死拼七局，决胜局打到 8 : 8，才见分晓。

我告诉晴光，浩二的状况不好，体力也消耗很多了。只要不急于求成，不出大失误，让浩二前后多跑一点，在接发球时准备他抢攻，适当给他正手，

让他在跑动中进攻，威力就会减弱，第四板较好防守，而且他会因为重心不稳而出现直接失误。

浩二虽然已有三十六岁，但这几年的削球功夫已磨练到了炉火纯青、出神入化的境界，身体素质也保持得极好，一身匀称结实的肌肉，支持着他在球场上前后左右健步如飞的大范围移动。而晴光已经四十有一，这种消耗体力精力的攻削大战，打起来已远不如过去轻松了。可是，这次的比赛打得非常顺手，拉出去调回来的战术运用得十分成功，浩二疲于奔命，开始无心稳削，拿到发球权，就准备打他拿手的发球后侧身抢攻，以求得分和扰乱对手。可带有落点和旋转速度变化的接发球方式,使他的战术难以成功贯彻，这是晴光近年来战胜浩二最轻松的一次。

决赛对新井周，二十九岁的小周是北京队教练周树森的儿子，从高中起一直在日本留学打球，这几年球技突飞猛进，大器晚成。晴光是他在日本国家队的主管教练，两人是头一次在正式比赛中碰头。

小周的技术特点是两面摆速好，照顾范围大，反手的一板后发制人弹击有一定的威胁。这几年来影响他技术发挥和成绩向上的主要原因，是在大赛中心理上容易出现问题。可在这次比赛中，他一反以往爱紧张的习惯，发挥正常，表现得十分轻松和自信。

比赛一开始，小周就偷袭对方正手空档得两分，并打出好几个漂亮的反攻，11 : 9，先拿下一局。

晴光定了一下神，从第二局开始改变战术，多发长球后再配合发短球，并继续依靠主动进攻得分，小周开始招架不住，越打越虚，连丢三局。

第五局，小周开始顽强的抵抗，特长的反手攻球，改打直线压住对手的反手，比赛从 4 : 4 开始 5 : 5，6 : 6，7 : 7，8 : 8，9 : 9，10 : 10。晴光 11 : 10 领先，所有的摄影镜头都对准了他。正手连续拉反手，小周防回来，再拉反手，又被防回来！然后，拉球失误！ 11 : 11，12 : 11，放下的镜头再次抬起来，又放下，12 : 12 ！小周比任何时候都坚强，14 : 12，扳回了一局。

第六局，又是 8:8，9:9，又被小周连防两分，9:11，打成了 3 比 3 平局。

决胜局，晴光 1 : 0 领先，再发球，裁判突然在毫无警告的情况下，判晴光发球犯规！自从国际乒联的无遮挡发球规则实施以来，裁判对发球动作

的要求严格很多，可是在决赛打到全场鸦雀无声的白热化时，突如其来的判罚，令双方选手都一下乱了节奏，而被罚输一分的一方就更加损失惨重，抗议无果，1：1 平。多么不好的预感！

可晴光很快地调整好心理，再次组织进攻，将比分拉开，5:2 交换场地。小周要暂停，再次采取压对手反手的战术，6：6 平！

第五局八次平局，没有让我失去冷静，因为我知道不到对手最后一球失误，不能以为胜利已经到手。失掉局点之后，我和回到挡板前的晴光分析了形势，认为在加强进攻的同时，要注意落点，多打对方的中路和正手。

在被裁判判发球犯规时，我也十分镇定地叫晴光别再去理会了。

寿屋球队解散之后，在必要时，晴光的场外只好由我来做。我知道自己必须十分理智地担起这份责任，无论是否胜任是否会在男性社会的日本遭受非议，我们别无选择，所以只有扬起头，面对所有看得见和看不见的对手和压力。

在我感到非常紧张和无助时，我总会想起在天堂安息的爷爷，我会对爷爷说：您的在天之灵一定也在注视着我们，我知道您非常地爱晴光，请给我们勇气和力量！于是，我坚持下来，无论输赢，面不改色地任凭心中汹涌澎湃，都要坚持到和对手最后握手的一刻。

可是，此刻，6：6！全场骚动，群情兴奋，我只觉得整个体内的血都涌入大脑，冷静荡然无存，只剩下一个木呆了的躯壳坐在椅子上，思想、感情、行动都已停止。在一种麻木了的状态下，看着晴光连攻两球，8：6，然后战局以飞快的速度发展，一眨眼，11:6，恶战真的就在一瞬间结束了，干净利落，连得 5 分！

四十一岁的全日本冠军，创日本乒坛最年长冠军记录。

晴光笑着向我走来，我也微笑着伸出我的手。

我经常抱怨他不够浪漫，在胜利的时候从来不在众人面前分一点荣耀与我！

这次，他握住我的手，还拿着球拍的左手绕到我的背后，我想他此刻一定也想起了我的怨言，一定想在此刻用拥抱来一并偿还。

可是我却退缩了，我觉得很难为情，而且我的眼镜和他的球拍都十分

的碍事！

在随后惯例的胜利采访时，晴光高兴却平淡简约地说十分感谢家人在他跟腱断后给予他的支持，这次比赛是为家人而战的。

赛后，他辞去了作为全日本单打冠军，自动获得的代表日本参加多哈世界锦标赛和雅典奥运会预赛的资格……

日本不是举国体育体制的国家，乒乓球更不是一项倍受关注的体育项目，只要离开东京体育馆，就是灰姑娘坐上南瓜车飞离皇宫的时候，我们便归复于日常，和疲惫的东京上班族同挤在回家的电车之中。一个全国冠军再不足以改变我们的生活，再不能使我们热泪盈眶，除了为自己喝彩之外，并看不出什么因此而有的转折。

离开熊本之后，我们失去了异国中的故乡，而遥远的中国广西故乡，更无法祥知他的儿女如何在外拼搏。我们仍旧必须一如既往地在球场上尽心、尽力、尽职，动机目标，褒贬评价却已经模糊和改变许多。

当失去许多共同分享成功喜悦的人群时，我仍旧站在原地，一如既往地承受他的压力，分担他的失败，分享他的胜利，并且听到他发自内心的为我们而战的表白！

嘉嘉，你的爸爸是个把其所有，都给了所喜爱的乒乓球运动的人。当初，中国乒乓球队里有他，他为中国夺取胜利；如今他在日本乒坛，同样是这里的运气。他是个纯粹的乒乓人，纯粹的球情，越过海洋，越过国境，越过许许多多的障碍和坎坷，无论身在何处，都以球以情来证明他的存在。

爸爸可以算得上是成功的了。但回首以往，哪一场不是如履薄冰、背水一战所得?

每次爸爸都要说："虽然遇到了不少的挫折和困难，在关键时候，我的运气还真不错。中国队有那么多优秀运动员，很多人的天分和条件比我不知要好多少，可拿不到世界冠军，更拿不到奥运冠军，而我却都赶上了，并且都把握住了一生一遇的机会。获得机会和把握机会，可以把这两样都抓住的，有时比具备实力都困难，我却做到了，这是很不容易的。"

"如果我什么都不是，我们会怎样呢？"

“那又能怎样，我们在你家的厂门口租个摊位，卖桂林米粉或者南宁老友粉呗！”可惜晴光从来都不相信我真的能做得到。

在日本，如果没有1997年对高志亮反败为胜的那次决赛，就不可能有后来的故事，也许我们会过得平淡一些，在熊本努力挣钱，好早日还清房子的贷款，其实这也没有什么不好。

可是，爸爸对乒乓球的执着之情，将我们的人生引导至今，进退起伏，苦乐荣辱，我同样不言后悔，并开始相信这定是前生之约，今世之缘。

妈妈就算不得成功。却起码已能举起真正的铁扛铃，并明白了人生其实就是一场球赛，必须全力以赴、斗智斗勇的道理。

生活在和平、优裕环境中的现代孩子，也许需要，通过这个轻轻的小球，体验到非赢即输的激烈和残酷，由此具备坚强、不屈的性格。

嘉嘉，你将以何在这个世界上印证自己呢？妈妈拭目以待。

嘉嘉，支离破碎的故事，就讲到这儿吧。

时光一分、一秒，悄然流过，悠悠往事已变得轻远温柔，如雾、如烟、朦朦、胧胧……隐约之中，散发出一丝、一缕，淡淡幽香……

在未来的某一天里，嘉嘉，你斜躺在榻榻米上，或是端坐在红木沙发上，翻开已经发黄了的第一页。

那就是妈妈，在你还小，正是和妈妈在黄昏里，想念从未见过的好爸爸、好妈妈的年记差不多的时候；

趁你正在睡梦中，追着圣诞老人要一双，那一年最时兴的，带两个溜冰小轮子的跑鞋的时候，

把妈妈母国的文字，偷偷放进你床前的圣诞树上的长袜里，预备好送给你的，一份未来的圣诞礼物。

你不是总问妈妈：其实圣诞礼物，是爸爸妈妈准备的吗？

妈妈说：怎么可能呢？

你从心里希望真有一个年年带礼物来的白胡子圣诞老人，所以就让自己相信了妈妈的话。

今年，嘉嘉的问题让妈妈难回答了一点。

“妈妈小时候，有没有圣诞礼物？”

“没有。”

“圣诞老人难道不去中国，他不是要给世界上所有儿童礼物的吗？”

“是啊，可是，那时圣诞老人拿不到去中国的签证。”

“签证是什么？那现在呢？”

“现在不要紧了。”

嘉嘉松了一口气，“那就好，小宝弟弟也能有圣诞礼物了。”

妈妈也松了一口气。可有一天，你会不再上当，噢，原来爸爸妈妈，真的就是嘉嘉的圣诞老人！

妈妈不能送你一直唠叨着，渴望得到的，机器猫那神奇的“任意门”，只能把你领到这扇门前，你打开它，就可以回到过去，见到你曾经年轻、奋斗过，怨恨、相爱过，失落、辉煌过的爸爸妈妈，还有，我们一起拥有过的蓝色小鸟。

在尘封着爸爸妈妈记忆的小屋里，找到几把钥匙，为你开启光明奋发、善良美好的未来之门吧。

或许，你也会发现，属于你自己的幸福鸟儿，正向着你，扑闪着美丽的蓝色翅膀呢！

嘉嘉，妈妈祝福你……

祝福所有的地球人……

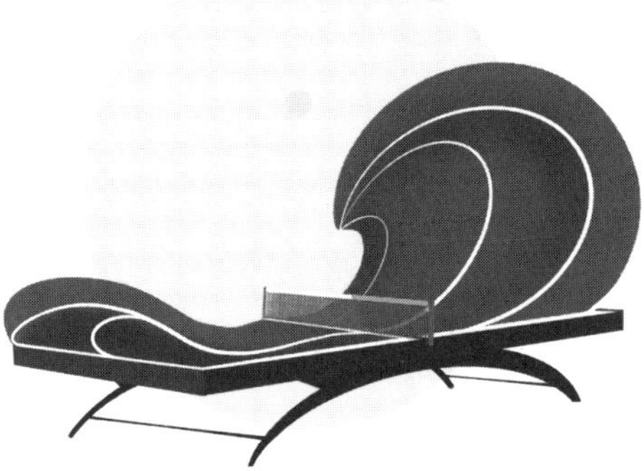

《乒乓世界》文摘

因为爱，所以在

01 李隽：扶桑十二年心海三滴泪

打开在日华人乒乓球俱乐部的网页，浏览“会员情报”，在以“女王”为首之下，教授、刘备、唐伯虎、秋香……富有个性的姓名和自我介绍透过幽默诙谐，流露出对乒乓球的喜爱。这位国色天香的“女王”其实就是来自北京的原中国国家队队员李隽。

李隽是右手横拍削球打法，但不是那种柔若无骨的削法，削底线、逼大角再添上个正手转不转，削中带攻地扰乱对方。在关键时候，更会冷不防地连打几个发球抢攻和削中反攻来直接得分。球如其人，柔中带刚。大度豪迈的气概，不仅仅表现在球场上，同样表现在李隽的外貌和待人接物、行事风格上了。

2004 年 1 月 17 日，女王和她的各路神仙们筹备多时的“第一届在日华侨华人乒乓球友谊赛”在横滨热热闹闹地开战了。如筹备委员会成员之一的秋香女士所说：“组织这次比赛的目的和意义在于，通过乒乓球运动，锻炼身体、增进在日华人之间的交流和友谊，在日本社会中建立华人的正面形象。”与一个多月前相比，瘦得有点脱形了的李隽，仍旧没敢松一口气，风风火火地在赛场里外张罗忙乎着，连嘴也没有闲着：“真没有想到有这么多的事情要做，太麻烦了！太累了！”李隽在赛后的聚会上半开玩笑说：“以前打比赛时觉得打比赛真难，如今办比赛，才发现办比赛比打比赛更难！”的致辞，道出了其间的辛劳。可打比赛的李隽凭着削球时的韧劲，削中反攻时的冲劲，取得了许许多多的优异成绩；办比赛的李隽凭着待人的热心、处事的认真，十分成功地协调和调动了方方面面的力量，办成办好了这次比赛。

李隽在日本的 12 年生活中，乒乓球，始终是没有间断过的主旋律。她经过了打球、教球、再打球、又教球到现在组织球赛的好几段历程。

吉隆坡——为责任掉泪

1992 年，李隽来到日本横滨，在日产女队打球。挟着连续在多特蒙德、千叶世界锦标赛上获得女子双打第三的余威，相当轻松地拿过全日本社会人比赛的单打冠军、日本实业团联赛的团体冠军等好成绩。在横滨，她度过了初到异国语言不通、紧张不安的阶段，好在日产队的教练队友们待人亲切和善，帮助她适应新的环境和新的生活，李隽由此结识了最早的一批朋友。

两年后，日产女队解散，李隽觉得十分需要丰富和充实自己的文化知识，便婉辞了几家公司发出的邀请，选择进入淑德女子大学，一边学习，一边代表学校参加对于她来说轻而易举的大学生比赛。这一选择，居然让她在学到知识的同时，还收获到了天赐良缘：一位从事过田径运动、英俊萧洒的北方小伙子翟林，从此走进她的生活，独自一人的他乡奋斗开始有了相依相伴的同路人。1998 年加入日本国籍时，翟林和李隽改姓羽佳，有朋友开玩笑道：干嘛不改姓木子呢？

在完成学业、结婚生子期间，李隽开始接触日本的妈妈桑乒乓球选手，在指导她们打球的同时，感受到妈妈桑选手对乒乓球运动的喜爱和着迷，让她头一次发现，除了竞技场上残酷激烈的胜负较量，打球还能够享受到如此纯粹的乐趣！在球台边，李隽是她们的教练，在生活中，妈妈桑是照顾和关心她的长辈。教球，让李隽从另一个角度重新认识乒乓球运动，并交到了更为广泛的各界朋友。

可是，“痛苦”的赛场没有忘记她，李隽自己也抵挡不了胜负较量刺激的诱惑。1999 年 12 月，她挥拍参战全日本选手权比赛，由于技术和身体状况尚未恢复，在八进四时输给了当年的冠军坂田爱。可时隔不到一个月的 2000 年 1 月，李隽在日本顶级十二强的比赛中，战胜了小山智丽等优秀选手获得冠军。这个时候，连她自己都没有想到，人生的又一挑战悄悄地到来了。

当时的日本女队总教练近藤钦司在最近出版的自传《面对梦想》中写到：“和羽佳的初次见面，是在出发去吉隆坡参加世界锦标赛的前十天左右……和她吃过饭后的三、四天，小山辞退的消息传来。作为日本女队总教练的我，一瞬间，脑子一片空白。这时，前几天刚刚见过面的羽佳浮现眼前。我马上与她面谈，当然，她表示了不出场的意思，根本就没有做过任何一点的准备！

可是，我还是说，请考虑一个晚上再给予答复吧。第二天，又去找她，成功地说服她答应参加比赛。”

“这是出发前两、三天时的事情。”李隽回忆道。

近藤先生接着写道：“在连她的运动服都来不及准备的情况下，我们出发去了吉隆坡。她只好穿着我的运动服进行赛前训练。明天就要开始比赛了，总算是收到了从日本寄来的服装。”

阔别国际乒坛近十年，年过三十的李隽，临危授命，却依旧宝刀不老，马上在赛场上显示出不凡身手，成为日本女队的中心人物。在十六进八的关键场次中，一人独拿德国女队两分，完成了日本女队的预期目标。可是，在关系到奖牌的日韩一战中，李隽却丢了两分，“赛后的长凳上，自责令她落下了大颗大颗的眼泪。而我，因为将几乎没怎么练球的她硬拉了来，而感到非常地对不起她。”近藤先生仔细地叙述了当时的场面。回到看台上，李隽的情绪有所平静，可还是不依不饶地扯着个嗓门:“真窝囊，都把我给气哭了，我真的哭了！”任凭人怎么安慰“谁都没有怪你，都在夸你呢”，李隽却听不进去，反反复复地唠叨着。

大阪——忘情泪

李隽在吉隆坡时憋着的一股不服气的劲，直到2001年的大阪世界锦标赛上，才得以彻底释怀。由她领军、中国国家队时的队友樊建欣以及日本本土选手小西杏、西饭由香、冈崎惠子所组成的日本女队，顶住了作为主办国代表队的巨大精神压力，一路艰难，在八进四的关键一战中，以3比2险胜罗马尼亚队，为日本夺得了相距18年之久的世界锦标赛女子团体奖牌。

说起这里，李隽又一本正经地嚷开了：“我哭了，我当然又哭了！大家全哭了！你想想看，多不容易啊，日本女队拿了这么多次第八名，就是拿不了牌，去年我又丢了两分，多难过啊！自己岁数越来越大，膝盖的老伤没法治好，训练对手和环境更不能和在国家队时相比，小樊的情况也好不到哪里，可我和小樊就这样互相鼓励着硬是给坚持下来了。”“原来，老公准备带孩子一块儿过来看球的，可在电话里说孩子病了，没法来大阪了。等比赛结束，他才敢告诉我，其实连他自己也一起在生病发烧！”

为了准备比赛，一年来难得沾家，难得照看幼子的李隽，赛后如释重负，来不及尽情庆贺，带着对丈夫和孩子的无比疚歉和牵挂的心情，匆匆赶回了东京的家中。

李隽是乒乓球名将的母亲叶佩琼、体操运动员出身的父亲李世铭的爱情结晶，从小就具备了作为乒乓球选手的天分，在中国乒坛就已显示出不凡的才能。可她一直认为自己虽然球还不错，却不是一个能够拿世界冠军的人，因为跻身人才济济的中国乒乓球球队里，本身已经是件非常不容易的事情，为了拿到世界冠军，更需要有超人的毅力和意志品质，以及很好的运气。“我当时就并不觉得自己非要拿到冠军才罢休。虽然，我也希望自己能够成为世界冠军，只不过可能我的愿望没有别人那么强烈吧。”在国家队时就能如此豁达的她，回首以往，更觉得其实比起一时的荣耀灿烂，人生还有许多更值得重视和珍惜的东西。

十几年的国外生活，锻炼了李隽，父母身边的时代、国家队里的日子，许多事情都有人为自己安排妥当，不必操心担心。可在日本，凡事必须亲力亲为，自己作出选择，自己去想办法做好。在解决问题的过程中，人不知不觉地成长了，成熟了。如果一直留在国内，也许会比现在过得轻松一点，可怎会有今天这样多的体会感受呢？李隽对于 12 年前那个带了些偶然的选择，无怨无悔。因为，今天的李隽，付出过，痛苦过，但也得到了，成功了，如此丰富的人生体验，才是最最难得的财富。

东京——温柔的泪

2002 年的日本顶级十二强比赛结束时，李隽宣布挂拍。在东京代代木体育馆中央的领奖台上，她捧着小精灵般可爱的儿子送给妈妈的一束鲜花，流下了温柔满足的眼泪……

女人不能没有家，再能干的女人都需要有个归巢。宠爱妻子的翟林，对李隽非常地谦让理解，除了料理好自己的公司业务，还主动揽起了照顾孩子等家务琐事，让李隽安心地在外做她想做的，喜欢做的事情。“我们家里真的好像有点倒了过来了呢！”她的一脸快活神情实在太让人嫉妒！“我当然也总是想着这个家的，女人在外面累了，自然就会想回家的。”

“另外，别看我是这个乒乓球华人俱乐部的代表，在乒乓球这块儿上得听我的，其实俱乐部的会员们，都是各个行业中的杰出人士，他们从许多方面教会了我很多的东西，令我受益非浅。”正是李隽的谦虚、实在、大度和充满活力的个人魅力，才聚集了这样一批良师好友，才会有第一届华侨华人乒乓球友谊赛的成功举行。这样大的手笔，由一个刚刚退役的女子乒乓球选手在异国挥成，让人除了佩服，还是佩服。

如果说，女人如花，李隽应该算雍容大气的牡丹花。异国的土壤，也许并不如想像那样的肥沃，其中还参杂着辛酸、寂寞、偏见、猜忌的沙粒，可是，中国的花中之王扎根在东瀛的土地里，汲取着健康向上的养分，盛开怒放，笑傲群芳。

如果说，花好更需绿叶护，丈夫—翟林、教授—陈教授、秋香—何曼夫妇的倾力相助，原中国乒乓球队的教练、师兄师姐、师弟师妹们的热情捧场和日中两国各界人士的支持，可称为一片片的绿叶，衬托和守护着她。这样的比喻或许十分失礼，可在横滨的体育馆里，我还是不由自主地、不着边际地联想翩翩……

李隽是真诚坦率的，所以幸福，李隽是永远有梦的，所以努力。如今，她的目光已掠过过往的沉浮、荣耀，投向前方的又一个新的目标。心想事成、再树辉煌，李隽，朋友们在祝福你！

（原载于《乒乓世界》2004 年第 3 期）

2004 年，组织在日华人比赛时的李隽、丈夫翟林、儿子翔鹏
与中国的第一位女子世界冠军邱钟惠（前左）、日本女子世界冠军松崎君代（前右）

2018 年，赛事已经扩大为国际交流盛会

02 一个16岁的女孩子让日本人疯狂地迷上了乒乓球——因为“爱”所以爱

在2004年雅典奥运会乒乓球亚洲区预选赛上，除了迟迟未决的中国男双人选是人们关心的焦点之外，还有另一道奇特的风景同样吸引着人们的视线，那就是聚集在日本小选手福原爱球台周围手持摄像机、照相机和话筒的众多记者。为了报道福原爱参加这次比赛的情况，蜂拥而来的日本记者竟有60余人之多，不大的记者新闻中心，不时被这一群日本记者全面占领，作福原爱的采访会之用。

其实，这道景观在日本早已是司空见惯。今年16岁的福原爱，从3岁多握起乒乓球拍，刚刚勉强能把话说清楚时，就成了媒体镜头争相追逐的对象。“天才乒乓球少女爱蔷”（蔷，音译，日本人对小女孩的爱称）这个在日本家喻户晓的称号，已陪伴了她10多个年头。

10多年来，“爱”在万众注目中顺利成长，如今已是一名代表日本征战世界乒坛的小将，她那稚气未脱的可爱模样开始出现在世界各国的赛场上，而那一群日本记者就像怎么甩也甩不掉的尾巴，跟着她在国际赛场闯荡。

“爱”的过去时——3岁8个月的约定

乒乓球正式成为奥运会比赛项目的1988年，福原爱出生在宫城县仙台市。当时，她爸爸经营着一家不动产公司，妈妈是一名“妈妈桑”乒乓球选手，哥哥也从小坚持乒乓球训练。家中客厅里放了一张乒乓球台，因为怕大家打球时碰撞了幼小的“爱”，她在那里总是没有立足之地。看着哥哥打球的样子，“爱”羡慕得不行，缠着妈妈也要凑个热闹。于是，妈妈对3岁8个月大的女儿说：“如果要打，就必须认认真真地打，不得轻易放弃。“爱”没有细想，或者说是还不会细想，便满口应承了下来，这个约定一直维持至今。如果“爱”当时就明白，自己必须为此而放弃同龄人无忧无虑玩耍的童年经历，

必须从此每天承受6个小时以上艰苦的训练，不知她还会不会和妈妈勾那么一下小手指。

漂亮的千代妈妈是一位严格认真的母亲，从来没有放松过对“爱”的培养和教育。“爱”小时候很爱哭，练习达不到要求时哭，比赛中输了也哭，对着镜头同样会耍赖以哭闹来表达自己的情绪。可是妈妈从来都不吃她这一招，那个小小的约定像个紧箍咒，最终制伏了任性的“爱”。

“那时的每一天都是战争，既要表扬她的进步又要批评她的不对，我常对‘爱’说，如果不想干了，随时可以。但妈妈放弃了自己想做的事情，就是为了帮助努力加油着的‘爱’。”在海淀区体育馆的看台上，千代妈妈回忆起当年刚开始教“爱”打球时的情景。

“爱”5岁上幼儿园中班时，通过了宫城县的预选赛，头一回参加日本的全国小学生乒乓球比赛，球台已经放低了10公分，可对于她来说仍然太高太大。机灵、可爱的“爱”刚才还在跟妈妈撒娇，几分钟后便开始在场上奔跑叫喊，那时她还只会发一个急球，然后正手反手地拍几下，可居然在小学二年级以下组的比赛中打进了前16名！

从此，日本的大众通过电视机镜头，开始越来越多地见到“爱”天真娇憨的形象，她也开始被称为“天才乒乓球少女爱”。观众们相互聊天的时候会说到“那个打乒乓球的‘爱’，太可爱了，昨天又上电视了”。许多电视台邀请“爱”去做节目，跟有名的节目主持人、明星对阵，碰上会打一点球的，存心放几个高球让她够不着时，会把她给弄得气急败坏，这些活动极大地提高了“爱”在日本的知名度。

同时，各地的体育组织都非常愿意请到“爱”来参加各种活动，“爱”因此获得了许多和各地小学生、乒乓球爱好者比赛的机会，类似的比赛，大大地锻炼了“爱”在大场面中迎战各类打法选手的能力，对于提高她的实战水平起到了极好的作用。

福原爱在幼儿园大班时，一举夺得全日本小学生乒乓球赛二年级以下组的冠军，这是她取得的第一个全国冠军，同时还创造了6岁孩子拿冠军的最年少纪录。到小学毕业为止，她连续获得了七次全国小学生单打冠军，成为一名中学生后，她又在高中二年级以下选手都参加的全日本选手权少年

组比赛中连续获得了两年单打冠军。今年4月，“爱”升入高中，如果不出意外，她还会继续拿到少年组的冠军。乒乓球运动在日本不能算作最受欢迎的主流运动项目，可长相可爱、成绩惊人的福原爱，使媒体对乒乓球的关注度提高许多。“天才乒乓球少女爱”创造的一个又一个新纪录不断地引起人们的赞叹，“爱”参加比赛时，由于前来报道采访的记者人数众多，不得不弄出一张“爱”专用的球台来应对。这在讲究平等公正的日本，实在是一个极为特殊的现象。

如今，只要有“爱”出现的赛场，就会看到福原一家的身影：哥哥在忙着录像，妈妈在为“爱”加油呐喊，爸爸要回答记者提出的各种问题。“爱”是福原家的中心，是日本乒乓球界的希望，是日本民众的偶像。

“爱”的现在时——被中国智慧激发

福原爱最早的启蒙教练是天津籍的原中国国手刘杨，刘杨属于左手握横拍反手生胶打法。她让右手握横拍的“爱”反手也打生胶，并且选用了中国生胶。这样打出来的球就要比日本生胶更沉，让对手更加难以适应。

在刘杨的指导下，极具天赋的“爱”进步神速。从熟练两面摆速开始入门，再充分发挥出反手生胶特长，刘杨的训练方法十分奏效，“爱”很快就从同龄选手中脱颖而出，并一路遥遥领先。

刘杨要求“爱”要敢于主动进攻。当“爱”打到一定水平时，在与同龄选手的比赛中即使是多搓一两板同样可以赢球。但只要她一有保守意识，刘杨就会马上提醒她从接发球从前三板就要开始进攻。这种主动组织进攻的战术意识，在与世界强手交手时，就显示出十分重要的意义。

小学四年级时，为了更好地提高训练质量和效果，“爱”和妈妈离开仙台，来到练习环境更佳的大阪府，加入三起公司的乒乓球少年俱乐部队。在那里，原中国河南队的黄智敏负责她的教练和陪练工作。前奥运冠军陈龙灿在回四川任教之前，也曾担任过她的教练。“爱”成为中学生时，进了日本的乒乓球名校青森山田中学，原中国北京队的魏京生做过她的教练。

福原爱现在的教练汤媛媛是一位辽宁姑娘，是“爱”在辽宁训练时互相认识的，两人一起训练一起玩耍，相处甚欢。2002年10月汤媛媛正式成为

“爱”的教练,“可能是因为我在当她教练之前,不大清楚她在日本是如此有名,所以接手时,还不大感受得到压力。当我2002年的12月跟“爱”到日本参加全日本选手权赛时,可被那兴师动众的采访阵势吓了一跳。作为一名乒乓球选手,‘爱’确实是挺有天分的,我们每天都要练6个钟头球,她有时也会表示不想练。可她是一个很听话的孩子,有时尽管不大乐意,要点小脾气,可还是能坚持把我安排的训练计划完成了。我觉得‘爱’有一点十分难得,就是这孩子心术很正。对于一个从小出名的小孩来说,要保持一颗单纯正直的心,实在是难能可贵的。我和‘爱’的年龄相差不大,平时她不叫我教练,而叫我媛姐。”

对于已经开始常年在世界各地奔波征战的“天才乒乓球少女爱蕾”——一个豆蔻年华的16岁女孩来说,媛姐姐的存在,无疑是她保持心理安稳的一大保障。

“爱”的成长中,倾注着许多中国教练员的智慧和心血。带过“爱”的教练们都认为她的吸收能力、领会能力、临场发挥能力很强,在大比赛中,往往会打出超水平的好球。这也许与她从小就十分习惯电视镜头,从小就习惯在众多观众面前打球有一定的关系。当然,“爱”的技战术和心理素质都还有许多有待雕琢的地方。如在发挥反手特长的同时,如何保护和提高正手位的各种技术,如何对付不同节奏不同旋转的来球,如何在比赛中具备更多逼人的杀气等等。

“爱”的将来时——奥运梦想提前四年

如果按照福原家的计划,“爱”应该在2008年冲击奥运会这个最高目标。可是,“爱”在2003年的巴黎世界锦标赛单项比赛中表现出色,创造了世乒赛历史上进入前8名最年轻选手的纪录,这个成绩也是日本近14年来在世乒赛女子单打项目中所取得的最好成绩。“爱”在日本国内再次引起轰动,同时也证明她在国际乒坛上已具有了一定的竞争实力。

人见人爱的小明星,正在蜕变为后生可畏的小将士。日本乒协为此破格在去年年底内定她参加奥运会亚洲预选赛女子单打的比赛。

在4月9日开始进行的单打小组赛中,福原爱以二胜一负的成绩出线,

进入第二阶段后，她战胜了世乒赛团体亚军香港队的柳絮飞、大阪世乒赛女单铜牌得主朝鲜的金云美及韩国的尹智惠等选手，以第三名的成绩顺利取得雅典奥运会的女子单打参赛资格。这无疑是她创造的又一个新纪录：奥运会乒乓球历史上最年轻的单打参赛选手。

坐在记者面前的“爱”像个乖乖的邻家女孩，她太年轻了，连邓亚萍的光辉事迹都不大知道，问到她有没有特别崇拜的乒乓球选手时，她说很羡慕王楠、张怡宁，希望能够把许多优秀运动员的长处都学习和集中过来，融合到自己的乒乓球技艺中。

“比赛打完了，最想做什么呢？”

“玩游戏机！那个，叫什么来着？”

“中国话应该是超级玛丽吧？”

“对对对，超级玛丽！我还喜欢发信息，听歌，中文和日文的歌都听。可惜，我还不能看懂中文书，我最爱看《名侦探柯南》了，有四五十本呢！”

确实，正如“爱”妈妈所说：“‘爱’还是个孩子，她的成长中，得到了许多人的关照和爱护，其中包括中国乒乓界的支持。提高日本大众对乒乓球运动的关注，是‘爱’和我们一家的责任。‘爱’不是什么明星，我们从来没有打算把她培养成一个明星。媒体的报道使她在还没有取得太大成绩时就十分有名，这也并不是我们刻意去做的。我们只希望她在有限的运动生涯中，做一个出色的乒乓球选手。”

福原爱的经历的确是一个十分不多见的现象，她的辉煌应该还在未来。一个极有天赋的选手，一朵极富传奇的花蕾，应该是整个世界乒坛的珍宝，值得大家去共同爱惜共同培育，也许有一天，日本的“天才乒乓球少女爱蕾”会成为世界的“天才乒乓球少女爱蕾”，如果我们深爱的乒乓球运动因此而得到更多的关注，那将是令人高兴的事情。

（原载于《乒乓世界》2004 年第 5 期）

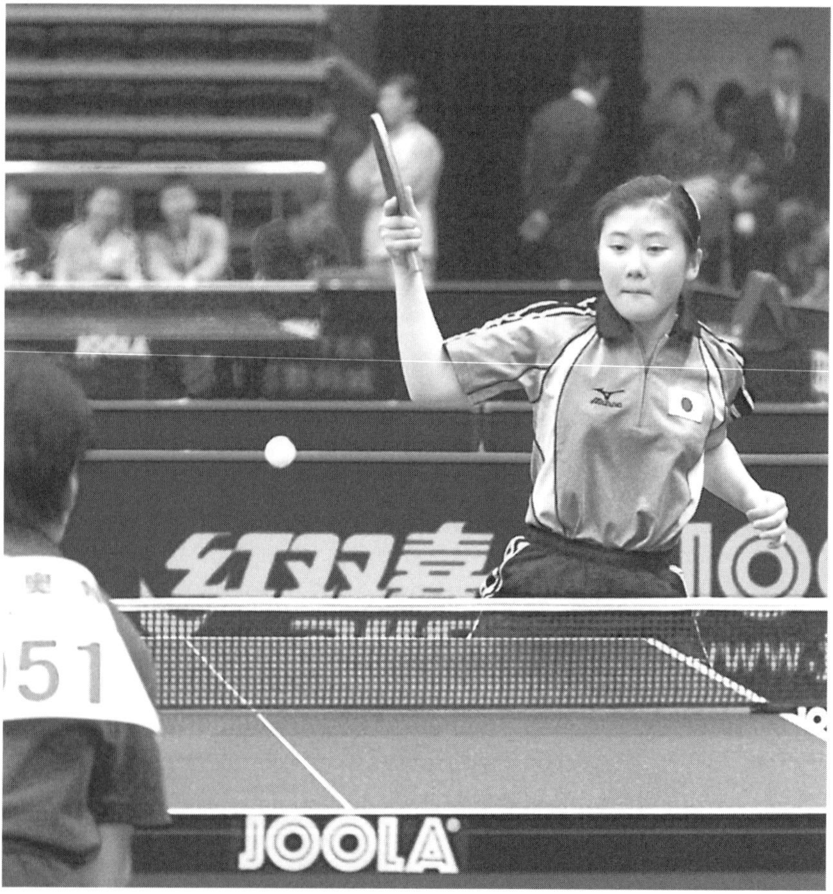

2004 年雅典奥运会亚洲预选赛时的爱蔷

03 对于过去，她仍然不想谈起……

何智丽印象

印象之一：20 年间，与何智丽的三次交手

在我的乒乓球生涯中，有过三回与何智丽交手的记录。头一回大约是在 1985、86 年的样子，当时她已是中国国内的顶尖选手，我则是无名之辈。那是一次全国比赛的女子单打淘汰赛，5 局 3 胜制。没折腾几下，我就 0 比 3 败下阵来。虽然感觉她的球并不刁钻古怪，与她打起来很顺手，但她攻守兼备、全凭实力，高我不知多少。

第二回是几年后在桂林举行的一次邀请赛上，我凑合算个广西队主力，团体赛中对上海队何智丽。情况比上回好一点，第一局还曾以 17:13 领先，最后结果是 0:2 输掉。事后遭到朋友的大哥一顿批评。那位大哥当时在桂林工作，跟同事一起兴致勃勃地来帮我们加油。他指出，我明明领先，却不懂抓紧比分夺取胜利，似乎他比我更在意那一局的胜负。

第三回的交手，是 1998 年年底的全日本选手权。战场从中国拉到了日本；一个成了小山，是全日本女子单打冠军；一个成了伟关，是全日本男子单打冠军家的主妇。她的目标是全日本女子单打七连冠，我则“有幸”成为她头一场比赛的对手。

包括第一号种子在内的 16 名选手属于“超级种子”，我们这些“没种的”要搏杀三、四场，才有资格挑战“有种的”。我按预定时间来到场地，做着准备活动恭候，何智丽却大驾不到。因为赛前就有小山智丽要在本次比赛中弃权的传言，所以身后的记者们开始私语窃窃。大会开始放全场广播，请小山智丽选手速来场地，并声明，此为最后广播，再不现身即做弃权处理。

何智丽和教练终于走出迷魂阵，我用中国话先和她的教练打招呼，对方点头作答。接着我又对何智丽致意：“你好！”我直嘀咕她为何姗姗来迟，莫不是刚从大阪赶来会场？谜底在赛后解开，原来何智丽一直在旁边的练习

场地，和一位与我打法相同的选手练习！

两个半老选手开始交战，我努力集中精神，尽心尽职打好这场球，如果可能就赢她一局，因为她对左手选手的发球的确稍弱。

我觉得自己打得不算太差，有些来回还能看看，但是最终还是输了，赢她一局也成了痴心妄想，比赛过程却算得上对得起观众。我一贯敬佩她球场上的执著和拼命，我们两个从小受的教育应该是一样的，球场如战场、对手即敌人！可对她此番迷阵以待、先扰乱敌方心理再击之的苦心，却真正觉得不必要了，可能她是为了避免“阴沟翻船”吧。

赛后，何智丽对记者们说，大会这样安排她的第一轮比赛是故意的，明显不妥。她不惧任何对手，但可怜成了她对手的我，若是放在别处，说不定会打上个好名次。

比赛组委会的人也过来说明情况：不好意思、抽签抽上的，但比赛打得很好看，价值决赛。我很礼貌地微笑，心想你们太抬举我了！

为我当场外的安田缩头缩脑地跟我说，记者把我当成你丈夫了，一个劲地用敬语。后来发现弄错，马上换过口气。够滑稽的啊。

我想，应该没有机会与何智丽交第四回手了吧。她赫赫有名更不记得这些。想到这些往事，大概是因为四月底的大阪世界乒乓球锦标赛在即，而何智丽却在此前宣布，不再参加国际比赛。其实她所属的日本乒协和大阪乒协，一定是很希望她能赏脸出场的。少了她的国际乒坛，也许少了点风波，但也少了点话题，日本队就更少了点实力，多少让人觉着些寂寞和损失。

而我总认为她有一个太深的情结，系在了奥运会上，所以对于别的比赛，就显得不太重视。何智丽的功过是非众说纷纭，同为乒乓球选手、同为天涯漂泊人，我只敢说一声，辛苦了，何智丽。其实，球场外的世界也是蛮好白相的。祝你幸福、快乐。

（以上部分写于 2001 年大阪世乒赛前，然后一直存在电脑中，然后淡忘……）

印象之二：5 月上海，焕然一新的何智丽突然而至

转眼到了 2005 年上海世乒赛，何智丽已经年过四十，令几乎所有中国乒乓球界人士吃惊的是，她全程参加了前世界冠军回故乡活动。

褪去戎装略施粉黛，笑容可掬握手言欢，与过去几十年英姿飒爽、斗志昂扬、寸步不让、天马行空的行事风格和给媒体留下的印象大相径庭。

即便是那些在旋转、速度高度变化中千锤百炼，反应能力不同凡响的乒乓冠军英雄们，错愕初始，竟也不知如何接招！

可是，几十年来握拍鏖战的手，分明已穿越历史、地理、观念、性情的异别，真诚地触摸到了家乡的笑脸和古巢的温馨。

也许，只有在掌声过后球台渐远时，方觉荣辱得失过眼烟云，恩怨情仇恍若春梦。

于是，何智丽诚意配合媒体的采访，回应大众的关心、好奇，并通过媒体展示一个焕然一新的何智丽形象。

印象之三：8 月大阪，一个细腻的何智丽

为了更为生动全面了解介绍一代名将的骄人战绩、坎坷人生，《乒乓世界》决定把采访的场地延续到何智丽生活奋斗了十多年的日本大阪。于是，2001 年的时候无论如何都预见不到的、与何智丽的第四次交手终于在 2005 年实现。这一次，我的武器是纸笔以及诚意。

何智丽来到日本之后一直生活至今的池田市，位于日本国大阪府北部，与中国苏州结为友好城市。这里风景优美、环境幽雅，尤以满城樱花闻名，每年春来花开，吸引着众多远近游客流连花下。何智丽是这个城市里的名人。

在与何智丽直接联系之前，我查找了一些以往有关的各方面报道，希望更多地了解她在日本的风风雨雨。

于是，从其它角度上，发觉了 1998 年与她交手时的我，以及 2001 年信手涂鸦时的我，未曾注意到一些事情。

我们每个人都带着各种不同的想法和感情走向赛场台前，何智丽同样也是带着她自己的感受当然还有目标来参加这么个全日本乒乓界最具权威的赛事。

那次比赛，34 岁的何智丽，在球界和媒体的注目中，凭着良好的竞技状态、坚强的精神力量，一步一步向女子单打冠军七连冠这个日本乒坛史无前例的大记录冲击。女子单打决赛和男子双打决赛那天，日本天皇陛下

和皇后陛下专程来到赛场观看，而1991年在千叶举行的第41届世界锦标赛时，到赛场观看比赛的只是二皇子文仁亲王殿下和亲王妃纪子殿下。

充满了紧迫感的决赛会场，由于天皇陛下和皇后陛下的光临，更添以往未曾体会到的肃静庄重气氛。那几年，日本百姓对相比棒球、足球等体育项目而言，关注不多的乒乓球项目的认识，更多的是一个叫小山智丽的原中国培养出来的世界冠军，媒体称她为“乒乓球的女王”，报道她的传奇经历和出色战绩。

加上1998年的决赛之前和之后，何智丽先后共三次获得过天皇陛下和皇后陛下的接见，在日本社会，这代表的是一种荣誉和承认。而就日本乒乓球界而言，更是未曾有过的殊荣。

美丽文雅的美智子皇后作为日本历史上的第一位平民皇后，嫁入皇室之后，曾经受过许多委屈，但她没有口出怨言，却说，也许我们都曾经在有意和无意之中，伤害到了他人……前几年，美智子皇后曾经患失语症，后来通过治疗和打乒乓球锻炼得到痊愈，一时在乒乓球界传为美谈。

看着手中关于何智丽的褒贬，想起美智子皇后的这番话，再看四年前自己随意写下的东西，反省我们每一个人，于文字于言行，在真实和正直的同时，是否还需要些许春风拂面？毕竟，无论贵贱贫富，人在岁月之中，本身都必须也已经经历了太多的风霜雪冰……

何智丽接了我的电话，但表示不想再谈过去，而对于将来，目前还没有完全规划好，所以最好不要在这个时候去采访她。最后，她终于同意作为朋友大家见个面，她请我吃饭，顺便聊天。

2005年7月28日至31日，日本实业团比赛在新泻举行。何智丽所在的池田银行队获得了第三名。8月1日下午，我们在约好的大阪站附近的新坂急酒店大堂碰头。

赛后又赶了5个多钟头的路，刚回到大阪的何智丽尽管有些疲惫，但队员比赛打得比预期要好，她一副挺高兴的模样。何智丽现在是池田银行队的总教练兼选手，从2001年起已不再参加国际比赛，近年来又逐步退出了全日本选手权比赛等单项比赛。作为选手出场的，主要是一些国内的团体赛事而已。

何智丽说，现在的日本国内赛事没有意思，缺乏吸引力，水平越来越低，观众也寥寥无几。在表示同感的基础上，我说，有的时候其实世界并没有变，只是我们自己的内心在变，于是映入眼中的世界就变色变形了。我想，她大概根本不会相信这类意思不明、模棱两可的解释。日本的女子乒乓球界如果没有人可以打破她的全日本选手权连续六次冠军，合计八次冠军等等纪录的话，何智丽完全有资格坚持自己的观点。

一个女子选手可以在两个不同的国家取得大量的优异成绩，将运动寿命延续到四十岁以后，关键在于自我管理。何智丽认为除了本身身体条件比较好以外，不抽烟不喝酒注意防止伤病才是最重要的。人只要确确实实地对自己有要求，就完全可以承受得了艰苦的训练，而其它都是借口。

而平时，何智丽有时也会开车出去兜兜风，或者购物。由于住所离训练场地不远，大阪的公共交通又很方便，所以更多的时候都用不着自己开车。池田银行原来没有乒乓球队，为了支持何智丽打球，1991 年建造了乒乓球馆“器量馆”，并成立池田银行乒乓球队，参加日本联赛中一部球队的比赛。曾经有不少中国选手加盟过池田银行球队。目前，除了参加比赛，球队还与区域密切联系，进行一些乒乓球指导和交流活动，旨在扩大乒乓球运动在本地区的影响和增加乒乓球爱好者人数。

闲聊之间，到了晚饭时候。何智丽介绍道，在新坂急酒店对面，有一家叫香港蒸笼的自助式中国菜馆，很不错的。随着她过去时，果然已经客满。我们坐在入口的园凳上等候，背后的整面墙壁用排列整齐的蒸笼作装饰，十分别致。

我们继续闲聊。

原以为像她如此个性鲜明的人，一定会喜欢一些比较鲜明强烈的色彩。可是何智丽却说喜欢淡紫淡绿等比较柔和的颜色，这有点出乎我的想象。

我问她，性格都像了谁的？既不像上海人又不像还有一半血统的广东人，旅居日本多年，似乎也没有被同化太多。她笑着回答说不知道，家里没有人性格与她相似。于是我就半开玩笑道，那很可能是受我们小时候所处年代的影响了吧。

我们同在提倡造反、轻视知识的文革后期中开始懂事、逐渐长大，形

成了影响我们未来言行的世界观。

要强不服输、渴望胜利成功，是竞技体育的根本；而自小接受的乒乓球专业训练，要求个人作战更多于团队协作。选手们花费绝大部分的时间和精力在日复一日年复一年的过酷训练上，某一方面的特长得到非同寻常的发展，却空白了一般孩子们接受基础教育的阶段。这是一个具备着平常人没有的能力、意志、经历乃至荣誉、地位和知名度的特殊群体，比常人更坚强、更努力也更优秀同时，却往往缺乏世间看来应有的常识部分。性格的形成，相比遗传，或许更受时代、环境的潜移默化。

终于有空位可以坐下吃饭了。何智丽招呼我吃这样吃那样的，告诉我这里的拉面很好吃，并帮我也拿了一碗。我发现她其实挺喜欢也挺会照顾人的，在电话里告诉我碰头地方时，也是仔仔细细的，把酒店周围的设施重复上好几遍，我知道她是担心我对大阪车站附近不熟，走迷了路。而实际上我确实经常地迷路！A 型血的人远比我们大大咧咧的 O 血型人来得精细，而打乒乓球，是需要过细地抠住每一个技战术环节、每一分胜负转折的，越出色的选手，技术越为细腻，何智丽当然不会例外。

在饮食上，何智丽也是比较注意的，多吃鱼类蔬菜、少吃肉类甜食。每天喝很多的茶，尤其爱喝绿茶中的龙井。正好我也是个从早到晚做牛饮的绿茶依存者，而且已修练到永远不会因喝茶过多而失眠的境界。虽然喝得不讲究，也可称为此生一大爱好或一大需要。于是茶逢知己般地提议何智丽更上一层楼："那么，你可以研究研究绿茶嘛。"何智丽很快活地说："我当然有研究了，绿茶里的碧螺春、信阳毛尖、黄山毛峰都知道的。在上海的衡山路上有一家茶庄，茶喝得很讲究，佐茶的小食物就有几十种，摆在桌上，我非常喜欢。"

品尝着放在一个个小蒸笼里、用推车慢慢推来的小点心，我们又说起了上海的南翔小笼包，何智丽说城隍庙里的小笼包就是要比外面其它店的好吃许多，每次回到上海，都要去吃。

时间在轻松的谈话和续过好几回开水、仍旧稍显苦涩的茉莉花茶中流走。我得赶最晚一班新干线回家了，何智丽执意要送我到大阪车站，在检票口我们挥手道别。她把我前一阵寄给她看的《乒乓世界》带来还给了我，

其中有一部分我跟她说了不用还的，她却都拿来了，说不用留了。可是，谈话之间，还是很高兴地留下了最近的两期，里面登有她打球的照片和五月份在上海参加冠军团活动时的相片……

列车启动时，我在电脑上敲下：

“玫瑰带刺，杨花水性，世间万物皆有缺憾，人又何尝不是如此，在意识到我们自身都不完美时，在相互尊重之下，是否该尽量地不苛求他人必须面面俱全高大完美？”

然后，在“这次来大阪真好”的满足感中睡着……

8月2日，东京家中空调下电脑前，蓬头垢面，从艳阳当空写起，浑然不觉间窗外已是漆黑一片。我崇拜所有出色的乒乓球世界冠军、尤其是女子世界冠军，羡慕她们所具备的恰恰是我所缺乏的运动才能、非凡毅力和王者霸气；然而，却又下意识地敬远竞争之中必须的锋芒毕露，尽管自己也曾咄咄逼人至退避三舍。可是，我喜欢在一起吃饭时的何智丽：要求把酸辣汤重新加热得到满足之后呵呵笑出声来；拿着账单快快地付钱还不忘了提醒我上车前去趟洗手间，背包由她帮忙看着。

人生会有许多瞬间，辉煌暗淡荣耀屈辱快乐痛苦。也许我们不可能总是像这一刻般轻松，可是却需要这轻松的一刻。但愿我的大阪半日带给何智丽的感受也能如她所给予我的一样。

不知道记者的采访应该是采用怎样一种正规的形式，可能专业记者看到如此工作状态，如同我们看到一个乒乓球业余爱好者以高手自居那般可爱得可笑。可是，既然我好像答应过何智丽，只是作为朋友聊聊，所以就没有拿出其实已经准备在包里的录音笔，甚至连笔记都没有记一笔。而她呢，真的就请我吃了饭。

关于何智丽，下面这些数据和背景是准确可靠的：

女，1964年9月30日出生，上海人

身高：168公分

体重：忘了询问，估计问了可能也得不到精确答案

血型：A

喜欢的食物：鱼类、蔬菜类，喜欢绿茶，尤其是龙井，不喝咖啡，警惕

啤酒，以防啤酒肚的形成

喜欢的颜色：淡紫、淡绿

而下面这些，则是她留给我的印象：

凡事看准了就做，并要求做好，最好得个第一，但并不太在意失败，不后悔已经做过了的事情；

相信许多事情乃命中注定，或许是因为命运之中发生了太多不同寻常的事情，而又无法用常理来作解释之故；

说些一般人想说不敢说的话，也说些一般人不大爱听的话。

我勾画的，是一个无论从战绩还是经历，在中日两国的乒乓球历史上都写有浓厚一笔的著名女选手，在某一平常时刻给人留下的映像。

一如多次向何智丽表示过的那样，我能够做的，只是在尊重她的基础上完成一篇随笔。可以没有过往没有未来，只需要不至于对她形成任何负担的、现实生活中的一小点和一小滴即可。

籍此，我描述出一个也许很浅显但是很真实的2005年盛夏的何智丽印象。

（原载于《乒乓世界》2005年第9期）

2005年盛夏时的何智丽

04 王会元这二十年

2004 年年初的在日华人乒乓球赛时，王会元作为发起人之一，从京都赶来横滨。扛着“大炮”的夏娃对我说，你负责采访他。可是，在当晚的酒会上，西装革履、一副成熟温雅风度的王会元忙着和从北京来的嘉宾许绍发许指导叙旧。我扯出虎皮说是奉命找他，他一会说马上要赶回京都，一会说没有什么可写，接着又说这儿太闹，等下次有空再说。确实，人声鼎沸可能算不上，乡音溢耳寒暄问好的席间，进行较长时间交谈是有一定难度。

2005 年 5 月，上海好望角酒店的电梯里，再次碰到王会元，提到还欠着我一次采访，他却指着满座的电梯，说你不去找他们找我干啥？拿一群我只敢仰视的冠军来打掩护，实在是大大的狡猾。我再次让他从眼皮底下溜走了。

2005 年 6 月，已经进入梅雨季节的日本，窗外下着小雨，反正闲着也是闲着，就试着往王会元的手机上拨，这次他挺爽快的，答应在电话里聊一聊。

上海世乒赛期间，他呆了三天时间，和原来的老教练、队友难得的相聚，感觉十分亲切。记得 1976 年和黄统生一起进国家队后，他就自己要求把反手的反胶改为生胶，为此还和主管教练庄家富产生不同意见，最后经男队教练组讨论，认为既然选手自己想改，就尊重本人意见吧。而今国际乒坛已成两面反胶天下，反手生胶打法，尤其是在男选手中，几乎已成珍奇。可是王会元重申他在当时历史条件下的决定并没有错，对付欧洲选手，反手靠速度、变化要比拿旋转去和对方对旋转，应该会有利一些。上世纪 70 年代时，横拍发正手高抛球技术还是空白，王会元开始琢磨着在横拍打法之中也融入发高抛之后打发球抢攻的技术，逐渐地大家也都开始接受和运用……

提到这些往事，王会元不无感慨地说，我们国家的乒乓球水平能够一

直领先于世界，和一代又一代的教练员运动员的刻苦钻研、群策群力是分不开的。

交谈之中，王会元仍然多次重复，没有什么值得写的，平平淡淡普普通通一个人了。那么就谈谈目前的生活和家庭吧，而他夫人周晶就更“爽快”：“王会元在日本还好，家里也不错，就这些了。”

如实照办，其余割爱不记。

从世界冠军到大学先生的王会元

从十七岁开始参加第三十四届世界锦标赛起，王会元代表中国一共参加了五届世乒赛，是三十六届、三十八届男子团体冠军的主力队员。在竞争激烈、新陈代谢极快的中国乒乓球界，能够连续参加五次世界锦标赛，本身就是一件相当困难的事情。可是，王会元认为自己是属于比较有天分的选手，在国家队的同期选手当中，应该划为训练不算太刻苦的少数人之一了。

1985 年的三十八届世乒赛之后，王会元退役回到辽宁，1986 年来到日本，可以说是最早踏上东瀛之路的前世界冠军了。初到之时，在日本引起一阵轰动，“世界的王来到了日本”，电视台在傍晚的黄金时段跟踪采访和播放他和夫人在日本的生活情况。

王会元的异国经历在走出国门的世界冠军级选手当中，是比较特殊的，他没有选择继续当运动员。他说，当时也有日本的公司和德国的俱乐部队向他发出邀请，尤其的德国俱乐部开出的条件，是十分优厚的，但他和夫人却明智地认为运动生命有限，往后的路却很长。球再打下去，总有一天也要退役，虽然继续打球收入会高，但当时已经觉得十分需要去学习，以弥补从小当运动员而荒废了的文化课。

在为 TSP 公司进行了一段时间的讲习工作后，王会元于 1988 年以留学生身份，进入位于日本文化古城京都城里的龙谷大学读书。而且，还是怀着“既然要学，就不搞特殊，不仅仅是为了得到一张文凭为了面子而学”的彻底充电、深造自己的决心。

大学四年，王会元一边学习，一边代表学校参加全国大学生比赛，并获得过单打冠军。空余时间，还要去松下电工公司女队教球，当时的松下

电工公司队里，有赵多多、山下富代美等选手，后来她们俩都获得了参加巴塞罗那奥运会的资格……充实的大学生活，给王会元留下难忘的人生经历，也改变了王会元的生活方向。

他说："在二十六岁时就结束运动生涯是有点可惜。但是，选择走新的人生道路，也许比继续从事自己原来的职业更需要勇气。刚开始上学时，本来文化基础就差，再加上不习惯坐着听讲，一节课下来脸是青的，还不如打一场球来得红光满面。"

可是，校园生活完全不同于已经呆了十多年的运动队，在学校接触和交往到的人群也完全有别于体育界。度过了最早难耐的适应期后，王会元逐渐融入新的生活环境之中。往日光环笼罩的冠军英雄，在没有了掌声赞誉也远离了沉重责任感的异国象牙塔中，领悟平静智慧的别样人生。

大学毕业之后，王会元留校至今，现在是龙谷大学乒乓球队的总教练。

王会元的办公室在体育馆一进门的地方，他和学校美式橄榄球队的教练共用一间。他指指桌上的电脑等办公用品，"你看，就这样，什么都有，很方便很轻松也很安静吧？"

大学先生是比较安定、待遇不错而且受人尊重的职业，看起来，王会元当初的选择、自身的努力和机遇都挺好。

龙谷大学是一所1639年开办的私立大学，最早建于现在已经成为日本重点保护文化财产的西本愿寺内，供寺内的和尚学习所用。由此，龙谷大学如今仍是一所佛教大学。而大学乒乓球队的历史也已有九十年之久，在日本属于开展乒乓球运动较早的大学了。王会元担任总教练，已有十来年时间。

龙谷大学的体育馆，除了乒乓球室，还有柔道、拳击等训练场。

除了王会元以外，原山东队选手韩燕、北京队选手刘京晶、河北队选手王晶和江苏队选手夏莳娜都曾在龙谷大学学习和代表学校参加日本大学生的各类比赛。

"这几年，日本的大学赛事对外国留学生的限制太多，一年可以参加的比赛只剩下一两次，所以，来留学的中国乒乓球选手人数减少许多。现在我们队里没有中国留学生选手了。"

由于是星期天，队员们基本都休息，只有三个女队员因为静冈来了三位

高中生，才放弃休息在和她们一起训练和打比赛。

王会元指着一位眉清目秀、左手握横拍、打得满头大汗的队员说，这位叫小竹的队员，其实是和其他高中生一样，今年四月参加大考考进来的，但是喜欢打球，自己要求参加乒乓球队，最近进步很快，但反手不灵，我让她改打生胶了。估计再练个一年，她的球还真可以打一打了。

“人家要愿意学，想打好咱们就多教一点。”

大学的乒乓球队，队员首先是以学业为主的学生，乒乓球是课余活动，学校对比赛成绩没有过高要求，教练和学生都没有一定要拿到高名次的压力。但反过来，打出优异成绩后亦不过是表扬几句而已，要毕业照样得拿够学分。

“不是不想把球队搞成一流强队，而是日本大学乒乓球队的业余性质所决定。”

如此轻松的乒乓球，与当年为国争光、攀登世界乒坛最高峰相比形同儿戏，可是，谁能决定乒乓球运动的形式除了最高阶段，就不能仅仅是强身、爱好而已？只是对曾经走到了世界最高点的王会元而言，目前的工作是不是太过轻车熟路？

穿圆领衫的邻家大哥王会元

日本1868年迁都东京之前的1000年间，京都一直是日本的首都，如今则是日本著名的观光城市。四面环山、地处盆地之中的古都，极少受到台风、地震等日本家常便饭般频繁的自然灾害困扰，保留着浓厚的日本传统文化。佛教传入日本时，以京都、奈良为中心，形成许多不同宗派，建成各类风格的寺庙，至今仍吸引着日本和海外的游览人客。京都小街上穿着艳丽和服、脚踏木履、白粉一直涂到脖子的舞妓，是日本的代表性印象之一。

从极具现代建筑风格的京都车站换乘两站地铁后，王会元推着辆自行车接我来了。套一件圆领衫穿一条过膝便裤，前两次没有注意到的是，剪得很短的头发，已染一些斑白……

从地铁站到学校很近，离寓所也很近。一路上有好几家日常生活用品店，王会元介绍说有些是最近新开的。而寓所的楼下就是超市、小酒馆和巴士站。

公共交通太方便了，王会元连车都懒买。“坐火车到大阪，不过几百日元，三十分钟的事情，我还可以在车上看看书什么的，自己开车去的话，高速公路费好几千，还堵车，我买它干嘛？”指着楼下超市门口摆放着的大萝卜，他又来一句：“98 日元一个，挺便宜吧？”

在日华人生活安定之后，几乎都买房子。王会元说考虑到孩子将来读书工作的地方未定，暂时还没有买。而其实，给人更多的感觉是：对买不买房子，他也并不在意。每个人对舒适、享受的理解不尽相同，可王会元如此程度的无欲无求随意洒脱，相比奢华，更求合理的生活观，仍然出乎意料。

这次京都之行，最开心的，莫过于能够有幸和王会元夫妇在他们常去的四川餐馆共进晚餐。不大的店内，夫人周晶和女友在闲聊着。我们到来的动静吵醒了在榻榻米上睡觉的女友丈夫，看到是王会元，惺忪睡眼顿时发亮，于是生啤端上，精神抖擞地干杯！

“其实男人啊，一两知几，一杯酒，就这么坐着，看着，不见得要说话，在于一种感觉。”东北男人王会元说这番话时，颇有点侠客古风之感。

两个男人这天的主要话题，居然是将来老了，一起弄一菜园子，种些无农药瓜菜养两条狗！而他们的女人却表示希望到巴黎旅游购物甚至常住！日本古都、四川饭店、中国男女，彼此的话题和梦想遥远地游离现实之外，徜徉在一种不知身在何处的愉悦中。

王会元每年利用休假回家乡，探望年过八十的老母亲。

谈到辽宁家乡，还牵出一段奇缘佳话。王会元夫妻偶尔读到一张报纸，得知辽宁农村有一位喜爱乒乓球的少年，由于父亲急逝、哥哥身患绝症，即将面临失学的遭遇。他们当即决定资助这个不幸家庭，支付孩子完成学业的费用。面对弱势人群，我们常有同情心与无力感交错，也许我们无法彻底拯救人类，可是能力范围内伸出的援手，却能挽救一个濒临绝望的家庭、为社会培育出一位有用之才。王会元夫妻把善举看成是一种缘分，乒乓球所牵之缘……

尽管仍然关注包括国内球界近况在内的乒乓球信息，尽管在日本一直有公司、个人请他指导球技，但人到中年的王会元已无意再回到乒乓球竞技的中心。东瀛近二十年的阅历，改变的不仅仅是外貌体形，更多的是心情

心理。在回到平常人位置之时，也看到了乒乓球之外的开阔世界。

“昔日为祖国荣誉激动交战的王会元，如今的日常已转变为淡然静态的交流。”

这是他们夫妻希望我捎给国内球迷、友人的消息。

而我还想多说的是，动静、静动皆在念头之间，贯彻“做自己喜欢做的事”宗旨、可是离种菜养狗至少还有二十年光阴的王会元，向朋友自嘲“你在企业滚打，我在大学喝茶”的王会元，言语之间，会不会投身一个乒乓球之外的激动世界？

猛然发觉，每次的告别，都在车站。不同的车站，相遇不平凡的人物，体会不同的人生五味。

田町站是李隽，品川站是樊建欣，大阪站是何智丽，而京都站，是王会元。如果说女人如花，牡丹、幽兰、玫瑰，怒放在东瀛乒坛；那么男人就是树，挺拔伟岸，在异乡岛国，为社会为家庭撑起一片绿荫。

王会元，天分造就的世界冠军，勇气换来的大学先生，谦逊地拒绝采访、随意地穿圆领衫、善良地解囊相助、豁达地向往世外桃源，二十年前是光芒闪耀的球星，二十年后成温文儒雅绅士，劝人吃饭教邻桌年轻人煮火锅时，开朋友车带我游岚山送我到车站时，宛如宽厚地道的邻家大哥。

每个时期、一支树枝；每个侧面，一片树叶；便是一个立体的生动的王会元。把男人确定为某一种树有点矫情，估计东北男人就更加不乐意。

油松，沈阳市树。

（原载于《乒乓世界》2005 年第 9 期）

王会元与夫人周晶

05 一个属虎，更属于自己的女人

大约在一年多前，夏娃说，在适当的时候，要为乒乓界众多的优秀的却单身的女人做一系列报道，是不是“稍稍”带了点“征婚”之意，那就仁者见仁了。

说到曹燕华，原计划就请她自己娓娓叙述海归之后的经历，即便不劳她自己动手，也还有我们的执行主编、或者编辑部的才子才女们，兴许连腹稿都准备停当，只待一声令下的了。

哪知道2007年6月的苏州之行，仅仅为了跟曹燕华照张合影，我居然大口一张小事一桩地把任务揽了过来！紧接着就傻眼：这样一个属虎女人的经历，岂是我一支拙笔能够胜任?

7月，日中友好交流活动，这回可找着借口去上海了！我需要走近燕华、了解燕华、读懂《属虎的女人》！

冠军燕华时，魁星花季无愧

其实，当乒乓球选手时的我，曾经“痛恨”过曹燕华。谁让她十四岁就进了国家队、参加国际比赛，并马上就战绩赫赫，十八岁开始拿世界冠军、二十二岁时再次获得世乒赛女子单打冠军。以曹燕华为首的62、63年出生的一大批优秀选手，就这样狠狠地断送了“65、66们”的冠军梦想呐！估计没有人注意到吧，中国的女子世界冠军当中，偏偏没有1965年出生的?！这个，燕华就有着不可推卸的历史责任。

所以啊，必须提议了，今后再提到曹燕华的过早退役时，大家都要开心才是，不可以再用可惜之类的词汇了。要知道，真正可惜和可怜的，是在她的过于出色之下，黯然失色了的我们这大批群众选手。作为大家的代表(自封的)，有义务趁此机会，稍解心头之“恨”。

在上海参加中日友好活动的林慧卿老师跟我们聊起了当年的一段往事，非常巧合，在燕华的自传中也有记述：1978 年 11 月底在马来西亚吉隆坡举行的第四届亚洲乒乓球锦标赛上，当时作为女队教练的林慧卿老师，为了给年轻队员一次极好地锻炼机会，在女子单打比赛中果断地决定，让四名进入半决赛的中国队员真打，这在当年，无疑是大破先例。曹燕华初生牛犊不怕虎，先后战胜了两名前辈队友、著名选手，在难忘的十六岁生日那天，获得了女子单打的冠军，从此一飞冲天。

作为同是世乒赛大满贯得主的林慧卿老师，谈起选手燕华时，充满了欣赏。从第一次在上海的比赛场上见到曹燕华打球，所有去选苗子的教练，当然也包括林老师自己在内，都对灵性十足的燕华印象深刻：击球动作标准、手感好、思路清晰，燕华被大家认定为一个极有培养前途的年轻选手。林老师以自己的切身体会继续说："一名年轻的选手通过在大比赛中获胜，必定信心大涨，而打好球在很多时候非常需要有坚定的自信心。后来，曹燕华能够在世乒赛上获得大满贯，这是件非常困难的事情，需要运动员技术全面、敢于承担重任，具备独立作战能力和战胜任何对手的实力。"

最近几年通过几次世界冠军的聚会，以往难得一见的各个年代冠军们终于有了相聚交流的机会。林老师说，从来没有听曹燕华提到自己当年如何出色如何厉害，这一点，同样难得。"但是，她现在开公司、办乒乓球学校，做得这么好，也是当年在球场上要强敢闯性格的延续。"

再说点题外的，林老师对燕华的欣赏和爱护之意、燕华对林老师的尊敬和感恩之情，从她俩的言中笔下渗出，感觉中国的乒乓球，不仅仅是代代出冠军笑傲世界乒坛，而由冠军培育出来的冠军之间的大家庭般的温暖和情谊，更是代代传承，同样是一种独特而珍贵的传统和财富。

常常觉得在我们有限的人生岁月当中，每一个十年似乎都代表着一个奋斗阶段。翻阅燕华的足迹，在其约为十年的运动生涯中，天分加努力再加倔强，成就花中之魁。而在最高峰时，挥挥手不留下一丝依恋（起码是表现为）的告别，更符合燕华的潇洒不羁。

或许，从十四岁这个超小年纪选入中国乒乓球队开始，便注定了曹燕华今后的一切行为，也将超前：上世纪 80 年代，大多国人尚在懵懂之中，她

早早走出国门;90年代,出国浪潮方兴未艾,她却先知先明结束十年异国生活,与新上海一道开创自己的新一轮人生道路;又一个十年,世界进入21世纪时,属于燕华自己的一方土地上，开始开花结果。

女人燕华时，魅力岁月无痕

燕华翘起纤纤细指、踮起尖尖下巴、然后燃起袅袅香烟的姿势，仪态万方、颠倒众生。

女人的烟姿仅有两个极端：非优雅即粗旷。燕华的优雅中掺杂些许玩世不恭的俏皮还有开心。

女人看燕华，颇有一种自愧不如的欣赏。而燕华常常挂在嘴边的是,“自己不漂亮”，敢这样评价自我的女人不多，估计比说自己好看更少。小时候总以为长相是爹妈给的，除了接受就是等着随流水岁月花开花落。燕华却言传身教女人们：阿拉唔信伊！

7月的上海，卢湾体育馆后台过道边的镜子前，燕华手持定型发胶、仔细地修饰着其实已是很有型了的秀发：“这里有点塌下来了。这次的晚会没有化妆师来呢……”帮忙拎包作满脸倾慕状的我却在暗想：够美的了燕华，真正需要发胶和化妆师的哪里是你呢?

燕华的皮肤非常细白，这应该要感谢父母之传;而依旧细长紧致的双腿，据她自己总结，则是坚持穿高跟鞋的成果。女人燕华，亭亭玉立于中日乒坛群英会舞台之上，一袭轻盈超短黑裙一曲《今夜无眠》，今岁无痕，此时的燕华断不能与不惑作联想。

而身边唱着同一首歌的，是曾经牵手走过多年风雨坎坷的施之皓。燕华说,“当年在德国相夫育儿养狗时的我,身材臃肿、满头乱发一把揪在头顶,这么丑多亏了施之皓没有说过一句嫌弃的话。”

难以想象也就难以置信，于是只好向施之皓本人求证。情况看来没有燕华记忆中那么糟糕：“在德国，居家的时间比较多，也就不大需要化妆。刚生孩子那阵是胖了点，这很正常啊。”不同人生阶段中的女人风情也各异，不知道施之皓的证词是否能够让要求完美的燕华释然一些呢?

在苏州、在上海，充分领教了女人燕华的风趣亲和的魅力和呼朋唤友

的豪爽。

燕华率众人进驻卡拉 OK。其间，软语嗲嗲道："娟儿，我们一起唱日语歌！"善解人意的她，是在缓解五音不全者的麦克恐惧症，我却感服于她不亚于运动天分的语言感觉。

1986 年 9 月至 1987 年 7 月，不到一年的时间，燕华是在日本上过日语学校、做过乒乓球讲习工作，也在那里玩过扒金宫游戏、吃过街头的糖炒栗子，但她发音准确的日语歌是在哪里学会并一直记着的呢？就连日本民谣"演歌"的发音跟"燕华"一样，亏她都还记得。

当我们在静安区的曹燕华俱乐部碰到一位从美国回来度假，正在练习的华人女士时，燕华说的是流畅的英语……然后温柔地一句：我们还是说中文吧……

女人美丽是天性，女人有才是天分，而女人育儿是否为天职在这个年代就仁者见仁了。燕华和施之皓的儿子泽西，已经是个上中学的漂亮小伙子。2000 年劳燕分飞的同时，小比利随妈妈几乎是顺理成章的选择。

一个女人拉扯孩子长大，再能干都不会轻松。燕华没有艾怨，至少在我们 2007 年 7 月的谈话中没有听到，却只是反复地听燕华的当前计划和最新决心：要拿出更多的时间陪着小比利，从现在到考大学，是孩子文化学习中很重要的阶段。

燕华还说，"毕竟孩子是与我们血肉相连的，这几年来施之皓也在努力地尽着父亲的职责"。如今，泽西爸爸也愈发成熟，对儿子的成长、教育愈发关心并积极参与。出生在不来梅、成长在上海的小比利，却对英语不感兴趣，这急坏了比利爹比利娘，在征求了儿子的意见之后，决定修改早前设计好的求学轨道，以顺从孩子的爱好和特长。

我问燕华：如果人生可以重来，还会选择跟泽西爸爸结婚吗？

燕华毫不迟疑："会的……"

"现在冷静地想想，也许，当年我们还可以有另外的、更合适的选择。但同时，我也感谢这个选择……"

七年前，在事业和家庭生活两难时，断然选择了前者的施之皓，七年后在深圳，颇为推心置腹地说过一席话："人生，就是不断地反思自己，不

断地否定自己，而这个过程肯定是很痛苦的。我也有许多的缺点，不然自己的婚姻就不会走到这个地步。这些年，我经历了不少，懂得了人必须学会和敢于否定自己。”

8 月里，误点的飞机航班，宋丹丹的《幸福深处》随我度过难耐的待机时光。书中片断，在上海的锦江酒店，燕华、夏娃、我，三个女人在聊天时提到过，与燕华目前的心态颇为相似，大致如下：

假如现在你问我："离婚后你后悔吗？"

我一定会诚实地回答："不，我不后悔！"

但你如果问我："如果回到那时再重新选择，你还会离婚吗？"

我同样会诚实地回答："不，我不离！"

打碎了一个家庭，便无法修补，受伤害的不仅仅是夫妻二人，还有彼此共同的亲友和孩子。

是的，许多共同的朋友、球迷都为他们的分手遗憾和感叹。

在他俩的人生岁月中，有过金童玉女天作之合的美丽童话；有过携手海外漂泊的十年时光；共同孕育过爱情结晶、共同品尝过人生甘苦；海归之后的劳燕分飞……这，绝对违背他俩初衷，更不是亲朋好友愿意看到的结果。但，2000 年时的燕华，义无反顾（大概也属于起码是表现为）做出如此决定……

优秀女人出色男人。也许两个完美主义者反而会演绎出一个不完美的结果，而经历了不完美的磨砺之后，若将能带给彼此更为完善和成功的人生，那么，分手又何尝不是一份温柔一片关爱和一种超脱呢？

优雅地率性着、细致地豪放着，只会在不经意中，偶尔感觉到几丝落寞的思绪飘浮。一个传统地超前着的属虎女人……

女人燕华真实、自我、多面，经历过的、感悟到的、更新着的精彩人生，哪是简简单单就可读懂描出叙尽？

校长燕华时，魄力风华正茂

日本、德国，人生又走过一个十年之后，1996 年燕子归来时。故巢上海既熟悉还陌生，一头雾水双眼茫茫的时期也曾有过。燕华说她刚刚回到

上海那阵，认识的人和会唱的歌一样，寥寥无几……

在1998年创办曹燕华乒乓球学校前，燕华经商做贸易，颇有从此远离乒乓的架势，或许，那不失为一种聪明的选择。然而，这次她没能潇洒地远离，既是命运所定也是性格使然，曹燕华乒乓球学校艰难起步，并渐成规模。到2007年，又是一个十年将至，我问燕华：现在的你，有几个头衔?

燕华想了想:上海乒协副会长、宝山区政协副主席、宝山区侨联副主席、曹燕华公司董事长、上海曹燕华乒乓球学校校长、小比利的妈妈、施之皓的QQ……

看我不明就里，她调皮地解释道："就是前妻！"

得，之前称老公为"房东"已经把我弄晕，这回又来一QQ，彻底倒下！

我又问，最喜欢的，是哪一个?

燕华又半开玩笑道："书读少了，所以最喜欢曹校长吧，听起来显得蛮有学问的，呵呵。"

关于名人创办乒乓球学校或者俱乐部，燕华或许不是第一个，但是以个人命名的少儿普及培养性质的乒乓球学校，曹乒校该是创了先河。这是一个别人想甩掉的烫山芋，燕华却去接手。

"所以我说了，自己不是个聪明人，更不是个精明的商人，相比得失更重义气。可是既然是做了，就一定要做好。目前，也许曹乒校还处于名大于利的阶段，但再过几年，我将使它名利双收。"

燕华说这番话时，绝无玩世不恭更无夸夸其谈之意，令人相信这一定是她未来十年，不，也许已经不再需要十年时间的主要奋斗目标。

无论是在跟燕华的几次谈话中，还是作为本篇文章的需要，我们都不得不提到对燕华帮助和影响极大的徐寅生徐主任。无论是选手燕华、校长燕华还是人间燕华，对和蔼可亲善待他人的徐主任，除了感激，更是做人处世效仿的榜样，随着年龄的增长和阅历的丰富，"许多人许多事都可以拿得起放得下了，而更有一些其实都不值得拿起来"。这是燕华从徐主任那里学到的人生哲理，校长燕华，正在逐步进入平和地要强这一人生新境界。

而我，7月的上海之行，最觉不足的，就是行程匆忙，没有机会更多地看到工作状态下的燕华，在请教徐主任之后，才得以将此章节写出。

徐主任在评价曹燕华海归十年的成绩和意义时说，曹燕华跟乒乓球有着不解之缘，对乒乓球的情结，促使她在看到上海这个乒乓球世界冠军的摇篮，近几年来却没有培养出更多的人才，下了决心创办培养青少年选手的学校。她不忘国家不忘上海对她的培养，愿意为上海做贡献，在有关方面的支持下，白手起家办起了学校。在基层从小抓起，无论是训练条件还是出成绩的周期等等方面,都比一线教练遇到的困难多。如果仅仅是要赚钱，她可以不搞乒乓球学校，更不必为了学校四处寻找关系寻找支持。在这十年的时间里，曹燕华乒乓球学校初见成效，为乒乓圈提供了一个榜样、一个成功的例子。上海体育局在经费补贴、名额编制上给了她很大的帮助。

徐主任的此番话，使我想起上海市体育局于晨局长赠送燕华的一幅对联:曹门自古出英雄，乒坛今世显神功，学得倚天屠龙功，校里校外一样红。

还有以下的一番评价：她这个人啊，三十岁的心态、二十岁的干劲。于局长还再三强调：曹燕华对乒乓球不离不弃的深厚感情和奋斗目标的选择，非常值得我们去宣传和肯定。

在我们多次的谈话当中，大可鼓吹一番的燕华，用简单平淡的口吻提到：她的乒乓球学校将在今年秋天更新扩大。在徐主任这里，我得到了进一步的了解：曹乒校几年来的成绩和影响，获得了宝山区内的一个镇的重视，镇里决定投资打造一个15000平米的学校。学校的硬件改善后，能够做更多的事情，将来可以申请为国际乒联或者亚洲乒联的一个培训基地，可以组织赛事，不仅曹燕华乒乓球学校会越来越好，同时还可以扩大当地的知名度，加强与国际上的交流。

我觉得自己无法确切地评价燕华，就还是借徐主任之力吧：作为选手肯定是很成功;作为一个基层的、培养后备的乒乓球学校校长，也是成功的;作为社会活动家，跟很多方面打交道，人际关系都不错，做得也非常成功。

“智慧、豁达、宽容、重感情、顾全大局、知恩图报、懂得感恩”，徐主任眼中的燕华。

最后，有林慧卿老师的送给燕华的话：“请一定要注意健康，烟酒伤身

不要过度。相信你一定会做得更出色、取得更大的成功。”

最最后，是施之皓 QF 的留言：

“曹燕华是女子技术男性化的一个典范，不仅仅是技术上，更表现在她的思维方式上。”（三句不离本行，佩服！）

“曹燕华是个很有天分、出色优秀的女人，祝愿她心想事成。”（燕华 QQ 也祝愿施之皓带领中国女队在北京奥运会上取得胜利）

“曹燕华这几年身体一直不大好，我希望她健康、希望她幸福。”

我想，此刻的燕华还在发展着、积累着和完善着，那么，就拭目以待未来的某一个时段吧。在燕华再次伏案之前，此篇小文，权当连结属虎的女人与属虎的，但更成熟更成功更完美女人之间的一条细线。

（原载于《乒乓世界》2007 年第 11 期）

校长时的燕华，有爱地干练着

06 “暖春之旅”中的午后乒乓

4月29日，收到好友李隽的一则短消息：“5月8日有空吗？在早稻田大学有一个重要活动，下午四点左右……”

尽管不知所指，我还是回了：有空＋笑脸

进入5月，才知道这回的重要活动，竟然与胡锦涛主席5月6日至10日访问日本的“暖春之旅”有关，5月8日，胡主席将在早稻田大学与日本福田康夫首相、王楠、福原爱一起打乒乓球！

在日本新华侨华人会的陈岱珩教授（他与李隽共同发起组织了在日华人乒乓球比赛）以及许革先生的推荐和帮助下，李隽、陈媛、吴蓉（原北京队队员）和我，有幸获得了参加这次活动的资格。

5月8日下午，我们在王子酒店乘坐中国大使馆的巴士来到早稻田大学校园内。其中的一部分人员是去大隅讲堂听胡主席演讲的，他们听说我们要去参加乒乓球活动，都羡慕得不得了，嚷着也要去看胡主席打乒乓！

乒乓球友好交流活动的场所就在大隅讲堂附近的早稻田国际交流中心的二楼，崭新的球台已经布置好，媒体和参加这次活动的人员被整齐划分在球台两边的不同区域，日本方面的组织人员多次地介绍整个活动的流程，以及确认大家站列的位置。

我们这块儿跟胡主席说话的代表，是一位叫颜安的先生，他是中华总商会的副会长，也非常支持在日华人的乒乓球比赛。在等候的时候，大伙儿兴奋地计划着：颜安，你跟胡主席说话时，尽量说慢点儿啊，然后我们几个就有时间跟胡主席握手了！就连站的位置都在计划之内：许革先生在最前面，颜安的右后是陈媛、吴蓉，左面是李隽和我。后来，跟福原爱一起来参加活动的汤媛媛教练，也非要“挤”到这儿来，可能是觉得在这里站着的话，更有可能跟胡主席握手！

下午快 5 点时，刚刚结束了讲演和中日青少年友好交流年开幕典礼的胡锦涛主席，在日本首相福田康夫等人的陪同下，来到国际交流中心的二楼。

在热烈的欢迎和鼓掌声中，胡主席和福田首相微笑着向大家致意，首先是福田首相来到我们这儿，与我们握手。在福田首相上任之前，曾经有一位日本国会议员对我们说过：新的日本首相，很有可能是一位对中国抱有友好感情的人士。

接着，是胡主席走过来了，与颜安握手，颜安开始说话，接着是胡主席和李隽握手，在她身后的我赶紧鼓起勇气也把手伸了过去，亲切的胡主席真的与我也握手了！

“胡主席您好！我们都是打乒乓球的！”自己也不知道居然会蛮大声说了这么一句话！胡主席笑了。

胡主席和王楠、福原爱开始打球了。右手直拍反胶进攻型打法的胡主席，用正手左右扣杀对方两个大角，王楠和福原爱拼力跑动回球，博得一阵阵的喝彩。“胡主席好球！”“胡主席加油！”在场内响起的欢快呐喊声，胡主席熟练地扣杀，力量越来越大、角度也越来越大，两位女将各司其职：王楠坚守右半台，左半台则交给福原爱！说真的，在场的很多人一定都和我们一样，没有想到胡主席的乒乓球会打得这么棒！

福田首相始终面带笑容地观看着来回。据说原来有计划要进行四个人的混合双打比赛，很可惜这次没能看到福田首相打乒乓球。

欢乐乒乓之后，胡锦涛主席和福田康夫首相高兴地接受了福原爱和王楠的礼物：球拍和运动衣，并且在她俩的球拍上欣然签名。

胡主席关切地询问王楠：“训练比赛压力很大吧？”王楠回答道：“我们正在积极备战奥运会！”

短暂的欢聚很快就要结束。胡主席 5 月 8 日的日程，完全是以“分钟”为单位来计划的：早上与日本历代首相早餐会、上午访问松山芭蕾舞剧团、中午参加有一千人出席的午餐会、下午早稻田大学讲演、中日青少年交流年开幕典礼、乒乓球友好交流活动，然后是会见日本创价学会池田大作名誉会长、出席福田首相的晚宴、在中国大使馆接见各界华人华侨代表……

在离开国际交流中心时，胡主席对大家说：“我从 1984 年起，就开始致

力于日中两国的青少年友好交流工作，1985 年更率领中国青年代表团访问日本。一贯以来我深信：推动两国青少年间的友好交流，必将推动两国的友好往来。因为两国青年代表了两国的未来。”

福田首相也风趣地表示：很庆幸自己没有上场。因为胡主席的乒乓球打得太好了，并且非常富有战略意义。

参加了本次活动王楠选手表示，很荣幸能够与胡主席打球并得到亲笔签名，这是一次非常令人难忘的、有着特别意义的经历。

（原载于《乒乓世界》2008 年第 6 期）

上世纪 60 年代，周恩来总理关怀日本著名选手松崎君代的友好佳话流传至今

2008年“暖春之旅”，乒乓球再次穿梭在中日友好往来之间

07 像松崎君代那样微笑·礼貌·美丽·优雅

松崎君代，任何对乒乓球稍有兴趣、稍有了解，尤其是中年以上的中国人，都熟悉这个名字。知道她是日本著名的乒乓球世界冠军，知道她与周恩来总理之间真挚的友情。在谈到中日关系正常化时，松崎君代，代表了友好。

我们小的时候，在业余体校打球，教练常常拿出这个名字来训导冥顽不化的我辈：松崎选手总是面带着笑容打球，松崎选手总是小跑着去捡球……虽然从未谋面，松崎君代等于微笑礼貌，犹如一道公式，扎根在我们的心目之中。

而真正见到松崎君代本人，则是在几十年之后的2004年的日本横滨。作为在日华人乒乓球比赛嘉宾的松崎老师，来到了体育馆并且参加晚上的晚会还致了祝酒辞。与当年心目中的公式完全一致的，是她的微笑，她的脸上始终带着浅浅的笑意，无论是在言谈之间还是静静地坐着的时候，安静带笑的神情令四周气氛柔和温馨。可是，我无法将近前优雅的女士与当年除了微笑礼貌，还称霸世界乒坛的冠军联系起来。毕竟，那实在是太遥远，遥远到了我出生之前。

遥远的松崎选手

1976年的7月左右，松崎应日本蝴蝶公司的《乒乓球报道》杂志的一再恳求，开始执笔和连载自传。通过这本自传，我接触到了遥远的松崎君代少女，一个天真快乐、倔强努力得远远超出了常人所能做到的，正在一步一步朝着自己的理想迈进的乒乓选手。

1938年，松崎君代出生在日本四国的香川县上高濑村（现为高濑町），松崎家一共有六个女儿，父母经营着一家酒类销售店。虽然出生在战争时期，生活非常艰苦，但是松崎从小活泼好动，并喜欢跟男孩子一起玩那些只有

男孩子们才热衷的游戏，甚至会在同学的怂恿下，跟男同学进行相扑比赛！所以得了个“假小子”的外号！

在小学5年级左右时，松崎第一次看到村里的年轻人打乒乓球，即刻“一见钟情”。进入中学之后，就毫不犹豫地加入了学校的乒乓球队。每天放学后练习，回家的时间就晚了，傍晚非常需要帮手的父母亲，自然不高兴了。有一次，暴怒的父亲干脆就不让晚归的松崎进家门！父亲把打乒乓球归类到打扑克、踢罐子一类的玩耍当中，让松崎委屈地哭了。

整个中学至高中期间，松崎几乎都是在父亲的反对声中，坚持着训练，有时还要在傍晚兼顾着帮父母给客人送酒等。就是这样，松崎君代的球技也在逐步提高，高中三年级时，她获得了全日本高中生比赛的女子单打亚军。

东京的专修大学是日本乒乓球名校，世界冠军渡边妃生子、全日本冠军星野展弥都出自专修。到东京去，到专修大学去，成了高中女孩松崎最大的目标和愿望。但是，上世纪50年代的日本，上大学的女孩子还是为数不多的，更何况作为家中劳动力的长女，更是一种奢望。为了说服父亲，松崎每天天未亮就起床跑步和登山，既锻炼腿部力量，同时以行动告诉父母，自己是铁了心要把乒乓球打下去的了！来回三公里、高250米的爷神山，从酷暑的9月一直跑到入冬的12月的一天清晨，父亲终于屈服了，“服你了，没有办法了，你去吧，专修大学！”

松崎进入大学之后，更加自觉地刻苦训练，在一年级时取得了全日本大学生单打冠军，1958年，大学二年级时，除了蝉联大学生冠军，更取得了全日本选手权的单打冠军！

《请让我打球！》一直连载了大约四年，然后出版了单行本。翻开书页，于是我走近了遥远的、年轻的松崎选手：飒爽的击球姿势、微微的笑意，几十年后，我才终于明白了儿时教练的训导，是多么正确！

中国乒协主席徐寅生为本书写了前序，题为：“向松崎学习”，一句出自周恩来总理的著名的赞语，引出一段中日友好历史上的传奇佳话。

友好的松崎传说

《请让我打球！》的连载引起了极大的反响，西日本放送公司在广播节

目中，用两个多月的时间每天朗读这本自传。而非常不喜欢写东西的松崎，也在连载结束后的大约半年时间里，又撰写了《在世界的舞台上》，也是连载之后出版成书。这本可称为松崎自传下集的书，曾经翻译成中文，从《乒乓世界》杂志 1982 年第三期开始，一直连载到 1985 年的第一期。

正如书名那样，松崎君代在获得全日本选手权冠军之后，入选日本代表队，参加了 1959 年第 25 届世乒赛。年轻的松崎选手到达多特蒙德之后，在团体赛开赛的前两天突然开始发高烧。世界冠军江口富士枝夜半起来照顾发寒发热的松崎，并把自己的铺盖也拿到松崎的房间，像照顾自己的亲姐妹那样，陪伴到天亮，然后跟往常一样，一大早就跟其他队友一起去出早操。

松崎的病情在团体赛开始后逐渐好转。日本女队的第四场比赛对土耳其一战，松崎头一次作为日本代表选手出场，并取得了胜利。最后，日本女队在决赛中以 3 比 2 战胜韩国队，获得了冠军。

在接下来的单项比赛中，第一次参加国际比赛的松崎君代越战越勇，单打、女双、混双都闯进了决赛。这时，她碰到了最大的考验：女子单打决赛的对手，竟然是在团体赛前精心照顾了自己的前辈江口富士枝！江口是上一届的世界女子单打冠军，实力出众，来多特蒙多之前刚刚结婚，这次世乒赛，是她的挂拍之战。

决赛前夜，松崎正坐在椅子上一直思考到深夜，终于在心中决定：堂堂正正地、竭尽全力地比赛，才是对体育精神本质的忠实，才是对江口选手、对自己最为正确的选择。

女单决赛中，松崎君代以 3 比 1 战胜队友江口富士枝，获得冠军。日本乒乓球步入以松崎为中心的时代。

松崎在本书的后记中写道：“人生会有一些相遇的机缘，而这个相遇，会给一生带来极大的影响。我的第一个相遇是乒乓球。被偶然接触到的乒乓球所吸引，并为此奉献出整个青春。这是我生命中无可替代的机缘。

另外还有一种机缘，是不断磨练和提高了自己之后，与此有关联，但完全出乎预料的机缘。我跟周恩来总理的相遇，就属于这样的缘分。”

1961 年，第 26 届世乒赛在中国举行，这是我国第一次承办的大型国际赛事。赛前，周总理等国家领导人在人民大会堂设宴招待来自世界各国的乒

乓球代表团。周恩来总理与一百多位代表成员一一握手，来到日本代表队跟前时，还特意用日语向大家问好，并一起合影留念。这是松崎第一次见到周总理，她在书中详细地描述了当时的情景。

在这届世乒赛上，日本女队以 3 比 2 战胜中国，连续三届获得女子团体冠军。在随后的女子单打半决赛中，松崎不敌匈牙利名将高基安，但是，她在场上所表现出来的礼貌、顽强和自始至终的微笑表情，折服了中国观众，一直都带着反日情绪的观众们，开始为这位来自日本的、落败了的上一届世界单打冠军鼓掌加油。

而此刻的松崎，也在向人生中更大的相遇接近。日本代表团离开北京前，周恩来总理在北京饭店设宴欢送。松崎君代被安排坐在周总理的一旁，席间，周总理提出“要向松崎君代学习，胜不骄败不馁，在比赛中保持微笑礼貌的态度”，同时，周总理还提议每年在日中两国之间各进行一次乒乓球友好交流活动。当听说松崎父亲爱喝酒时，周总理立刻表示要把自己珍藏的茅台酒送给他父亲！

北京世乒赛之行，松崎君代的赛场风格给中国观众留下了深刻的影响，而周总理、中国乒乓球选手以及在中国所接触到的热情友好的中国人，也使松崎君代在离开中国时，发自内心地流露出“我喜欢中国”之情！

也就在 1961 年，松崎大学毕业进入日兴证券公司。生活和训练环境发生了极大的变化，由于无法像大学时代那样正常地训练，松崎的比赛成绩开始滑坡。但是，在公司乒乓部部长塚本正一的鼓励下，松崎再次奋起，战胜伤病，在 1963 年第 27 届世乒赛上，再次获得女团、女单、女双冠军，加上她在北京获得的混双冠军，松崎君代成为世乒赛大满贯得主。

同年，松崎君代静静地远离了乒乓赛场。1964 年，日本乒乓代表队访问中国，周恩来总理在中南海招待松崎时，对此表示了惋惜：“你还年轻，为什么不多打几年呢？”松崎在感激之余，说：“不能打了。”正因为是用了全身心来打球的，当所有的热情都无怨无悔地燃烧之后，松崎高洁地选择了彻底离开赛场。松崎君代的人格魅力，表现在对队友的友好、对对手的礼貌、对乒乓球的纯爱之上。

但是，友好礼貌纯净的松崎君代，通过乒乓球，与中国人民、与周总理

所结下的缘，却一直持续着。几十年来，松崎君代应中国友人的邀请，多次访问中国，一段段传奇友情，超越了乒乓、超越了国境、甚至超越了生死。

至今，2008 年 3 月，刚刚到淮安参加了周总理诞辰 110 周年纪念活动的松崎，将所有的美好回忆都铭刻在内心深处。

《在世界的舞台上》中，我看到了多张世界冠军松崎站在周恩来总理身旁的相片，尤其是她与周总理碰杯的那张，除了是松崎个人的幸福一刻，也成为中日友好历史上永恒的一瞬。

亲近的松崎君代

采访松崎老师，是 2007 年上海中日冠军友好交流活动时徐寅生总编辑交待的任务。2008 年 3 月世乒赛后，终于约好了见面的时间。松崎老师亲自到惠比寿站口来接我，她的家就在车站附近的一幢公寓楼里。

正如松崎老师本人所说，房子不大，但是收拾得干干净净的。我们坐在客厅的餐桌旁开始聊天。日本人不大习惯把人领回家中招待，所以我从一开始就为自己能够得到这个特别待遇而深感荣幸，这都是由松崎老师几十年来对中国的那份友好感情，由中国人民对松崎老师的爱戴和热情所铺垫出来的。

她刚刚从淮安回来，所以，我们的话题很自然地从她与周恩来总理多次交往谈起。松崎离开赛场的同时，也离开了日兴证券公司。在 1964 年访问中国时，松崎向周总理汇报了自己将要结婚后，周总理送了一块织锦作为结婚贺礼。

“也许周总理是希望我在婚礼上穿着这块织锦做成的礼服吧。但是我们全家都不舍得动周总理的珍贵礼物，所以就一直原封不动地保存着。”

松崎老师的姻缘，也与乒乓相关：粟本隆朗先生，东京附近的千叶县船桥人，早稻田大学毕业之后，在西日本放送高松支社从事采访报道工作，曾经到松崎的家中采访过她。1966 年 3 月结婚，婚后，松崎成为主妇，在高松生活了近十年。

1972 年亚洲锦标赛，松崎访问中国并逗留了一个多月，与周总理相隔八年的再会时，周总理听说她多年未育，十分关心，第二年松崎君代在北

京接受我国著名的妇产科医生林巧稚的治疗。然而，同年随后，松崎君代在日本听到媒体在传说周恩来总理逝世的消息，感到非常突然和难以置信，情急之下，给周总理写了一封信，大致的内容是，周总理您身体好吧？刚才有些报社打电话来，据说是有周总理去世的消息传来，所以来问我与您几次见面的经过和对您的印象。我没有回答，因为我根本就不相信这个消息是确切的。总理，您一定要好好的……我相信一定还能再次见到您！

1974 年，松崎再次来到中国接受术后治疗，并且被安排到包括大连、沈阳、上海、桂林、昆明等十八处参观和访问，得到了精心的照顾和极高规格的接待。松崎老师说，“这是我第一次把这段经历详细地说出来，我这样一个普通的日本人，能够在中国得到如此款待，已经不敢当了，如果再逢人便说的话，那简直就成了存心炫耀。”这一次，松崎没有见到周总理，但她相信，所有的安排都是在周总理的关照下进行的。“周总理那个时候身体一定已经很不好了，一位日理万机的伟大的政治家能够如此地关心我，虽然没有能够见到他，心中也已经是充满了感激。”

1976 年，粟本隆朗先生思乡心切，两人回到了东京。在东京都内的涩谷区开了一家松崎乒乓球器材店，“因为我是商人家的孩子，从小帮着家里做过生意。”松崎老师的话里，带点玩笑有点超脱含点宿命的味道。在经营商店的同时，松崎还进行一些乒乓球辅导、讲习活动，在高濑家乡，每年的 3 月底日本学校放春假的时候，都要举办一次松崎杯乒乓球赛以及中高学生的集训。

夫妻店开了近三十年。2007 年，年岁渐高的夫妻俩，关掉了乒乓器材店。现在通过网上销售的形式，继续着不多的经营业务。他俩有时候会回到松崎的家乡小住一阵，有时会跟朋友结伴外出旅游。而松崎家的小酒店，现在由松崎的妹妹继续开着。

很庆幸有《请让我打球！》、《在世界的舞台上》，把我们带回到松崎选手的青春时代，辉煌时刻。但随后的人生岁月当中，松崎君代是如何看待那些奋斗和成绩以及机缘的呢？这些对她今后的人生，都产生了哪些影响和改变了吗？

“《在世界的舞台上》，其实我一直都不想写。记述我乒乓球经历前半部

分的《请让我打球！》是向大家介绍自己作为一名选手，如何热爱乒乓球，如何苦练和成长，这对于我来说，还算可以接受。但是，在我的选手生涯的后半段，再怎么谈自己的艰苦，那也是作为一个胜利者的奢侈的艰苦谈，向人诉说成功者的故事，真不是我的本来性格。”这是松崎老师后记中的另一段话。

“有幸成为世界冠军，并不表示就可以因此高人一等了。在不断努力奋斗的过程中得到的东西，才是最大的收获。而荣誉，在我看来不过是青春的纪念牌，仅仅树立在我自己的内心就足够了。”（《在世界的舞台上》最后一节）

“而世界冠军并不能改变我的人生，我还是我，一个经营小酒店人家的长女。其实人生当中，比起名誉金钱地位，更为重要的是健康和家庭幸福快乐。”松崎老师在这个下午对我说。一位曾经登上过世界顶峰、相遇过世纪伟人、却自愿平淡的人生长者的话，令我深思给我启示。

我们还谈到了当年的对手、常年的老朋友——中国乒乓球队的元老们。“中国的朋友们，是我宝贵的人生财产。”

而我，这天的谈话、请松崎老师签了名的这两本书（《在世界的舞台上》是她亲自送给我的），将成为我宝贵的人生财产。不知道我的教练是否还记得他当年的训导，而我却能够在几十年后，在从他的训导中得到的榜样身旁，如此亲近地直接地获取教导，感到生活其实真的给予我了太多太多。

时间在不知不觉中，大大地超过了约定。松崎老师把为了不影响我们谈话而有意回避的粟本先生也招回来了，尽管是第一次见面，媒体工作出身的粟本先生十分健谈，加上在亲和的松崎老师面前，已经完全放松、并且变得饶舌的驻日记者，谈话更为轻松和快乐，话题也更加广泛了。为此，我甚至得到了自己爱吃的腌萝卜和四国特产乌冬面条！粟本先生还风趣地一再叮嘱，“可不能说出去了啊，松崎家这么穷，就送这些东西？”谈笑之间，我们还意外地发现了一家都喜欢去的中国餐馆，并约好了下次一起去那里吃饭！

我告诉他们，这次是徐寅生总编辑亲自布置的采访任务，松崎老师的回答出乎我的意料：“我还以为他在生我的气呢！”“这怎么可能呢？他为何要生您的气？”“因为有一次，我已经不记得是哪一年了，只记得他邀请我

参加一个活动，而我却安排不出时间去，而且好像连信都没有回，他一定觉得松崎特别没有礼貌，一定会对我有意见了！”

哇！问题严重了，我赶紧答应回去马上证实是否如此？后日，通过夏娃确认，徐总编不仅连哪一年，就连是否有这么一回事情都忘了！当然，即刻将此通过电子邮件又报告给了松崎老师，她回信说，“这样的话，我就放心了！”估计在今后的日子，我们所尊敬的这些老前辈们，将忘掉更多具体的事情，却牢记着更多更多对彼此的挂念和重视。

我还告诉松崎老师，不仅仅是中国乒乓界的元老们对她感情深厚，晚辈的冠军们，都把她当作人生的老师和榜样，曹燕华曾经不止一次地提到过，松崎君代是自己的偶像，要向她那样一生美丽优雅。看到本文，知道我居然吃上了她如此爱戴的松崎老师送的腌萝卜，曹燕华肯定嫉妒，因为她也很爱吃日本的腌萝卜！

其实，还有一个秘密，我没有告诉松崎老师：今年6月18日，是她的七十大寿，这篇采访，是《乒乓世界》作为一份特殊的生日礼物，送给一位乒乓史上杰出的世界冠军、一位对中国人民持有深厚友好感情的日本友人、一位人格高尚性情清冽内心富足的魅力女人。我们祝松崎君代老师生日快乐，健康长寿！

（原载于《乒乓世界》2008年第6期）

老一辈中日乒乓人深厚的友好情感，必须传承和延续

08 特别的日子，特别的日本公开赛

年年大同小异的国际乒联巡回赛日本站比赛，在 2008 年里却带着些不同和特别，从去年的千叶赛场，又回到了前年和大前年的赛馆——横滨文化体育馆。

5 月 21 日 19 点 30 分，日本公开赛团体赛八进四的比赛开始之前，8 张球台前的运动员、裁判员，以及横滨文化体育馆内的大会官员、观众、媒体，全体起立，为四川地震遇难者默哀。中国队员们拉着写有“向中国四川汶川地震遇难者哀悼”的横幅。

是的，这一天，是 5 月 12 日震后的第 9 天，是全中国哀悼在地震中失去的 6 万多鲜活生命的第 3 天。当所有炎黄子孙悲伤的眼泪，仍然难以抑制地夺眶而出的时候，肩负着中华民族百年奥运梦想的选手们，必须振奋精神继续他们的赛事。多么特别的 2008 年，它究竟想要在我们民族的历史、在我们个人的记忆中刻下怎样深刻的印记？

我与中国乒乓球队相对伫立。肃穆之间，感到同样的哀痛连接了彼此，在这样一个特别的比赛场地上，一种特别的哀痛之中滋生的特别的心心相连……

日本乒协新掌门人前原正浩专务理事说，赛前的默哀仪式，是中国乒协方面提出的。中国乒乓球队在这样举国悲痛的时候，能够坚持参赛，实属不易。主办本次比赛的日本乒协、神奈川乒协、横滨乒协以及日本代表队，为了表示对四川灾区的支持和关心，决定在大会期间进行募捐活动。前原先生本人也一直非常关注有关四川地震的报道，为中国人民遭受的灾害表示痛心。

在观众席的入口处，摆放了募捐箱，呼吁大家献出一份爱心。在我路过时，看到一些高中生正在往箱里投放善款。我儿子所在的中学也进行了募捐活动，他没有问我要钱，自觉地把自己的零花钱捐了出来。地震发生之后，很

多日本的朋友们打电话、发短信来询问我们在中国的家人安否，因为他们不大清楚四川与我们的家乡究竟相距多远。

日本是一个地震多发的国家，在日本，经常会感觉到房间的灯和门窗甚至整个房间、大楼都在晃动；日本近年来还经历了阪神大地震、新泻大地震的创伤。在人类共同的灾难面前，体育都不再惊心动魄，邻国的赛场却同时成为爱心中转站。

据前原专务理事的介绍，福原爱的哥哥也曾经主动向比赛组织委员会提出要为四川赈灾做些实事。25 日的颁奖仪式之后，福原爱、韩阳等 12 名日本队参赛选手更是捧着募捐箱进行募捐活动，比赛期间募捐到的大约 30 万日元的善款，将与日本乒协的 30 万日元一起，通过日中友好协会捐献给四川灾区。同时，还计划在与中国乒乓界有着友好交往的日本乒乓界人士中筹集 20 万日元善款。

25 日的决赛，其实我没有去看。刘杨、李隽、陈媛和我，去了在日华人艺术家的义卖会场，把短短几天来，我们周边的在日中国乒乓球选手，以及日本的乒乓球选手和爱好者，共三十多人捐集的善款，通过中国大使馆捐往四川灾区。我们知道，在这三十多名的朋友当中，其实有不少人已经是重复捐款，我们的王会元大哥、小周（周晅），尽管住在关西地区的京都和大阪，可是一直都非常支持我们东京周边在日乒乓球选手组织的活动。祖国受难，游子心痛的时刻，更加少不了他们的一份力量……日本生命的岸田聪子选手，从小在中国接受乒乓球训练，讲一口流利的中国话，她早先已经在中国捐过款，还坚决要求再次奉献爱心……

这天的傍晚，我们还参加了由中国、日本两国的艺术家共同组织的义演活动。在会场和舞台上，有不少我们认识的朋友：义演节目的总制作，是刚刚跟我们一起参加了胡主席“暖春之旅”乒乓球活动的颜安先生、陈教授、许革先生等，他们为了义卖和义演活动奔波在两个不同的会场，在舞台上演奏扬琴的是曾经和我们一起打过乒乓球的友人……

我看到，会场上很多人都在哭；我听到，当日本国际紧急援助队的小泉崇团长来到会场时，掌声长久不息。

我感到，十多天以来，压抑在心中的悲伤之情，终于在 2008 年的日本

公开赛结束的这一天里，获得了释放。哭过了、叹息过了，尽管微不足道，也行动过了。

生活仍将要继续，四川灾区的重建才刚刚开始，为了 6 万多离去的生命引发的震撼、为了坚强的受灾民众给予的感动，把眼泪擦干，永远不忘在灾难时刻所感觉到的每一颗爱心，继续前进吧。

雅典到北京的 4 年间，时光飞逝，无数的赛事和胜负，使我们的选手们更成熟更强大。可是当北京奥运进入百日倒计时，地动山摇之间，北京却像突然推远的长镜头，一刹那间，变远变小……

还是用 2007 年日本公开赛单打冠军、2008 年的日本公开赛由于再次负于韩国唐娜而没能进入四强的王楠的话，来结束我这篇特别的赛事报道吧——

一年前，王楠说："已无所谓高峰也无所惧低谷，只要平稳就行。"

一年后，王楠说："对于我来说，雅典到北京的 4 年，是漫长的。"

因为，从东亚病夫到零的突破、从申奥成功到奥运圣火，奥运途中，上天竟还要安排我们经受一回如此惨烈的考验。平稳前进，原来会是这么地难！

奥运之路，对于第 3 次挑战奥运的王楠、对于每一个中国人，都是如此的漫长曲折。

所以王楠，请坚持到底！

我们每一个人都要坚强！

（原载于《乒乓世界》2008 年第 7 期）

2008 年的日本公开赛，赈灾中再次体现中日友好情

在报道特别的日本公开赛期间，我们还参加了在日华人的义卖捐助活动

09 日本姑娘·青铜时代·近藤制造

在日本乒乓球界，人们习惯地称原日本乒乓女队总教练近藤钦司为先生。

这并不仅仅是个尊称，而是因为他确实是一位先生，一个高中学校的先生。1942 年 9 月出生在日本爱知县知立市的近藤先生，自从高中毕业离开家乡之后，一直生活在东京附近的神奈川县。先是作为选手进入了日产汽车队，随后，为了获得教师资格入学法政大学，并成为白鹏女子高校的老师。

“近藤魔力”

日本乒乓媒体曾经提出过“近藤魔力”的说法。

从 1965 年至 2002 年退休，在“近藤魔力”引导下的白鹏女子高校乒乓球队人才辈出，不仅在日本国内的高校组和成年组比赛中成绩卓然，更有菊川美纪、内山京子、松本雪乃、佐藤利香、河野文江等十多名日本全国冠军级选手，成为奥运会、世乒赛的日本代表。

而先生本人也从 1993 年至 2001 年，作为日本女队的总教练，将“近藤魔力”发挥到世界乒坛。其中，当属 2001 年的大阪世乒赛令人记忆犹新。近藤先生果断起用两名原中国国手李隽、樊建欣，为日本女队夺取了相隔 18 年之久的团体铜牌。自此，日本女队保持稳定进步，已经连续在多哈、不来梅和广州世乒赛上获得团体铜牌。

2003 年末，白鹏高校退休、日本女队总教练退任后的近藤先生，在他的自传《朝着梦想》中写道：“从小学五年级开始受哥哥的影响而开始的乒乓人生，选手 10 年、教练 39 年，已经有 49 年的岁月与乒乓球相伴。小小的乒乓球虽然只有 2.75 克，但是在它的来回之间，我所得到的梦想、感动和感悟已经超出富士山之高。人生有苦也有乐，而我的人生之乐，总是在

疾病之苦后到来。一次是突患急性肺炎住院两个月之后，通过休养，白鹏女子高校获得了第7次全国高校冠军；还有就是2001年大阪世乒赛的三个月之前，由于心肌梗塞而做了心脏手术，但是在赛场上，通过全队上下的团结奋斗，我们终于获取了梦寐以求的奖牌。这或许就是上天在让我经受大苦之后，给与我的大喜和大感动吧。”

年轻气盛时的近藤先生是一个非常严厉的教练，但是在1978年因肺炎住院期间，他总结了自己作为女队教练的工作特点，从此改变了教导方式："不能总是冲着选手吼叫，而是要把对她们的期望融入训练计划当中。”同时也再次确定了“教球，更要教人”的指导方针。

随着岁月的推移和经历的积累磨砺而成的“近藤魔力”，其实就是先生的人格魅力，凝聚个性各异的女子选手，各尽其才，打造一个团结一致的和谐队伍，这就是近藤军团最大的制胜法宝。

同时，近藤先生非常推崇中国的乒乓球训练和指导方式，多次带高中队到中国训练，并因此与已故知名教练杨光炎成为朋友，在书中述说了他和杨光炎教练之间的友好交流和从中获得的中国乒乓球指导者的宝贵经验。先生不断起用在日本的原中国选手，并与为日本乒坛做出了贡献的中国选手至今保持着良好的关系。

2008年奥运前，正在忙于备战的近藤先生听说了多年的好友杨光炎教练辞世的消息，当即表示非常震惊和难过，并说一定会抽出时间前去祭奠。北京奥运之后，近藤先生专程到中国扫墓……

“凝聚力世界第一的日本女队”

在2003年末，近藤先生一定是把2001年的大阪世乒赛团体铜牌，当成了自己的乒乓人生的最后一大成就，才著书叙怀，然后准备颐养天年，享受天伦之乐的。他一定没有想到日本乒坛还需要已年过六旬的他再次担当重任，2004年之后，“近藤魔力”在不来梅世乒赛上变幻出灰姑娘福冈春菜的七彩王子发球、在广州世乒赛上演绎出勤奋“乌龟”平野早矢香超越强手荣登奖台的新童话：善于用人的先生力排众议，在不来梅世界大赛中起用了国内成绩并非突出的福冈春菜，右手横拍反手长胶的福冈，利用反手胶皮的

变化和独特多变的下蹲发球，在世界乒坛惊艳全场；多年来国内成绩优秀、国际成绩平平的平野早矢香，终于在广州赛场上起到了核心作用。

2008 年的盛夏，近藤先生带着凭自力获得奥运入场券的她们，当然更少不了人气绝顶、日本选手当中世界排名最高的奥运旗手福原爱进军北京奥运。

这几年来，每逢大赛前后，记者都免不了要去烦扰先生，除了询问队员们赛前赛后的情况、大赛的目标和目标完成与否之外，“先生，请告诉我这回的口号”。问出这个相当重要却略带调侃的问题，也成了每回采访的一大乐趣。

归纳起来，近藤先生用同样略带调侃的口吻告诉过记者的口号有：“挑战”“秘诀”，还有就是 2007 年冬，广州世乒赛前，分明是一只眼盯着银牌、另一只眼瞄着金牌，却打着哈哈说：“这回没有口号了。”

但是，在 2008 年的 6 月，先生带着颇为凝重的表情吐出三个字：“集大成”。圆日本乒乓的奥运奖牌之梦想，集先生毕生之大成。掂量着沉甸甸的这句口号，不，应该说是心声，我在心中祝福他和三名花季女孩的北京之行心想事成。近藤先生还说，“这么多届的世乒赛结果看来，我的运气还是很不错的。”

然而，北京奥运赛场上残酷的竞争结果是，尽管日本女队在铜牌资格争夺赛中，派出了前面几战未曾用过的福原 / 平野双打阵容，一定程度上扰乱了香港的作战计划，并成功地战胜了劲旅香港队，却两次完败韩国，抱憾北京奥运。日本女队削球攻略的软肋，令仅有一枚的奥运铜牌，要比 8 年间的四枚世乒赛团体铜牌更难摘取！

赛后，在接受中国中央电视台采访时，近藤先生说：“为了北京奥运会，我们做了长期准备，冲着孩子们的努力，我非常希望能够带领他们获得奖牌。”客串翻译的福原爱，镜头面前正欲开口，潸然泪下的场面，令中国观众超越国与国间的隔阂，一瞬之间理解：通过乒乓球连接起来的情感原来是世界共通的。

福原爱后来说了同样的话：“北京奥运会是近藤先生最后一次作为总教练带领我们，非常抱歉没能为他获得奥运奖牌。他总是想着我们，外出讲

演回来给我们带小点心。北京奥运会前，我在国家训练中心练习，他就一天也不回家，从早到晚一直陪着，看我们训练，还帮我们捡球倒水。外出比赛行李太多的时候，他也会帮我们拿，没有一点主教练的架子。”

在66岁生日的前夕，没有一点主教练架子，却把日本女队组织成一支“凝聚力世界第一”和谐团队的近藤先生，终于卸下了肩负的重担，这一次，应该是真正的最后了吧。集大成的北京奥运会上的奖牌之憾，连同收获的无数感动和感谢一道，如今都刻在了先生的心中。2009年的横滨世乒赛时，尽管不再是坐在挡板外的椅子上，近藤先生也一定会带上它们出现在赛场，微笑关注与他有着共同珍藏，仍然在球台前奋力奔跑的女孩儿们。

近藤先生还曾经对记者说过，日语当中的乒乓球专用术语太少也不够形象，一定程度上影响了指导者和选手们对乒乓球各项技术的理解，他想编一本中国乒乓球专用术语的日文辞书，把中国乒乓球技术的精髓传达到日本。看起来，近藤先生是不会在乒乓球上退休的了，他那和蔼却坚定的目光，已经看到了新的目标。

（原载于《乒乓世界》2009年第2期）

2001年大阪世乒赛，“近藤魔力”缔造日本女队的青铜时代

10 身体是革命的本钱

最近由于种种原因，在日记者在日本的日子过得非同一般地充实，这是比较正面的说法。如果换种角度，那简直就是瞎忙乎瞎折腾得有点邪乎。

一个多月披星戴月的繁忙日子之后，在日记者终于有机会暂时逃离东京，而隐身之地青岛，怎么听来都像“仙岛”或者“闲岛”。

这次临时决定来青岛“休闲”的主要任务，是为采访中国第十一届全国运动会乒乓球赛的日本杂志《卓球王国》做翻译，除了赛事，还有一项重要工作就是采访我们《乒乓世界》杂志的徐寅生总编辑。

全运会的乒乓球比赛，水平之高、争夺之激烈，甚至高出国际级比赛。难怪当年咱们这些不入流的选手面对难以逾越的这面四年一度的高墙，无心恋战，纷纷萌生解甲归田、早作他想的念头。

比赛的期间，《卓球王国》杂志采访了徐寅生总编辑。作为中国乃至世界乒乓球历史发展的亲身经历人，徐主任从一名世界冠军、到培养世界冠军的教练，再到管理包括世界冠军在内的中国国家体育官员、组织世界大赛的国际乒联主席，其间还创立了《乒乓世界》杂志，主任将其所有的智慧、热爱都给了乒乓球运动。

虽然徐主任非常平易近人，但作为晚辈，尊敬之情令我每次见到主任仍然会觉得紧张。尤其是这次，《卓球王国》郑重其事地来到中国，完成他们多年来愿望：正式采访世界乒坛代表性人物徐寅生。

能够成为这次采访的翻译，既觉得荣幸又担心自己水平不够翻译不好。前一天的晚上就做好准备、早早入睡。

青岛海边升起的新一轮太阳，透过临海的大玻璃窗户，投射在徐主任温和的面庞上，《卓球王国》的高桥发行人开始拍照，坐在沙发上的主任，悄悄地挪了两个垫子放在背后。

这几年，他一直被腰痛所扰。

采访进行得非常顺利，今野主编不愧是位知识丰富的专业记者，他的提问和主任的回答一环紧扣一环，我们在世界乒坛的历史流程中徜徉，不知不觉，时间已近正午……

后来，我有点担心主任那天长时间地坐着，腰会不会很不舒服？

可是主任打趣道：没有事！别人是站着说话腰不疼；我这个是站着说话腰疼，坐着说话腰不疼。

主任的话总是这么风趣，可是我知道，主任的腰部症状并不像他说的那样轻巧。嘴笨的我好在还能通过文字表述自己的心情：采访那天主任您辛苦了！希望真的如您所说，起码在采访那一天，正好是坐着说话腰没有太疼……

此番青岛之行，恰逢国庆六十周年前夕，远在上海的燕华在电话中说，最近的社会活动很多，而体力大不如从前，活动之后常常觉得很累，而且恢复也慢……

另外，很吃惊地从夏娃那里得知编辑部的年轻小伙、女孩子们最近也身体欠佳，他们一贯以来给我的印象是那么地阳光健康；在青岛的夏娃看起来也是非常疲惫，这些都让我觉得感慨，为了所熟悉和关心的人们、也包括自己在内的太过勤奋敬业以致的忘我忙碌。

横滨世乒赛后，返回北京前夏娃在东京街头的咖啡馆里，享受着难得的片刻休憩，我们聊到了大致如下的内容：有的时候忙得都不知道自己为什么要这么忙。激励和支撑着自己的，是一种使命感、一种对乒乓球界、《乒乓世界》杂志以及为这本杂志努力工作的大家的责任感……

稍作休整，夏娃又带着《乒乓世界》的人马，忙了乒超忙欧亚，其间还有每个月雷打不动的各类采访、写稿、编辑、出版和其它社交活动。

的确，从心理学的角度来看，人的需求分为几个阶段。当人们满足了温饱和基本的安全感之后，便有了更高层次的需求：自我的实现、周围的认同、社会的赞誉。所以，即便三餐不忧，人们依旧奋斗不已，甚至为了理想付出更多的体力、精力和情感。

可是，从生理学的角度来看，人乃血肉之躯，“铁人”亦非真是钢铁铸成。

疲劳、饥饿、伤痛和年岁，我们可以克服，但无法回避。

而且，一天二十四小时的物理限制，无论我们如何有效利用，都不会变成四十八个小时。尽管我时常，尤其是近来，几乎是整天都在痴心妄想着一天能有四十八个小时。在富余的二十四个小时里，我可以多工作八个小时；跟家人朋友喝着小酒、或者品着清茶海阔天空八个小时；而另外的八个小时，则完全归我自己奢侈挥霍：睡个香香甜甜的好觉；静静地看本好书；欣赏一部热门的电视剧……

我的老母亲在电话里对我说："石小娟，你做的每件事情，分开来看件件都是好事，可是集中到一个人的身上，就不见得好。"

这一天是 2009 年 10 月 3 日中秋节，也是我离开青岛返回东京的日子。透支着时间也透支着身心，我无暇顺道回家团圆。从刚刚褪去硝烟的青岛全运赛场，到恨不得长出三头六臂的东京日常，现代化的高速喷气式飞机只需要三个小时，便可以帮助我完成人生的角色转换。

祖国的三千尺碧空上漂浮着的朵朵白云，留着我对这片故土的依恋，还有对所有的亲人、友人的寄语：请多多珍重、健康快乐！身体是革命的本钱！

（原载于《乒乓世界》2009 年第 11 期）

今野主编采访马琳时，为他们作翻译

2009 年在北京与《乒乓世界》编辑部欢聚

11 东京十年

踏入 2012 年，我们从日本南方的熊本来到首都东京，就有十个年头了。初到东京时，常常是在客厅的窗口眺望着台场的彩虹桥，迎接晨曦。

那个时候还很不习惯使用电脑写东西，我就像一半练习打字似的，在窗边的书桌上敲出《熊本十年》。

即便在敲完我觉得应该宣泄的许多之后，仍然有相当一段时间不能从往事中走出。

而韦晴光也花费了大约半年的时间，才从后跟腱断裂的重创中恢复，重新站在胜负台前（这样的伤势，半年时间后开赛是极快速度）。

2002 年上京第一年，是在他全日本单打止步前八时结束的。

2003，在东京圆了当一名正式公司职员的梦想，同时很快发现这种直接可以看到 10 年或者 20 年后的职员日常，根本不是我真正想要的，所以又很快地辞职，随后搬家。

同时，开始在日本和中国之间飘浮，而飘浮之间，儿子与国内亲人的交流，不再需要翻译算是一大意外收获。

其他的收获还有：不经意间成了《乒乓世界》的驻外记者，儿时想当记者的不着边际幻想竟成现实；

2004，痛苦寻找转型出口的韦晴光 41 岁半高龄再次夺得全日本冠军，此纪录估计他人不好突破。

2005，第一次参与世乒赛，是以记者的身份，混迹上海万体馆周边。回头看来，那次上海之行，是我和父亲的最后一次旅行。我们在上海住了一段时间，还到乡下看望了小叔叔，那也是我们与小叔叔的最后一次见面。当年在唐市把我送上回父母身边的小船上的小叔叔，没过多久永远地离我们远去。

2006，为了儿子上一个比较理想的中学，我们在东京再再次搬家，住到了日本的心脏千代田区，这里有皇居、国会堂、首相官邸以及日本一流公司总部聚集地，唯独缺少的是买菜买油盐的寻常超市。

2007，在夏娃为首的编辑部同仁和好友李隽的鼎力相助下，韦晴光终于在东京宣布挂拍。45岁，于己于人，似乎都不应该也不合适再在场上锋芒必争，台前的英雄，是时候退到台后从零开始新的奋斗了。

那是一场无论主旋律还是插曲都令我泪流不止、难以忘怀的晚会。

在那一天里我同时经历了荣耀和屈辱、爱护和伤害、温暖和无措。

为了还是中学生的展嘉，我们选择了继续留在东京。

2008，偶遇小学三年级、打了三年球还不会发下旋的爱美小同学。在我的煽动下，爱美和她的父母进入了真正的乒乓球选手训练程序。

同时，我的父亲却被发现癌症晚期……

2009，我们的球馆正式开张。“为了一杯奶，养了一头牛”（夏娃的精辟看法）。为了养好一头牛，我们先变成披星戴月早出晚归的俩牛。每晚又累又饿，还要赶回到缺菜少盐的千代田区，一路上想到家里没吃没喝衣服被子没叠就情绪极差，边走边吵。

2010，当牛做马一年后，我们也终于离开千代田区，不再“跟天皇、首相当邻居”（我家姐姐的名言），搬到了球馆和超市的附近居住。

与熊本十年只搬过一次家相比，东京的搬家频率似乎太密。

5月25日，就在我们来日本19周年这一天，父亲没有等到我就走了。

从知道他病情之后，我时常地回去，眼睁睁地看着他一点点地衰竭，听他一遍遍地嘱咐身后事，听他对自己一生的回顾、对不将人世的不甘和对生活的无限依恋。父亲的无助和我的无力，是人世间生离死别的刻骨痛楚。

2011，我们在东京经历了强烈的地震，随后的海啸和核辐射泄漏，几乎破坏了所有东日本在住人群的日常。

地震当天，虽然这次的震度相当强烈，电视上的画面也显示此次受害严重，可我们还乐观地以为日本仍会一如往常地迅速恢复正常。

下午我们照常工作，晚上六点过后，丸山太太准时扭着正手转腰收前

臂的动作进了球馆门。

但是，在随后几天的电视连续报道上，我们目瞪口呆地看到海啸之后，包括爱美父亲的老家所在小镇，日本东北地区的沿海城镇顷刻变成了一片狼藉废墟！爱美老家的几名亲戚，至今下落不明。

首相要哭的脸和东电暧昧的核泄漏说明，令人们不断地从陆地往西撤、从空路往国外撤。

日本国内的乒乓球赛事，如东京选手权、中小学生的全国选拔赛、广岛公开赛，全部中止。

原定在横滨举行的亚洲杯赛，最终也无法强行举办，日本乒协无奈宣布中止。

东京的超市里，面包罐头方便面和水脱销了，连米架都空了；加油站里汽油也没有了，异样的光景、惶惶的人心。

海啸虽过，地震多发国的上空，从此覆盖核污染的乌云。

在医院放射科工作的俱乐部会员，拿着仪器领着我，像侦探似地在球馆门前门后、地沟洞口转悠，然后感叹万千地给我看测试数据……

“勿忘 3.11”，成为震后日本乒乓球代表选手出征球衣上的标志。

所有经历了 3.11 的人，无论国籍，都不会忘记 2011.3.11 前前后后的日子。

2012，龙年。

时间真快，东京也十年！

乒乓球依旧贯穿我们的生活，融入我们的喜悦哀愁之间。

爱美马上要上中学，她终于凭着自己的实力，成为东京都的小学生代表选手，获得了各个全国性比赛的参赛资格，接下来，还将参加作为小学生的最后一次全日本小学生选拔比赛。

嘉嘉即将高中毕业，为了高考而暂停的乒乓训练和工作，将再次开始。小时候学来的那点猫爪功夫，居然也在球馆发挥作用了。

家里和球馆还多了个活泼可爱热情好客、名叫 TT 的金发小狗狗。

到底是深浅不知，所以有胆写了《熊本十年》，

更觉世事、人心难测后，

《东京十年》或许要到下一个东京十年之后，才敢动笔。

也许，也许就仅仅是欲写还休，
却道海阔天也空……
于是，在龙年新春将临时，简略记一笔十年流水，
以备他日万一患上阿尔茨海默，大小往事尽数遗落……

（原载于《乒乓世界》2012 年第 4 期）

2012 年来东京十年，带领东京小学生女队，获得全国小学生团体选拔赛第三

12 因为爱 所以在

东京世乒赛开始之前，我已下定决心，要好好地看一回比赛。

从 2009 年的横滨之后，已经有五年没有亲近世乒赛了。

想想自己也可算喜爱着乒乓球运动的，尽管爱得笨拙并有点爱怨交加，可一直也未曾离开；东京国立代代木竞技场，1983 年就曾经在这里举行过一次世乒赛。那时候，还是七个项目同时举行的、通讯传播都还迟缓落后的年代。那时候，虽然我是广西乒乓队的队员，为国争光的大标语就在墙上，但真正为国争光的最前方颇为遥远。

2014 年，我沿着迷宫似的馆内走道，绕到被日本乒乓球杂志《桌球王国》称为“世乒赛史上最远记者席”的三楼看台。首先碰到的居然是 1983 年世乒赛日本女队成员星野美香，她和我同岁，却在 1983 年还是个高中生的时候就参加了世乒赛，并且在与中国队的决赛中出场。而此刻，人到中年的两人相谈甚欢。曾经的名将结婚生子之后，淡出乒坛有十来年了，最近几年开始杂志上评球、参加一些活动，正在逐步归返。她说“以后会出来帮着做点事情吧”，后来才知道她“帮忙”的意思是当日本女队总教练！

再从记者席绕出时，却见福原爱正坐在更高的一角，客串电视转播的嘉宾。稍显消瘦的爱蔷穿着深色套装，依旧美丽可爱笑容可掬。因伤退赛的爱，以另一种形式参与了东京世乒赛。

突然之间必须挑起日本女队大梁的石川佳纯，在决定奖牌的八进四对荷兰一战中，第五场第五局逆境奋起，奠定胜利后泪眼婆娑，同样惹人怜爱。看台上，除了她的妈妈，还有另一位美丽女人，石川每得一分，她都把手高高举起鼓掌。她是旅日近三十年的原中国国手陈莉莉，担任石川佳纯的个人教练。

日本女队与香港队争夺决赛权的比赛之后，在看台上遇见了一身烟味儿的邹国齐，他现在带平野早矢香，师徒俩的目标是拼到2020年东京奥运会！久经沙场已可称为老将的平野，用不屈不挠的钢铁意志，为日本队冲进决赛立下赫赫战功。

还有，荷兰队的李姣选手，2005年在上海世乒赛上闯进女单前八大器晚成，至今已经年过四十，还在八进四的奖牌争夺战中，一人独拿日本女队两分，给观众们留下了深刻的印象。

从正门步出热气沸腾的代代木体育馆，突然被看门的叫住，原来是我们球馆的学生，工作之余在为世乒赛做志愿者呢！还不止这一位，场馆内，选手入场处，都会碰到我们的志愿者学生和熟人。眼尖的黑妹还拉着我采访了志愿者中最年长，年过七旬的老先生福田拓马，他表示以前一直忙于工作，没有为社会做些什么，退休之后，就开始做各种志愿活动：义务导游、到地震灾区帮助受灾的人们。

鏖战多日的代代木体育馆内，终于迎来了决赛！场内音乐响起、四周渐暗、灯光和目光汇聚决胜球台！

一周盛会的主角们登场了！我跟黑妹一块儿为中国男队加油，尤其是张继科（黑妹的指示），也为德国选手打出的好球鼓掌喝彩。

随后是日本女队再次实现在代代木体育馆内与中国女队决赛的振奋时刻。

毫无疑问，万众瞩目的他们是挚爱着这项运动的，所以才能够站到荣耀的位置上。他们的乒乓之爱，飞速有力、出类拔萃、辉煌精彩；中国男队夺冠后，在混采区，一名非洲选手拿着印有马龙名字的短袖，兴高采烈地等着偶像的出现，他说就是因为喜欢马龙，所以鼓励着自己好好地打球。

他的乒乓之爱，与胜败得失无关，非常明亮欢快；那么，场馆内外、赛前赛后忙碌付出的工作人员、志愿者的乒乓之爱，就更加简单纯净无私实在；目前的自己，日常从事着乒乓球最基础的普及和启蒙工作，冒充斯文客串记者的事儿只能偶尔为之。

一直打心眼里羡慕我们夏娃主编，从大学毕业起就成为世界乒乓球媒

体中亮眼的风景线，乒乓之爱，使她几十年魅力不变初衷不改。

作出以上评价的，是日本《卓球王国》杂志的今野主编。其本人同样痴迷乒乓，从七十年代还是大学生时候起，就受原国际乒联主席荻村伊智朗（已故）的影响，成为一名乒乓球记者，持续报道了近四十年的世乒赛和奥运会，他的乒乓之爱，体现在阅遍世界大赛。

可是今野说，他算不了之最。国际乒联名誉主席徐寅生先生，从选手到教练到官员，世乒赛、奥运会赛场内，总有他的身影。半个世纪以上的世界乒坛发展的见证人地位，无人能够替代。

亲近每一届大赛，总会有类似的感动，也会触发新的感慨。2014 年的东京世乒赛，乒乓之爱，始终在内心穿梭澎湃。

因为这份割舍不下的爱，所以选择不离开、所以别后还会再来、所以我们得以同在！

（原载于《乒乓世界》2014 年第 5 期）

因为爱，所以年过七旬仍然可以做志愿者

因为爱，所以在

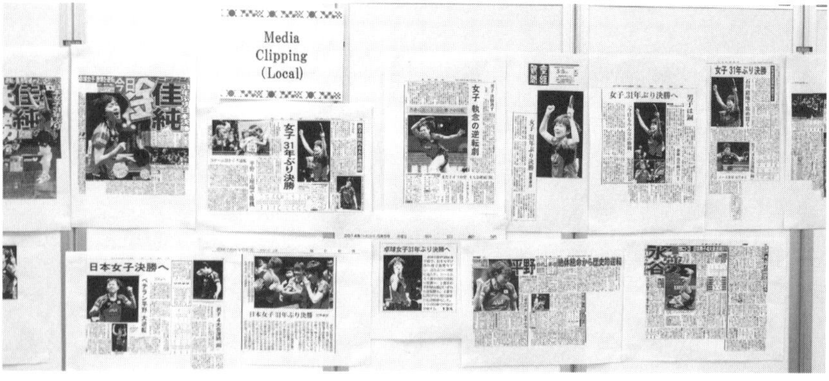

因为爱，所以有人在拼搏，有人在记录拼搏

13 广西乒乓球队大聚会

前一阵，微信圈中传着一则微文，传到广西之后，大致变成如下：

在广西有一个地方叫体工大队，有群孩子叫运动员。那些年，我们练六天休一天，春节只放一天假，从没和家人一起过过年。

我们三五成群吃夜宵，没事儿逛逛朝阳广场，去个西大民院，上个百货大楼。

那时体工大队是我们的家，一个寝室 4 张床 4 个人，我们一起起哄，一起打闹，球鞋成排床下放，袜子成行绳上挂……一件小事闹的可以笑好久。

那时候，我们觉得，世界很小。

后来，为了各自的前途梦想，大家各奔东西。

如今，恍然才知：也许，一别就会是一世。

时光已过去，过不去的是美好的记忆。

队友们，兄弟姐妹们我想你们了！ 你们都好吗? 在外照顾好自己，祝你们身体健康！事业顺利！

相信所有进过各省专业队的运动员们，都曾有过类似的经历。我们少小离家，在简陋严格封闭的环境中，挥洒汗水挑战极限。训练场、宿舍的两点一线之间，我们度过了人生中最美好的时段。因为年轻，苦中也不乏快乐；因为竞技体育的残酷特性，决定了我们必须离开，去找寻新的生活和奋斗目标。

各奔前程光阴流水，青葱年少的我们，转眼已成沧桑中年。

广西乒乓球队大约是在上世纪六十年代成立的，曾经培养出梁戈亮、谢赛克、韦晴光、周宏、谢超杰等世界冠军和全国冠军。

上下几代运动员教练员的大团聚，于 2012 年在钦州第一次举办之后，欲罢不能，两年后的 2014 年 10 月，集结号再起，大队人马在桂林汇合。

桂林是我萦绕梦中的故乡、更是我的乒乓起点。

在桂林，有我的启蒙教练、还有我在广西队时最最要好的朋友，虽然懒于联络却时常心中惦记。

错过了钦州聚会的我，无论如何都不能再错过这回的故土重返和起点重归。

秋高气爽的时节里，东京门前盛开的桂花随风送我，故乡桂林满城的幽香迎风而来。期待重逢的兴奋里，掺杂着一点点近乡的情怯。

我们广西的骄傲梁戈亮大英雄和任国强教练从北京赶来了；

中国乒坛赫赫有名的无名英雄黄统生携夫人从美国回来了；

还有一些队友是千里迢迢从欧洲前来赴会。

从前在队里，我属于脾气极臭态度极差、专项技术垫底身体素质零分的问题儿。种种劣迹，在十年前《乒乓世界》连载的《熊本十年续篇：往事如烟》中已经自我披露很多。又一个十年过去，现在的我也在教小孩子们打球，就更加佩服当年决定把留我在广西队的几位女教练：如此顽石，你们可真敢留下！

这不，几十年后的第一回重逢，队友的第一个拥抱之后，劈头第一句话就是："小娟，当年我们一起被教练罚写检讨！"

"哈，写检讨是我的强项，你不会，还是我教你写的！"时至今日仍然不可救药地自豪着。

桂林的师长师兄和师姐们为了这次大聚会出力出钱，安排了丰富的活动内容。

短短三天的时间，我们一起游览桂林阳朔的山水美景、一起追溯几十年前的体工队往事、还跟从前一样结伴挥拍上阵。

恍惚之中，我们穿越时空隧道，性情笑容言谈举止一如往昔。

忘情之间，内心深处，谁都没有忘记那一段共同的青涩记忆。

唯一不同的是，当再次站在球台前，没有了当年激烈无情幼稚笨拙的竞争，我们其实可以如此单纯地享受乒来乓去的快乐！

最近，常常会想到圆满这两个字。

年少狂妄到后果不计；荣辱委屈前深浅不顾；鲁莽激进的棱角划出的

是不欢而散的痕迹和中途半端的懊悔。

岁月磨砺四季轮回，渐渐明白人生注定不会凡事圆满，但心灵却是可以圆满静美益人怡人的。

在山水环绕桂花飘香的故乡秋季，见到了几乎所有在桂林业余体校、广西乒乓球队指导过我的教练。

我一直希望能够有机会见到他们，感谢他们的培育之恩，更要为小时候的胡作非为向他们致歉。

而我亲爱的队友们，悲喜不言几十年，儿女长成我们渐老，少了年轻的面容，我们却多了一份沉淀恩怨、笑谈往事的从容。

除了彼此拥有的难忘过去让我们怀念，更有齐声欢唱的快乐未来由我们把握。

地球圆乒乓圆，人生终究也是个圆。

珍重珍惜，两年后我们玉林再团聚！

全国的体工队精英们，何不跟我们一道行动起来？思念应该衔接欢聚哦！

（原载于《乒乓世界》2014 年第 11 期）

2014 年广西乒乓球队几代队友欢聚桂林

桂林业余体校的三位启蒙教练

刚刚进入广西队时，带过我的三位女教练

14 从汉城到深圳再到首尔
30年，随缘一瞬间

1988 年韩国汉城，第二十四届夏季奥林匹克运动会，6 名风华正茂的体育健儿为中国夺得了珍贵的 5 枚金牌。

他们是跳水女子十米跳台许艳梅、女子三米跳板高敏、体操男子跳马楼云、乒乓球男子双打陈龙灿和韦晴光、女子单打陈静。

2018 年中国深圳，6 名金牌得主 30 年后再聚首。

奥运史上第一位乒乓球女子单打冠军陈静，发起和组织了这次活动。

繁忙的日常中，她在纠结是否组织这个纪念活动时自问：如果不做此事，会不会后悔？答案是：会的。“所以，我就决定了，做！”

乒坛奇女子陈静有很多头衔：奥运会多枚奖牌得主、运动心理博士、教授、陈静俱乐部有限公司董事长……

在汉城奥运后，她还有一个鲜为人知的头衔：组长！组名为“排忧解难小组”，组员是陈龙灿、韦晴光，我作为韦晴光家属列席参加相关活动。顾名思义，此小组干的自然是路见不平拔刀相助的侠义之事。然而不久，血气方刚的小组成员们便天各一方……

30 年光阴如梭，承蒙组长厚谊，作为家属，我再次列席她组织的活动。

9 月 18 日，从东京成田到达深圳宝安，已是夜里。首先见到的是同一时间段到达的楼云，除了被他皮肤黝黑吓了一跳之外，并不觉得有太大的变化。楼云说皮肤黑是因为打球，我没有听懂，又不过脑直接便问：打什么球？再次验证从国外回来的就是傻，呵呵呵……

许艳梅一直是韦晴光心目中的乖巧小妹妹，说到当年总会想起和提起她。十多年前中央电视台体育人间栏目组做过一个奥运冠军系列采访的大型节目，我们也从中了解到了其他冠军们奥运后的生活工作片断。但许艳梅

没有接受采访，所以我们对她的近况几乎一无所知。30年后的再见，高兴之余免不了责备她多年的神秘。

陈静把几天的活动都安排得井然有条，围绕着童梦主题，冠军们辅导宝安区小学的乒乓球训练、与特殊学校的孩子们互动、为静静杯的获奖孩子们颁奖。

20号晚上的静静杯颁奖晚宴，陈静还请来了当年国家队的许绍发总教练、郗恩庭主管教练、姚振绪领队，湖北队的恩师冯梦雅教练、启蒙教练宋郑生老师、湖北队队友世界冠军胡小新等。

如果说陈静的随心所欲，随的都是心底里的柔情和侠义。那么高敏的快乐就是与生俱来的，所到之处总是她的一片笑声。在晚宴台上抢话筒要求爆料当年，还没来得及说，自己就先咯咯笑开……

30年间6个人中，龙灿应该是见面最多的一位，我们先后来到日本，虽然一东一西离得有点远，但比赛时常常会碰面。他们一家回国之后也曾在一些场合一起活动过。他的不苟言笑淡泊自律，一点儿都没有改变。

相聚快乐相聚苦短，短短的3天时间里，总有一个单词在家属的脑海反复闪现：瞬间。

汉城奥运会上，年轻的他们伫立举手的一瞬、轻盈入水的一瞬、跃马回转的一瞬、激情挥拍的一瞬、机智回击的一瞬，光芒四射风采翩翩，世界为他们倾倒，时光为瞬间停留。

1988—2018，广漠空间的一个瞬间，他们跨越了四分之一个世纪再加五个365日，经历了辉煌之后各自的30年岁月，此刻回首竟亦仿佛只是一瞬。

一切恍如昨日，依旧清晰依旧感动依旧年轻。

而今天，孩子的年龄都已经超过了当年的他们，在无言之中注解着这个瞬间的长度。

任凭世事变迁命运兜转，30年后再相逢的他们，仿佛有着默契般地都从事着与体育、与他们的专业相关的工作或事业。

离开深圳的早晨，许艳梅着一身轻纱宛如仙子，在酒店大堂相送。人生100年第二个30年太长，5年之后若能再聚，2018的意犹未尽或许可得稍解……

10 月 1 日，又是作为家属，参加了陈静体育的“圆梦童行 奥运体育文化交流之旅”，随队探访 30 年前的奥运足迹。

如果说深圳相聚让我忙着感叹人生只在一瞬间的话，那韩国之行的前前后后，就不得不再次相信：缘分。

1988 年 9 月 18 日，许艳梅夺得十米高台冠军；2018 年 9 月 18 日，汉城奥运冠军深圳相聚。

1988 年 9 月 20 日，陈静 20 岁生日，随中国队到达汉城；2018 年 9 月 20 日，陈静生日，30 年再聚首晚宴举行。

1988 年 9 月 30 日，奥运史上第一枚乒乓球男子双打金牌归属中国；2018 年 9 月 30 日，我们的俱乐部举办第 109 次比赛，与球友们共庆奥运夺金 30 周年。

1988 年 10 月 1 日，奥运史上第一枚乒乓球女子单打金牌由中国陈静摘取；2018 年 10 月 1 日，陈静启动韩国觅迹之旅。

1988 年 10 月 2 日，汉城奥运会闭幕；2018 年 10 月 2 日，陈静俱乐部“圆梦童行”奥运体育文化交流之旅从 2004 年雅典奥运会男单冠军柳承敏的俱乐部开始。

以上全部，均属巧合绝非人为！

如果对汉城奥运会有所了解的人，也许还能记得那首堪称历届奥运最动听的奥运会歌《hand in hand》，而这次韩国之旅的旅行社名字居然是：手拉手！

当体育告诉我们要用自己的双手改变命运的时候，机缘又在冥冥之中提示着我们什么呢?

好了，别再又是感慨又是迷茫的了。

关于这次旅行的点点滴滴，《乒乓世界》的首席记者黑妹已经在微信公众号等新媒体平台上详细记叙，那我就作些余谈吧。

那天我们驱车前往首尔大学，寻访当年的乒乓球比赛馆——首尔大学体育馆。进入馆内，陈静和韦晴光竟然满脸懵圈？！没有想象中的激动，因为他们都无法将眼前这个已显陈旧、绝对称不上巨大的体育馆，与他们的记忆吻合。

“真的是这里吗？怎么只有两边是看台？”……

好在是体育馆内有一个陈列橱窗，里面摆放的是与汉城奥运会乒乓球项目相关的相片、资料，仿佛先知先觉地帮助人们在多年之后，唤起和确认对当时场景的记忆。

而那些已经褪色斑驳了的资料又同时跟眼前的场馆一样，在提醒着我们：时光已经流逝，往事颇为久远。

当年的汉城，易名首尔，汉城大学自然变为首尔大学。但是，汉城奥运在我们的心中就永远是汉城奥运！

在首尔的奥运公园，我们参观了举行过开幕式和闭幕式的竞技场，那里正在翻新座位椅子，新旧共存的座椅，曾经永远的旋律。这天有一些韩国的歌手们在场内的一角为正在举行的马拉松比赛助唱。据说，如果他们不在，就可以让来这里纪念汉城奥运30周年的金牌选手们站在场中央并奏国歌。

竞技场外，有一面金牌得主墙，我们很容易就找到了乒乓项目冠军们的名字，并争相在墙下合影留念。与墙平行的，是一长排韩国的汉城奥运健儿们的黑白液晶照片，虽然国家不同、项目不同，但不屈不挠、拼尽全力的表情无异，令人肃然起敬。

在汉城奥运会陈列馆内，我们看到了很多珍贵的资料，其中有一只硕大的金色脚印悬挂在墙上，在这里工作了27年的主木馆（韩文一窍不通的我，没有弄懂这是他的名字还是他的职务）告诉我们，本·约翰逊在2013年（如果我没有听错记错的话）再次来到首尔，从事反兴奋剂活动的他在当年的跑道上重跑，留下此脚印。

奥运、体育，人类挑战自身极限的象征；奥运选手、奥运冠军，这个地球上必须获得足够尊重、也必须足够自尊的一个卓越群体。

当我们造访游泳馆的时候，泳池内一汪碧水，高低错落的跳台跳板在馆内尽头，闲人不得入内的馆里突然涌入大队人马，不明就里的保洁大婶用急促的口吻说着明显是阻拦我们进入的韩语。打扫得相当洁净的场馆，现在对附近的居民开放，但此刻无人使用。与乒乓馆同样，显得窄小，看台多处铁皮明显锈化，无法与奥运盛会的记忆吻合。

陈静的助手黄玲玲非常贴心地拍下照片，说要传给许艳梅和高敏，她

俩的观后感想不知该否询问。

思路又跳跃到了柳承敏的俱乐部，在这里我们见到了2004年雅典奥运会男子单打金牌得主柳承敏。畅谈之间，中韩日奥运冠军俱乐部间的更多交流，成为欢乐的议题和未来的目标。承上启下的奥运，手拉手心连心纵横连接的梦想，期待成真。

最后说些更为跑题的，活动之余我们最爱听陈组长对她自身经历和各种事物的述说和评价。

带着淡淡的微笑，做着常人不敢想不敢做也做不来的大事；

一诺千金的侠义，舍弃的是自身的利益甚至是健康和安全；

尽孝护儿的柔肠，却与天底下所有的儿女和母亲毫无二致；

任何一个时期，任何一个侧面，都是大气的迷人的真实的陈静。

2018，岁入中秋，对酒当歌，品茶滋味，成败得失不过瞬间，荣辱起伏淡随缘分。

再次谢谢陈组长，谢谢这次活动中所有的有缘人。

（原载于《乒乓世界》2018年第11期）

30年后回首，恍如昨日

旧地重游，当年的乒乓比赛馆已经在记忆中模糊

在雅典男单冠军柳承敏的俱乐部，畅谈奥运冠军俱乐部之间的进一步交流

15 张本智和们是怎样练成的

2017 年 6 月 16 日星期五上午 9 点前，小学三年级的渡部民人同学，背着蝴蝶双肩包，站在咱家球馆门前用中文大声喊道："早上好！"今天，民人不用去学校，这个周末他作为东京都的选拔选手，要去青森县进行交流集训，这个活动是由东京乒乓球联盟组织并负责费用的。

成为乒乓使者的中国教练

别看民人小小年纪，却算得上见多识广，除了东京都的集训，他还参加过由日本运动振兴中心机构出资的小学四年级以下儿童选手的集训和由日本乒协出资的小学六年级以下儿童选手的集训。除了集训，民人同学还参加过小学生国家队的选拔赛、东亚小学生交流比赛的全国预选赛等较高级别的赛事。当然，这些赛事不是一般孩子能参加的，民人是因为在前一年获得了全日本小学二年级以下组的亚军，才得到参加的资格。这些活动和赛事，也是目前活跃在国际乒坛上的石川佳纯、平野美宇、伊藤美诚，还有男队的张本智和、村松雄斗等等都曾经参加过的。

目前代表日本参加国际大赛的选手们，大部分都出生于乒乓家庭，水谷、张本、松平、森薗、龙崎、石川、平野、伊藤、加藤、滨本……他们从幼儿期开始受家庭影响，早早走上乒乓道路，同时又得天独厚地比其他孩子更容易获得更专业更细致的启蒙指导，所以，每年一度的全日本小学生比赛冠军榜上几乎都能找到他们的名字。

那么还有一些没有乒乓家庭背景的选手，他们又是怎样成才的呢？那就不谦虚一回吧：除了勤恳育人的日本基层教练，还有很大一部分要归功于我们这些中国乒乓使者了。

大家熟知的张本智和以及很快也会熟知的妹妹张本美和的父母张宇张

凌，不仅培养了两个了不起的自家孩子，他们的俱乐部里也有很多高水平的日本小学生选手；早田最早也是中国教练带的，经常在中国训练；原上海队的董琦珉郑琦夫妇的球馆里，培养出了以木造和高见为首的许多少儿高手；好朋友李隽的俱乐部也是人才辈出，除了她把关，还有原辽宁队的白山、原北京队的寇颖丽当教练，在蝴蝶公司就职的原北京队员马佳的孩子也在那里，所以她也会去帮忙，白山的女儿白山亚美还获得了全日本 14 岁以下组的单打冠军；还有辽宁籍的华兵夫妇、王志刚沈继红夫妇、张一博汤媛媛夫妇、天津籍的周兴江严虹夫妇、北京的周晅、上海的姚天明（龙崎爸爸）、八一的杨菲（滨本由惟妈妈）、河北的顾万云、满丽……对不起，真有点数不过来，漏提的请恕失礼，并请自动排入此群。

每年的全日本小学生比赛赛场，便是我们的大聚会，偌大的体育馆内，到处都能看到他们带着学生或者自家的孩子穿梭在赛场和训练场之间。但凡看到一个打球样子不错的，十有八九会跟中国教练有关。

天分与勤奋叠加的佼佼者

渡部民人是 4 岁多一点开始来学球的。他的外婆在球馆开张那天就来参加了训练班，反手打个长胶啥的，心大心小想攻不敢攻的，我很认真地告诉她长胶也能攻，并且教她如何练习，但她从来不相信，总爱跟我杠或者唱反调。

有一阵我不断地鼓动来打球的奶奶外婆们，把你们的孙子孙女们也弄来学球吧！这一招居然奏效，真的来了好几个孙子孙女，民人便是其中的一个，他哥哥那时已经小学高年级，弟弟还没有生出来，估计外婆想想也就他了。

稀里糊涂被带到球馆来的小民人，一上台就显得特别聪明，一教就会，对于旋转的制造和判断、击球时的轻重缓急，这些乒乓球技术中最难体会领悟的地方，民人似乎天生特别有感觉。而最初，我把对民人的评价告诉他外婆的时候，老人家压根儿就不信，又是一组抬杠和唱反调。

好在后来有一次李隽过来，正好看到正在练习的民人，一通表扬。接着也巧了，过了一阵，日本乒协的强化部长宫崎义仁有事来球馆，也正好看

到了正在练习的民人，又是一组高度赞扬，并且跟他外婆说，要买一双乒乓球鞋了，幼儿园的小白胶鞋会伤脚的。外婆这回听了话，马上在我这儿买了双鞋换上。然后宫崎又问他一周练几天？一听是一周练两天，又告诉她不够，必须坚持每天练习。托他俩的福，民人的训练才算是纳入正轨，并且在幼儿园大班的时候就代表东京参加了全国小学生二年级以下组的比赛。

民人机灵调皮没正形，令人啼笑皆非又气又爱。最可气的是练习时一会儿认真一会儿玩儿，比赛自然也就时好时坏。但到底是天分高加上我们大人软硬兼施地盯着，在 2017 年 7 月的全日本四年级以下组比赛中，三年级的民人奇迹般地赢了几个四年级高手得了个第三，得到了我们事先承诺他的迪斯尼一日游奖励。

2018 年 7 月，民人再接再厉，继续参加四年级以下组，终于是当了一回全国冠军。这次他获得的奖励是一次北京熊猫旅行和写一篇文章，其中有介绍到他。所以我为了遵守承诺，完成了此文。

目前，日本小学生选手中风头最劲的男孩是京都的松岛辉空，今年五年级，已经连续拿了 5 年小学生全国冠军，去年 11 月还创纪录地获得了 13 岁以下组的全国冠军。他小时候包着尿不湿坐在球台上扣杀的视频，在日本国内外流传甚广。去年松岛到中国上海周边踢馆，很多比他大两三岁的选手都败在他的拍下。

女孩子里的佼佼者则是张本智和的妹妹美和，她跟民人同岁，今年的全国小学生四年级以下组的女子冠军，而在难度更大的 13 岁以下组全国比赛中，她拿了全国亚军，顺便还带了个 14 岁以下组的双打冠军奖牌回家。

但是从整体水平来讲，目前最了得的是冈山县的几个俱乐部，最近几年，除了出色的单项成绩，男队女队都是全国团体赛冠亚军的常客。据说，有些孩子要训练到晚上 11 点，咱们这些只练到 8 点、9 点的只能叹服了。

层层递进的培养模式

近 20 年来，日本不断地学习和模仿着中国培养拔尖选手的金字塔模式。这里介绍的是目前日本从幼儿到小学六年级期间的选手培养模式。

首先，加入各个地方的俱乐部接受启蒙训练。

近10年来，东京周边的乒乓球俱乐部遍地开花，小孩子们几乎都可以在家附近找到学习乒乓球技术的地方。而在2000年前后，东京只有寥寥几家，那时，我家小儿要坐近1小时的电车，“越境”加入到神奈川县的俱乐部，而这还算是路程最近的了。

第二步，经过一段时间的训练，通过各个区域（相当于中国的各省市自治区）的预选赛，获得参加全国比赛的资格。

目前打球的孩子越来越多，但名额有限，就东京而言，冲出东京走向全国已经颇有难度。每个努力训练的孩子首先希望的就是能够参加每年7月在神户举行的全日本选手权小学生比赛。这个比赛只设单打项目（全日本小学生团体赛每年8月举行），男女各分三个年龄组：六年级以下组、四年级以下组和二年级以下组。

福原爱从幼儿园大班开始连续拿了7次冠军，这个纪录从目前的普遍水平来看估计不好破了。张本智和是从小学一年级开始连续6年冠军，明年拭目以待松岛辉空也来个6连冠。而其他日本国家级选手如水谷隼、松平健太、丹羽孝希、石川佳纯、伊藤美诚、平野美宇以及目前的新新一代木原美悠、长崎美柚、小盐遥菜等都是此赛事的冠军得主，每年7月的神户是日本球童鱼跃龙门之处。

第三步，根据全国比赛成绩或各地区的预选赛，获得各类集训资格。

这些集训基本上都放在尽量不影响孩子们上学的周末。集训的内容除了乒乓球专项训练以外，还有体能测验、身体发育检测、体操课、营养课、心理课、运动损伤防治课，当然更少不了请日本乒协负责人或者国家队的总教练等重量级人士来上课。上课的内容各人不同，基本上讲解当前世界乒坛动向，教育孩子们要敢于从小树立远大目标，要有自立心、讲礼貌、学好文化知识、争取成为品学兼优、受球迷喜爱的日本国家队选手等等。

比如一年一次以小学四年级以下年龄为对象的集训，先划分5个大区进行为期3天的集训，主要内容是各省派出的男女各两名代表选手进行大循环赛，其中前两名获得参加年底中央集训的资格，再打大循环，2017年的前两名还获得了参加捷克少年公开赛的资格。

我们的民人从小学二、三年级连续两年代表东京参加了关东地区的集

训，2017 年以全胜第一的成绩获得了参加中央集训的资格。在中央集训的头一天，他还单独一人保持全胜，可惜第二天一早输了一场之后，逐渐开始生气，最后还哭鼻子，落了个大好形势开头遗憾落选的悲惨结果。后来大致弄明白的原因是：他以为要去捷克必须一场不输，而他太想穿上国家队的服装去捷克玩一趟了，哈哈哈！毕竟小学三年级的孩子嘛，尽管足够古灵精怪，理解能力还是有点限度。

还有一个集训是一年一次、以小学六年级以下孩子为对象的，水平就更高一些，参加资格必须是小学六年级以下组的前 32 名、四年级以下组的前 4 名才能参加。集训的内容更多，增加了技术录像、体能测验、伤病防治、心理咨询等。

这两个集训都是选手和教练一起参加一起学习，尤其是第二个，晚上的各种课程一直要学到 10 点左右，很辛苦，但还是很有价值的。

最后一步，就是入选日本小学生国家队。

日本国家队目前分为国家队、青少年国家队、小学生国家队。小学生国家队选拔的标准每年都会有些调整，但基本上是每年进行一次选拔赛，根据大循环成绩、身体素质和文化学习的综合成绩等，从中挑选大约 8 名选手，再加上几名教练组推荐选手以及在 7 月神户举行的全国小学生比赛中取得了冠亚军成绩的选手。

2018 年春天，民人终于通过选拔入选小学生国家队，穿上了他一直想拥有的国家队服装。小学生国家队员每月有一次为期一周的集训，基本上是在东京的国家训练中心乒乓馆内进行,吃住也在选手村内。集训内容有训练、比赛、英文或者中文学习、听其它项目的知名选手讲课或者参观乒乓球以及其它项目的比赛等等。在同一个馆内，孩子们可以近距离地看到自己的偶像选手刻苦训练的身影，并在偶像的旁边练习，这无疑会极大地激励他们积极向上争取早日成材的信念。

在小学生阶段的训练方法和内容上，日本国内当然也有很大的地区差别，但我们也可以看到以往过于重视动作美观而比较刻板的日本乒乓球，已经发生了极大的变化。他们很好学，跟在日本的中国选手或者教练们学习，也会到中国学习，日本乒协还派遣选手或者选手自发地到欧洲的俱乐部比赛

训练。原来普遍比较弱的台内技术、前后步法在年轻一代已经得到较好的改进，小学生国家队的孩子们台内拧接发球等技术已是必练必备，在发球和接发球环节，还自创了一些新技术。

2018年，日本的从娃娃抓起开始面向更低年龄的小娃娃们。由KOTAMA国际教育财团出资、日本乒协后援的U7选手培育计划启动，参加对象是在7月神户全国比赛中，小组预选赛出线的小学一年级以下选手，集训中获得循环赛第一的选手将入选日本小学生国家队。

除了以上这些高大上的，日本民间也几乎每个月都会有各种比赛，孩子们可以根据自己的水平选择合适的赛事，通过比赛提高实战能力。

正是通过多年来坚持从娃娃抓起，日本正在涌现出一批一批的乒乓人才，基本坐实世界第二的位置，不断地给乒乓王国中国制造一些麻烦，不断地给国际乒坛带来强烈的冲击。

（原载于《乒乓世界》2019年第2期）

已经成长和正在成长的日本新一代

ISEKI TTL 十年

ISEKITTL 在 2019 年，正好十年。

10 月，我们顶着百年一遇的特级台风 19 号，参加在福岛强行举行的全日本俱乐部锦标赛。结果，上天再一次眷顾了我，眷顾了孩子们，我们 ISEKITTL 获得了心心念念的团体全国冠军！

谋事在人，成事在天！获得任何来之不易的成功，一定是有天意在其间的！在长方的蓝色球台之间，银色圆球来回穿梭，时长时短或左或右、旋转速度瞬间变化，失败时必须从我寻找原因，胜利时必须感谢上苍感谢周围，包括对手。球场如此，人生亦然。

人生几个十年屈指可数。在经历了盼望长大的第一个十年、青涩成长的第二个十年、为人妻母的的第三个十年、重拾自我的第四个十年、害怕失败不甘失败的第五个十年之后、才算明白我们都要在努力成就的同时顺应天命。这一路跌宕起伏，乒乓球从来都是生活中的主旋律，有限的人生思考中总牵扯着诸多的赛场和胜负。

近年来，八旬高龄的老母总是叨叨着要我出书。可是，如果她知道我在书中说了这么多她的怪话，大概会后悔了吧。嘛，母亲和我之间的纠结，或许就是我们母女特有的交流模式吧。刚刚从熊本搬到东京，开始写《熊本十年》和《往事如烟》时，我常常会陷入过往无可自拔。后来我开始为《乒乓世界》写稿，接近了许多中日乒乓人的某一个人生阶段，他们的喜怒哀乐、人生经历和人格魅力，感动我教导我提升我。

当我重读多年前的文字时，其中的有些人已经离去，转眼之间父亲已经走了也有十年！他生病后不舍人世所以会流泪，但是我们不能在他面前哭，所以有一次我忍不住说了一句，爸，不要把家里的气氛搞得这么沉重！随后我就再没有看到父亲的眼泪了。我的口气肯定是重了的，所以至今内疚。在天上安息的你们，我们依然怀念着！

在国际化的大都会东京，我们有机会做更多中日友好的桥梁工作，有

人说过：只有出了国才知道自己有多爱国。我们多年生活工作在日本，自然难免会遇到由于不同的历史认知和文化差异所引起的冲突，在各种矛盾中，可以指责我个人的不足和不对，但绝对是不能容忍对方使用类似你们中国人这样的表达方式的。我曾经与一位常年世界各地采访的日本媒体人聊到此话题，他很认同我的说法，同样不能容忍对方使用你们日本人这样的词语。由于文化冲突、语言障碍等等，他和我最初就时常各执一词争论到撂对方电话，但逐渐地却做到了相互理解、友好往来。

2020年，当中华民族笼罩在冠状肺炎的阴影之中，历史名城武汉经历前所未有疫情考验时，我们的心情是牢牢地牵挂的。在日本的街头和店里，我们也可以听到和看到“中国加油！武汉加油！”如今，身处东京也毫不例外地被波及全球的疫情牢牢困住了！海外华人们进入抗疫下半场！面对猝不及防的新冠危机，已经不再侠义豪情的我，尽管心存余悸但还是希望这个世界应该是光明的，人性应该是善良的。如果我们乒乓球的一记记扣杀能够消灭冠状肺炎病毒，相信我们所有的乒乓人，都会义不容辞地行动起来的。同时多么地希望当一切重归日常时，在我们的祖国大地上，再也没有砸日产车的偏激愚昧，再也没有对日本百姓、在日华人的莫名敌意。包括中华民族在内的地球人，都在保持民族自尊的同时，尊重他人、理解正常的全球国际化现状。

《越海球情》在全人类的这个特殊期间终于即将定稿，很多稿件由于页面有限而不得不忍痛割爱，只能对好多的乒乓人说抱歉！

最后想说的，当然就是谢谢！谢谢徐主任，您一直温暖地照顾着包括我在内的海内外中国乒乓人；谢谢一直支持我鼓励我写作、并且为这本书得以出版给与了莫大帮助的《乒乓世界》、《卓球王国》两位主编和编辑部的所有工作人员；谢谢一直爱护我容忍我的家人；谢谢出现在我人生各个阶段的人和事。爱恨忧喜甜酸苦辣之后，才是无穷回味。

此刻暂且搁笔，此刻祈祷所有的你们和我们，岁月静好。

代后记 那些参透乒乓和人的金句

《乒乓世界》执行总编辑 **夏娃**

我和小娟相识的1988年，两个“文学女青年”都在风华正茂时。只是我的“文学标签”比较明显——1986年夏天从中国人民大学新闻系毕业之后，误打误撞地成了《中国体育报》专跑乒乓球项目的记者，第一次走进国家队训练馆时连“下网”、“出台”之类最简单的专业术语都不明白；小娟的标签是原广西省乒乓球队选手、汉城奥运会男子双打冠军韦晴光的妻子，虽然清秀的外表和（至少看起来）文静的性格跟运动员的“人设”有些误差，但我当时怎么也没想到，这位乒乓女选手的文字天赋，是我这个科班出身的文学女青年望尘莫及的。后来无数次见面时我会突然想到，1988年底小娟在读我那篇她和韦晴光的爱情故事时，内心里一定在暗笑我这个乒乓白痴的肤浅吧?

失联了十几年之后，在我刚刚从《中国体育报》调任《乒乓世界》编辑部主任不久，小娟按着杂志版权页上刊登的信息打到编辑部的电话，和偶然到这间办公室接到这个电话的我，隔着东海重新联系上了。这个电话之后的某一天，我在飞机上捧着厚厚一摞《熊本十年》文稿阅读时，被小娟的文学天赋惊到了：这就是我们乒乓界的张爱玲啊！因为天生的敏感和后天的阅历，她用细腻透彻的文字，娓娓叙述着60后这批中国乒乓人的成长，还有他们的生活和感情。特别是在“海外兵团”仍是每次世界比赛国内媒体“热词”的那个阶段，小娟的忠实记录和真情抒怀，让我们在说过千百次的“拼搏”主题下，感同身受地品味着天涯漂泊人在奋斗中的酸甜苦辣。

从此，《乒乓世界》不仅出现了画风与以往完全不同的《熊本十年》连

载，还有了驻日记者石小娟一篇篇精彩的人物通讯。除了王会元、小山智丽、刘杨、李隽、韩阳、王辉、满丽等前中国国手，日本乒坛从前辈松崎君代、近藤钦司、吉田安夫，到福原爱、水谷隼、石川佳纯、平野早矢香、张本智和、伊藤美诚等数十位名将，在小娟温婉细腻的笔下，个性鲜明、栩栩如生，让中国的乒乓球迷不仅了解了他们的事业成就、技术特点，还有这些选手走在成功之路上的与众不同。毫不夸张地说，小娟的文章，拓展了《乒乓世界》的深度，提升了杂志内容的品质。不久前小娟曾写道：**为《乒乓世界》写稿，接近了许多中日乒乓人的某一个人生阶段，他们的喜怒哀乐、人生经历和人格魅力，感动我教导我提升我。**而对我来说，每次编辑小娟的稿子，都是一次加深理解乒乓球和乒乓人的学习过程，那些参透乒乓和人的金句，常常令我拍案叫绝。

在刊登于《乒乓世界》杂志上的这些文章中，读者不仅能了解乒乓球、乒乓人，还能看到乒乓球之外的开阔世界以及记者本人的境界。在 2004 年第 5 期的《因为爱，所以爱》一文中，小娟写道：**福原爱的经历的确是一个十分不多见的现象，她的辉煌应该还在未来。一个极有天赋的选手，一朵极富传奇的花蕾，应该是整个世界乒坛的珍宝，值得大家去共同爱惜共同培育，也许有一天，日本的“天才乒乓球少女爱蔷”会成为世界的“天才乒乓球少女爱蔷”，如果我们深爱的乒乓球运动因此而得到更多的关注，那将是令人高兴的事情。**

有时候，小娟也会直抒胸臆：**体育是残酷的，非赢则输，结果毫无含糊；体育又是令人感动的，不屈不挠地拼搏，这拼搏的过程惊心动魄，催人泪下。**

胜负的记录留在纸上，感动的记忆却深深地印在人们的心中。这是我现在对体育的理解。

靠着一块乒乓球拍，众多的新华侨顽强地生活在世界的各个角落。

能够在奥运会场出现的，是其中的出类拔萃者。

更多的，是不能够打到奥运会份上的。

但从根本上讲，并没有多少不同。

我们，都凭着一块小小的球拍浪迹天涯。——写在韦晴光代表日本参加悉尼奥运会之后的这段话，相信一定会引起所有身居海外的中国乒乓人的共鸣。

小娟人善，善到有时候会让我这个只长一岁的“姐姐”有点心疼。但她被柔弱外表包裹住的执着和倔强，是让我佩服的；她信手拈来又恰如其分的文字表达能力，是让我无比羡慕的。

比如，她写曹燕华的时候形容这个属虎的女人：**优雅地率性着、细致地豪放着……**

再比如说到乒乓球，：**因为这份割舍不下的爱，所以选择不离开、所以别后还会再来、所以我们得以同在！**

在很大程度上是因为小娟和小娟的文字，我理解了中国乒乓人的《因为爱，所以在》。

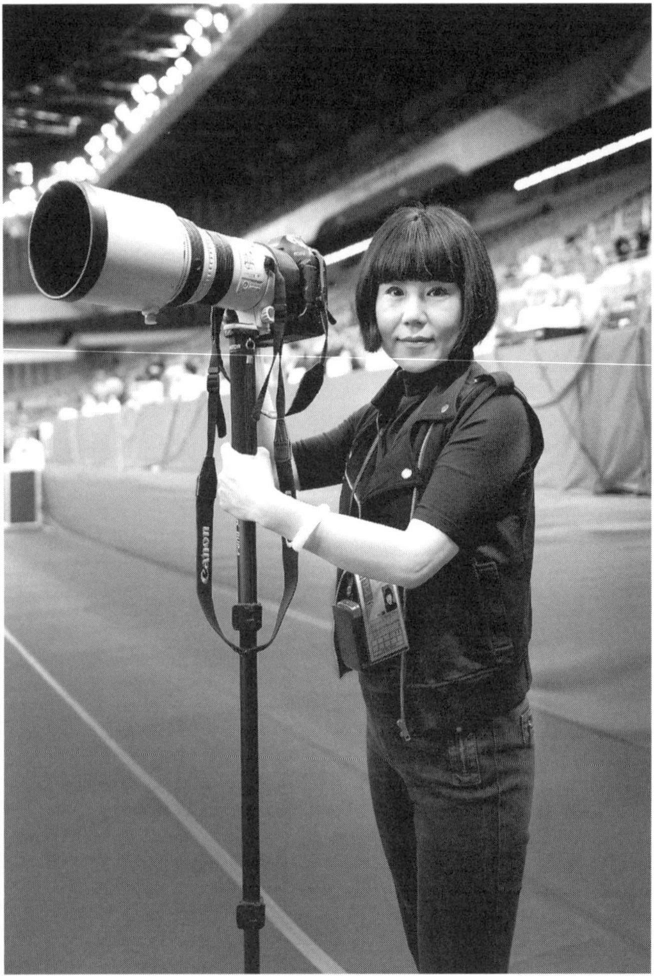

也是因为爱，夏娃成为世界乒坛媒体阵容中亮丽的风景（卓球王国摄于 2010 年）